特殊詐欺の心理学

Keita Ochi
Masayuki Kiriu
Chika Harada
Takahito Shimada

越智啓太 編集代表

桐生正幸・原田知佳・島田貴仁 編集

誠信書房

はじめに

　日本の治安状況は現在，極めて良好であり，犯罪の認知件数は年々低下してきている。検挙率も他の国と比較してかなり高い水準を維持しており，歴史上最も安全で，かつ世界的にも最も安全な国の一つとなっている（統計的には日本より犯罪が少ない国はいくつもあるが，それらの国は人口が少ないか，そもそも犯罪統計が信頼できないケースが多い）。そのため，「我が国では刑事政策的な問題は少なく，特段，新しいことは何もする必要はない，警察や各種の治安機関は縮小しても問題ない」という意見もある。しかしながら，この高い治安水準は，警察，法務省，その他の司法，行政機関や，新たな犯罪に対して迅速に法律や規制の枠組みを作っている政府や立法府の懸命な努力のたまものであり，我々皆が安心して暮らしていける社会を維持していくのは，安心安全をほぼ無料で享受している国民の多くが考えているほど容易ではない。

　このような現状のなかで取り組まなければならない重要な問題といえるのが，高齢化を背景とした二つの問題である。最初のものは，高齢者による犯罪の増加である。この問題については多くの研究者，実務家がさまざまなアプローチによって，その理解，対策，加害者の更生等について研究を進めてきた。この成果の一端は『高齢者の犯罪心理学』（2018年，誠信書房刊）で報告した。今回の『特殊詐欺の心理学』では，もう一つの問題，つまり高齢者が主にターゲットになる特殊詐欺の問題について検討してみたいと思う。

　特殊詐欺の問題についても，多くの研究者，実務家が，その解明と防犯のために研究を進めてきた。しかしながら，現在のところ，問題は解決されたわけでなく，逆に認知件数は増加しつつある。そこで，本書では，特に心理学の観点から特殊詐欺の研究に取り組んでいる研究者に声をかけ，この問題についての自らの研究や知見，データなどについて論じてもらうことにした。各章を読んでいただければ，この分野の研究の現状と問題点が明らかになり，将来の治安対策への一つのヒントになると思われる。

また，特殊詐欺対策に日夜奮闘している警察官や自治体の担当者，金融機関の方々にとっては，日々の業務に追われ，この問題についての研究や調査などについて，なかなかまとまって学習できないという現実もある。そこで，本書はできるだけ平易な言葉を用いて，これら第一線の方々にも研究の現状を知ってもらおうと考えた。もちろん，一般の方々，自分や家族が被害者になる可能性がある人々にとっても，これらの情報を知ることは防犯のために有用であるし，研究者の方々，大学生や大学院生にとっては，現在進行形の犯罪心理学の研究を知る機会になり，自らの研究のヒントになるものだと思う。

　幸いなことに，現在，アクティブに特殊詐欺の問題に取り組んでいる多くの心理学者が，本書の執筆に参加してくれた。各執筆者には，各自の研究結果や見解を自由に書いてもらうことにした。そのため，本書全体の見解の統一はあえて図らず，用語等の一貫性もある程度犠牲にした。なかには矛盾した見解も含まれているかもしれない。しかし，この犯罪やその被害のメカニズムが十分解明されていないゆえ，あえて統一を図るよりは，各研究者の感じているところをそのまま表明してもらうことのほうが重要であると考えた。この問題について研究している最先端の心理学者が一堂に会し，その研究成果を報告し合う講演会に参加したつもりになって，読み進めていただければと思う。

　特殊詐欺の問題については各自治体が積極的に防犯活動を推進しており，そのなかでは講演活動が重要な位置を占める。ところが，実際問題として自治体等の限られた予算のなかで，講演者を探すのがなかなか大変であると聞く。本書の執筆者の多くは特殊詐欺に対する防犯活動に大変熱心であり，今までも時間の許す限り，ときには手弁当でこれらの協力をしている人たちでもある。そこで，巻末には各執筆者の講演依頼に役立つような連絡先の一覧を「付録：講演依頼先一覧」として入れておいた。各章を読み進めるなかで，その内容についての講演を企画したり，防犯プロジェクトへの参加，アドバイザーを要請するために有用な情報源になると思う。自治体や警察，地域住民，自治会，大学や県民講座，市民講座の企画担当者等，有効に使用していただきたいと思う。

　本書を企画し，出版するに当たっては，誠信書房の中澤美穂氏には終始お

世話になった。ここに記して感謝の意を表したい。また，最後になるが，この分野について研究を進めていくためには，警察をはじめとして，自治体担当者，金融機関等などの協力が不可欠である。資料を提供していただいたり，調査に協力していただいた多くの職員の方々，そして，調査に参加していただいた被害者の方や住民の方々にも感謝を捧げたい。

編者を代表して　**越智啓太**

CONTENTS

はじめに　*iii*

第 I 部　特殊詐欺の現状と問題点：特殊詐欺とは何か

第1章　特殊詐欺の阻止機会
　　　：被害リスクの分析から効果的な介入へ......2

1．特殊詐欺とは　*2*
2．特殊詐欺等の類型・犯行過程と阻止機会　*4*
3．特殊詐欺でのテクニック：なぜ騙されるのか　*11*
4．特殊詐欺の被害リスク　*13*
5．特殊詐欺対策とナッジ　*15*
6．今後の特殊詐欺研究・対策の方向性　*17*

第2章　特殊詐欺における騙しのテクニック......20

1．なぜオレオレ詐欺に引っかかるのか　*20*
2．オレオレ詐欺の典型的な手口　*21*
3．オレオレ詐欺における騙しのテクニックとその心理
　　メカニズム　*24*
4．エビデンスに基づいた特殊詐欺防犯手法を　*30*
5．行政手続きの改善　*33*

COLUMN I　オレオレ詐欺の起源と歴史　*35*

目　次　*vii*

第 II 部　詐欺脆弱性とその測定：ひっかかりやすさの心理学

第3章　高齢者の特殊詐欺被害に関連する心理特性
**　　　：楽観バイアスを中心に**……………………………**38**

1．はじめに　*38*

2．調査の概略　*42*

3．調査結果に基づく考察と提言　*46*

第4章　特殊詐欺脆弱性の診断は可能か……………………**53**

1．プロジェクト「高齢者の詐欺被害を防ぐしなやかな地域連携

　　モデルの研究開発」とは何だったのか　*53*

2．詐欺脆弱性診断論理について　*61*

3．詐欺脆弱性診断論理の改良　*65*

4．詐欺脆弱性に関する別の考え方　*68*

第5章　特殊詐欺脆弱性診断アプリを用いた詐欺被害
**　　　予防活動**………………………………………………**72**

1．はじめに　*72*

2．意思決定プロセスと詐欺犯罪　*73*

3．特殊詐欺脆弱性診断アプリに用いる尺度の開発　*87*

4．特殊詐欺脆弱性診断アプリの有効性　*90*

5．詐欺脆弱性と詐欺被害予防　*98*

第6章　詐欺被害に関連する心理特性とネット詐欺………**102**

1．はじめに　*102*

2．説得されやすさと関連する心理特性　*102*

3．日本語版説得されやすさ尺度の作成　*105*

4．説得されやすさとネット詐欺被害の関連　*109*

viii

 5．詐欺被害を予防するための潜在的被害者への介入　*113*

COLUMN Ⅱ　詐欺や悪質商法被害に対する「リスキーな心理傾向
      チェックシート」の作成　*119*

第 Ⅲ 部　特殊詐欺被害を防ぐための心理学

第7章　世帯レベルでの対策の検討·················124
 1．被害を防ぐ情報・対策を効果的に届けるために　*124*
 2．他者のサポートによる被害抑止　*127*
 3．家族と地域で被害を防ぐ：高齢夫婦のみ世帯へ注目した
  調査研究　*129*
 4．本章のまとめ　*138*

第8章　社会的環境から詐欺被害を予防する·················141
 1．高齢者の詐欺被害に影響を与える七つの要因　*141*
 2．詐欺被害者と看破者を切り分ける要因は何か　*144*
 3．他者への信頼，孤独，そして地域の行事や会合に行く人の
  多寡　*145*
 4．詐欺手口を周知することに意味はあるのか　*149*
 5．ATM 設置の錯視シートは効果があるのか　*150*

第9章　特殊詐欺対策における AI と生理心理学の活用······156
 1．はじめに　*156*
 2．詐欺犯罪における加害者研究　*157*
 3．特殊詐欺に加担する背景　*159*
 4．特殊詐欺の被害者　*161*
 5．特殊詐欺被害者の心身の変化　*164*

目　次　ix

6．生理反応から推定する特殊詐欺被害者の心理状態　*166*

7．騙され程度の推定と特殊詐欺被害防止システムの構築　*167*

8．生成 AI による特殊詐欺予防の教育システム　*168*

第10章　特殊詐欺被害の機会を減らし，社会的関わりを増やすことは効果的か ································172

1．はじめに　*172*

2．特殊詐欺を防ぐうえでの環境要因，社会的要因　*172*

3．防犯機能を備えた固定電話機への買い替え推奨のための金銭的インセンティブ　*178*

4．電話機の買い替えを促進するためのナッジの活用　*180*

COLUMN Ⅲ　高齢化と騙されやすさ　*189*

第Ⅳ部　特殊詐欺をめぐるさまざまな問題

第11章　SNS，アウトソーシング，分散化：ニセ電話詐欺組織の戦略を読み解く ················194

1．はじめに　*194*

2．企業による SNS の活用，アウトソーシング，拠点の分散化　*194*

3．ニセ電話詐欺組織による SNS 活用，アウトソーシング，拠点の分散化　*197*

4．国際テロ組織の SNS，アウトソーシング，拠点の分散化　*201*

5．なぜニセ電話詐欺組織は企業と同様の戦略を用いるのか　*204*

第12章　特殊詐欺被害者へのスティグマ付与から考える
**　　　　啓発活動の留意点：「被害者は悪くない」**⋯⋯⋯⋯⋯**211**

　1．詐欺被害者が責められてしまうのはなぜか　*211*

　2．詐欺被害者への非難が引き起こされてしまう心的過程　*214*

　3．被害者が自分を責めてしまうのはなぜか　*217*

　4．本人も他者も被害者を非難する傾向が維持されるのは
　　　なぜか　*218*

　5．詐欺被害者のスティグマが持つ悪影響　*219*

　6．加害の巧みさ　*220*

　7．啓発活動における留意点　*220*

　8．おわりに　*223*

COLUMN Ⅳ　特殊詐欺犯人は実刑になるのか，何年くらいの
　　　　　　懲役になるのか　*226*

　おわりに　*228*

　付録：講演依頼先一覧　*231*

第Ⅰ部
特殊詐欺の現状と問題点
：特殊詐欺とは何か

第1章　特殊詐欺の阻止機会
　　　　：被害リスクの分析から効果的な介入へ
第2章　特殊詐欺における騙しのテクニック
COLUMN Ⅰ　オレオレ詐欺の起源と歴史

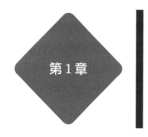

第1章 特殊詐欺の阻止機会：被害リスクの分析から効果的な介入へ

[島田貴仁]

1. 特殊詐欺とは

　特殊詐欺とは，「被害者に電話をかけるなどして対面することなく信頼させ，指定した預貯金口座への振込みその他の方法により，不特定多数の者から現金等をだまし取る犯罪の総称」（警察庁，2024a）と定義されます。従来型の詐欺では，被害者と加害者の間に何らかの人間関係が構築され，その人間関係のなかで，お金や物を騙し取る，といった形態で犯罪が行われます。それに対し特殊詐欺では，犯人が被害者の子どもや孫，警察官や市役所，税務署や銀行職員など，何者かを騙って被害者に連絡を取り，その偽の立場を利用して被害者からお金や物を騙し取る，というのが特徴です。

　特殊詐欺が本格的に出現したのは 2000 年以降だとされていますが，現在に至るまで大きな社会問題となっています。図 1-1 には，2014 〜 2023 年の 10 年間における，日本で警察に届けられた犯罪総数（刑法犯認知件数）と，そのなかでの特殊詐欺の件数の変化を示しています。破線で示した刑法犯総数は，2014 年からコロナ禍のなか，2021 年までの間減少を続けています。これに対して，実線で示した特殊詐欺の件数は，横ばいまたは上昇傾向を見せています。

　図 1-2 は，同じく，2014 〜 2023 年までの各年に，警察が認知した犯罪被害の総額とそれに占める特殊詐欺の割合を示しています。2022 年における日本での年間の犯罪被害額は 1,607 億円ですが，そのなかで特殊詐欺は 23%（370 億円）を占めています。

　図 1-2 を見ると，2023 年には「SNS 型投資・ロマンス詐欺」の被害額が多

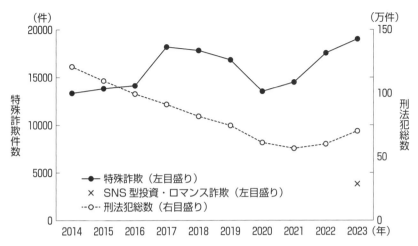

図 1-1 日本における特殊詐欺，SNS 型投資・ロマンス詐欺，刑法犯総数の推移
（警察庁，2024a，2024b，2024c を元に著者作成）

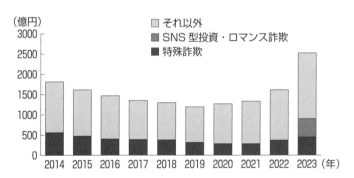

図 1-2 日本における特殊詐欺，SNS 型等投資・ロマンス詐欺，刑法犯の被害金額の推移
（警察庁，2024a，2024b，2024c を元に著者作成）

くを占めています。「SNS 型投資詐欺」は，犯人が主として SNS を用いて投資を勧め，投資名目で金銭等を騙し取る詐欺です。「ロマンス詐欺」とは，外国人または海外居住者を名乗り，主として SNS を用いてやり取りを重ねることで恋愛感情や親近感を抱かせ，金銭等を騙し取る詐欺です。SNS 型投資詐欺・ロマンス詐欺は現時点で特殊詐欺の分類に入っていませんが，非対面の状況で発生する，被害者と犯人の間に信頼関係が構築されるといった点で，従来の特殊詐欺との共通点が多いといえます。このように，新たな手口が犯

人によって開発され，急速に蔓延してしまう点では，特殊詐欺は新興の感染症に似ているともいえます。

2. 特殊詐欺等の類型・犯行過程と阻止機会

(1) 特殊詐欺等の類型

　警察庁や各都道府県警察は毎年ウェブサイトで，特殊詐欺の発生状況をいくつかの類型別に公開しています。表 1-1 にその主要な類型を示します。

①オレオレ詐欺

　この詐欺は，特殊詐欺のなかでも古典的なものであり，犯人は被害者の子どもや孫といった親族を装って被害者宅に電話をかけ，会社の書類をなくした，知人を妊娠させたといったトラブルを訴え，その解決のためにお金が必要だと言って騙し取るものです。この際，職場の上司や同僚，警察官や弁護士など親族以外の人物が登場して，より巧妙なストーリーを仕立ててお金の授受に至ることも珍しくありません。これらは劇場型といわれます。

　また，オレオレ詐欺では，親族以外を装って連絡が取られる事例も多く見られます。たとえば，建設会社や福祉サービス会社を装って，被害者宅に「あなたは老人ホームの入居権が抽選で当選したが，権利が不要なら必要な他の人に譲ってほしい」と持ちかけ，承諾すれば，「一度あなたの名義で入金する必要がある」と言ってお金を送金させ，送金すると，警察官や弁護士を装った別の人間が「名義貸しは罪に問われる」と言って，その解決のためとしてさらにお金を送金させる，という人の厚意を逆手にとった悪質な手口も確認されています。

②預貯金詐欺・キャッシュカード詐欺盗

　これらの詐欺では，犯人は警察官，銀行の職員などと名乗り，キャッシュカードが悪用されているため確認や交換が必要であるといった理由で被害者の自宅を訪問し，カードや通帳を騙し取ります。被害者宅に現れた犯人（受け子）が，被害者から受け取ったカードを被害者の目前で封筒に入れて封をし，犯人が持参した偽のカードが入った封筒と巧みにすり替えて渡し，「このカードは封をしたので，新しいカードが来るまで使わないでください」と言ったために被害発覚が遅れることも珍しくありません。この場合，被害者

第1章　特殊詐欺の阻止機会　　5

表1-1　特殊詐欺等の主要類型と認知件数・被害額（2023年）

類　型	定　義	認知件数	被害額（億円）
（特殊詐欺） オレオレ詐欺	親族，警察官，弁護士等を装って，親族が起こした事件・事故に対する示談金等を名目に金銭等をだまし取る（脅し取る）	3,955	129.3
預貯金詐欺	警察官，銀行協会職員等を装って，あなたの口座が犯罪に利用されており，キャッシュカードの交換手続きが必要であるなどの名目で，キャッシュカード，クレジットカード，預貯金通帳等をだまし取る（脅し取る）	2,754	28.9
キャッシュカード詐欺盗	警察官や銀行協会，大手百貨店等の職員を装って被害者に電話をかけ，「キャッシュカードが不正に利用されている」等の名目により，キャッシュカード等を準備させた上で，隙を見るなどし，同キャッシュカード等を窃取する	2,217	46.9
還付金詐欺	税金還付等に必要な手続きを装って被害者にATMを操作させ，口座間送金により財産上の不法の利益を得る電子計算機使用詐欺事件又は詐欺事件	4,185	53.7
架空料金請求詐欺	未払いの料金があるなど架空の事実を口実とし金銭等をだまし取る（脅し取る）	5,198	101.8
（特殊詐欺以外） SNS型投資詐欺	SNSを用いて投資を勧め，投資名目で金銭等をだまし取る	2,271	277.9
SNS型ロマンス詐欺	外国人又は海外居住者を名乗り，主としてSNSを用いてやりとりを重ねることで恋愛感情や親近感を抱かせ，金銭等をだまし取る	1,575	177.3

は，犯人の身分と，偽のカードについて二重に騙されることになります。

③還付金詐欺

　この詐欺では，犯人が税務署や市役所職員を装って被害者宅に電話をかけ，税金や医療費の還付金が受け取れると言って被害者を最寄りのATMに誘導

し，還付の手続きと称して ATM 操作をさせるうちに，犯人の口座に送金（振り込み）をさせてしまいます。電話の際に犯人は被害者に，「以前に書類を送ったのにあなたは見ていませんか」「今日中なら特別に受け取れます」といった心理的な圧迫をかけてきます。これに対し「ATM での通話は還付金詐欺です」という広報や，ATM での警察官による警戒が行われ，その場にいる別の人が ATM で通話している人に声をかけて阻止する，といった例も見られます。

　しかし，ATM は金融機関だけでなくショッピングモールなどの商業施設に設置されており，そういった場所にある無人 ATM では，このような呼びかけが及びにくいことが懸念されます。実際，福岡市における研究では，スーパーマーケットやドラッグストアに設置された ATM は，金融機関やコンビニの ATM に比べて被害者が誘導されやすいことが報告されています（大山・雨宮，2019）。

　④架空料金請求詐欺

　この詐欺では，犯人は，スマートフォンのショートメッセージ，電子メール，はがきなどで被害者に連絡を取り，有料サービス利用料金や税金の滞納を口実に金銭を騙し取ります。被害者からの送金手段の多くは，被害者にコンビニで高額のプリペイドカードや電子マネーを購入させ，その番号を伝えさせる，というものです。これらは，近年のデジタル社会における多様な決済手段が悪用されているといえます。

　また，最近では，被害者のパソコンに多数のポップアップウィンドウを表示させるなどして被害者を驚かせ，偽のサポートセンターに電話させて修復名目でお金を騙し取る「サポート詐欺」も広まりを見せています。サポート詐欺では，被害者がアダルトサイトなどを閲覧している場合も珍しくなく，その後ろ暗さのために，被害の暗数化[*1]が懸念されます。

　⑤ SNS 型投資・ロマンス詐欺

　2023 年後半から急速に増えている手口で，警察庁による新たな調査によると，2023 年の被害金額 455 億円は，旧来の特殊詐欺 361 億円を上回っています（警察庁，2024b）。旧来型の特殊詐欺における犯罪者 - 被害者間の通信

＊1　被害が警察等に申告されずに，被害者が泣き寝入りしてしまうこと。

手段は，被害者宅への固定電話や，偽のサポートダイヤルへの電話など電話が多くを占めますが，この詐欺では，その名のとおり，犯罪者と被害者はSNSで連絡を取り合います。具体的には，Instagram（3,846件中1,073件，27.9%），Facebook（770件，20.0%），マッチングアプリ（721件，18.7%）です（警察庁，2024b）。

　犯罪者は当初は，有名人を騙った偽の広告（投資詐欺），海外から友達になろうといったメッセージ（ロマンス詐欺）によって被害者に接触します。その後，連絡ツールをLINEに移行させ，投資グループへ引き込んだり，メッセージで親密さを増していきます。さらにその後に，投資話を持ちかけて，投資と称してお金を騙し取ります。その際，偽の投資アプリをインストールさせ，アプリ上で見かけ上の金額を増やしてみせて，被害者を安心さます。しかし，それはあくまで架空の投資であり，実際には投資した金額が増えることはありません。

(2) 特殊詐欺の加害者

　このように特殊詐欺は，被害者を騙すのにさまざまなテクニックを用いていますが，同時に，犯行が高度に分業・組織化していることも特徴といえます（本書第11章参照）。その代表的な役割には，被害者宅に電話をかける「かけ子」，被害者に接触して金品を受け取る「受け子」，騙し取ったキャッシュカードを用いて出金する「出し子」があります。加えて，犯行組織を維持するために，犯行に用いる携帯電話や銀行口座を用意する，かけ子が電話をかけるアジトを用意する，かけ子，受け子，出し子をリクルートするといった管理的な役割もあります。

　これらの役割のなかでも，受け子・出し子は，電話をかけた際に被害者が詐欺被害に遭いかけていることを見破って（看破）警察に通報する，また，ATMなど街頭での職務質問によって逮捕されるリスクは高く，犯罪組織にとっては"使い捨て"の状態です。しかし，インターネットの掲示板やSNSなどでは，高額報酬，即日入金，安全・楽なバイトとして常に受け子・出し子募集が行われ，若者を中心に手を染める者が後を絶ちません。また，一度応募をしてしまうと，身分証明書などで身元が犯罪組織に把握され，やめたいと思っても「家に行く」「周囲の人に危害を加える」と脅され，犯行を強要

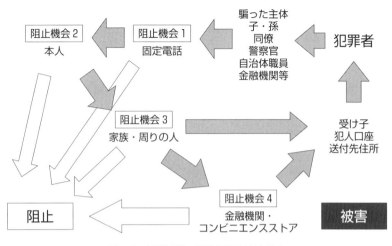

図 1-3　特殊詐欺の被害過程と阻止機会

されています。このため，特に若者に対しては，特殊詐欺に加担しないための予防教育が求められます。

(3) 特殊詐欺の犯行過程と阻止機会

　固定電話を利用した特殊詐欺において，その犯行の過程と，どこで阻止することができるか（阻止機会）を図 1-3 に示します。特殊詐欺も単に騙されるだけの犯罪ではなく，犯人が被害者に連絡を取ってからお金や物が犯人に渡るまでの間に複数の段階があり，その各段階で被害を阻止する機会があります。特殊詐欺の被害を防ぐためには，その過程を理解することが重要です。

　①第一の阻止機会：固定電話

　まず，犯人は，子や孫，自治体職員，金融機関職員など，何者かを騙って被害者宅に電話をかけてきます。第一の阻止機会は，電話がかかってきたときです。もし，固定電話に自動通話録音などの迷惑電話防止機能があれば，犯人は自分の声が録音されるのを嫌って，また，その機能を使っている世帯の防犯意識が高いと考えて，電話を切る可能性が高くなります。

　この固定電話の対策は，①特殊詐欺の犯行過程の最上流にあり，第一段階で阻止できれば第二段階以降の阻止機会に頼ることがない，②第二段階以降の阻止機会は毎回すべて人間の判断力に依存しており，不確実であるのに対

し，固定電話の対策は，一度導入してしまえば確実にその機能が永続するという点において，メリットがあるといえます。このため，固定電話の対策は重点をおいて実施すべきであり，近年では，高齢者世帯が迷惑電話防止機能つき電話を購入した際の補助金，戸別訪問による固定電話対策の援助といった施策が，行政（自治体）や警察によって実施されています（山根ら，2022，本書第10章）。

②第二の阻止機会：自己看破

第二の阻止機会は，電話に応答したときです。電話を取った人が，かかってきた電話が詐欺だと見破ることができれば，被害を阻止することができます。前節で述べたように，特殊詐欺には多くの手口が存在し，その手口は常に変容するため，行政（自治体）や警察では防犯教室や広報媒体でその手口を広報して，注意を呼びかけています。

しかし，オレオレ詐欺に騙されてお金や物を渡してしまった既遂の被害者と，途中で被害に気がついて阻止した人を比較した調査では，既遂の被害者でも特殊詐欺の手口は十分に周知されていたことが報告されています（警察庁，2019；島田，2021）。やはり，犯人の騙すテクニックがあまりにも巧妙であり，電話に出れば，騙されてしまうのです。また，詐欺電話に気がついた人が警察に通報して犯人検挙に協力する，「騙されたふり作戦」の成功事例が報道されていますが，その例はむしろ希少であり，電話に出れば騙される可能性が高いと考えるべきです。

これに関しても，首都圏の高齢者対象のアンケート調査では，自分は同じ性・年齢の人に比べて特殊詐欺の被害に遭う可能性が低いという楽観バイアスが強い人ほど，不審電話がかかってきた際に「騙されたふりをする」と回答している（木村ら，2023，本書第3章）ことも，懸念材料だといえます。

このため，発信者番号が表示されるナンバーディスプレイや，留守番電話機能を使って，電話で会話を始める前に相手を確認する習慣を身につけることが重要です。ナンバーディスプレイは従来は有料でしたが，2023年以降，70歳以上の高齢者がいる世帯は，申し込みにより，ナンバーディスプレイが無料で利用できるようになりました。

また，在宅時の留守番電話利用については，警察署を免許更新等で訪問した高齢者に対する社会実験によって，周りの人を安全にするために留守番電

話の利用を呼びかける（利他性）チラシを説明した場合や模擬電話機を使って応答の練習をした場合のほうが，従来型のチラシを利用した場合に比べて，7日後の留守番電話での相手を確認する行動が獲得されていることが示されています（島田ら，2022）。

これらからは，行政や警察，地域での特殊詐欺防止のための情報発信や防犯教室では，①特殊詐欺の手口の周知にとどまらず，具体的な対策行動を訴求すること，②自分だけは被害に遭わないという楽観視を乗り越えるために，周りの人の安全も含めて訴求することが重要だといえます。

③第三の阻止機会：家族や周りの人による看破

第三の阻止機会は家族や周りの人です。もし電話に応答して騙されてしまっても，周りの人が気がつけば，そこで犯行を阻止することが可能です。オレオレ詐欺では，特殊詐欺の犯人は被害者に対して口止めをします。また，サポート詐欺など多くの手口では，恥の意識があるため，騙されたことを他人に告げるのは困難になります。しかし，預貯金詐欺やキャッシュカード詐欺盗では犯人（受け子）が自宅に現れるため，もし他に在宅している人がいれば，そこで阻止できる可能性があります。

家族や周りの人に，困ったこと，おかしいと思ったことを打ち明けるためには，普段の人間関係が重要になります。首都圏の自治体における高齢者夫婦対象の調査からは，夫婦間の普段のコミュニケーションが活発ならば，詐欺電話がかかってきた際に配偶者に相談する意図が高いことが示されています（讃井ら，2021，本書第7章）。

ただし，家族や周りの人への相談は，そのような人が存在しないとなしえません。先述の特殊詐欺の既遂・未遂の被害者に対する調査では，単身世帯は同居家族がいる世帯に比べて，お金を騙し取られてしまうリスクが高いことが示されています（島田，2019）。同居家族がいる場合は固定電話の対策を家族が取ることができ，各種の被害防止の働きかけも家族から行いやすいのに対して，同居家族がいない場合には，それらの対策や働きかけが作用しづらいといえます。高齢者の社会的孤立は特殊詐欺においてもリスクになりうるため，単身世帯や身寄りのない高齢者に焦点づけた対策が必要だといえます（本書第8章）。たとえば，郵便局員や保険の営業職員が地域の高齢者を訪問した際に，特殊詐欺の被害防止についても話題にする，という取り組

みも行われています。

④第四の阻止機会

第四の阻止機会は，郵便局，金融機関，ATM，コンビニといった，被害者が犯人にお金や物を送る際に立ち寄る場所です。近年はATMでの高額の引き出しは制限されているため，オレオレ詐欺の被害者はお金を用立てるために，金融機関の有人窓口に赴く場合が珍しくありません。還付金詐欺でも，騙された被害者は各地のATMに誘引されます。架空料金請求詐欺の多くでは，被害者はプリペイドカードや電子マネーを購入するためにコンビニを利用します。このように，被害者が犯人にお金を渡す（送金する）直前にも阻止する機会（水際阻止）は存在します。

これらの場所での警戒を強めることで，特殊詐欺の被害を水際で阻止することができます。このため，警察や自治体は，普段から金融機関やコンビニで防犯訓練を実施したり，阻止に成功した職員・店員を表彰して広報を行っています。また，金融機関のATMコーナーに錯視で浮き上がって見える錯視マットを設定する取り組みも行われています（本書第8章5.）

被害者の送金の場に居合わせた第三者の役割も重要です。そのため，電話で話しながらATMを操作する人に対する声かけを促すポスターの作成（図1-4）や，特殊詐欺を阻止した人に対して謝礼や割引券を渡すという取り組みが行われています。

3. 特殊詐欺でのテクニック：なぜ騙されるのか

従来型の特殊詐欺や新興のSNS型投資・ロマンス詐欺にはさまざまな類型が存在しますが，その手口にはいくつかの共通点が見られます。

第一に，非常に多数の犯行の試みがなされます。オレオレ詐欺や預貯金・還付金詐欺，詐取では固定電話に対する架電が多用されますが，犯人グループは多数の潜在的被害者の自宅に電話を架電し，一定の確率で騙された被害者から，金銭を取っているといえます。架空利金請求詐欺，SNS投資・ロマンス詐欺では固定電話以外にも，電子メール・ショートメッセージ・SNSのダイレクトメッセージも多数送信されています。

第二に，オレオレ詐欺や架空料金請求詐欺では，子どもや孫の危機，キャ

ッシュカードの不正利用，未払い料金など，さまざまな理由をもとに被害者を危難に巻き込み，不安に陥れます。被害者はその危難を解決しようと行動するうちに，金銭を犯人に渡してしまいます。心理学における防護動機理論では，人間がある事象に対して脅威を認識し，その効果的な解決策が存在した場合に，自らを守ろうとする動機が形成され，その解決策が実行されると考えます。特殊詐欺の犯人は，被害者に対して偽の脅威をあおり，その解決策も提示することで，被害者からの送金を容易にしているといえます。

　また，特殊詐欺の被害者は，犯人が仕立て上げた偽の状況（たとえば，子や孫のトラブル，未納料金，パソコンのトラブル）を，自分の落ち度と考えてしまうことが多く，他者に相談することは困難だといえます。

　第三は，被害者を暗黙のうちに従属させてしまっている点です。預貯金詐欺やキャッシュカード詐欺盗では，犯人グループからの電話を被害者が信じ込むとすぐに受け子が被害者宅に現れ，巧みな指示が行われ，カードを騙し取られてしまいます。還付金詐欺でも，ATM に誘導された被害者が犯人グループに電話をかけ，その指示どおりに行動することで送金をしてしまいます。キャッシュカードと暗証番号を渡す，ATM で送金するといった行動をなぜ取ってしまうか不思議なように思えますが，被害者は一度騙されてしまうと従属的立場になって，言われるがままに犯人を利する行動を取ってしまうといえます。また，時間的な切迫（今なら間に合う）を用いるのも，テクニックだといえます。

　第四に，人間が本来持っている利他性，つまり他者を思いやる心を悪用している点です。オレオレ詐欺は，被害者が子どもや孫を思う心につけこんだものであり，被害者の多くが，「自動車購入の頭金に使う」「住宅のリフォームに使う」といった偽の理由を述べてまでも，金融機関から預金を引き出します（伊原・島田，2015）。また，先述の老人ホームの入居権の詐欺のように，被害者の厚意を悪用した手口が存在します。このように，人間が社会生活を営むうえで獲得した利他性を悪用している点に，特殊詐欺の悪質性があります。

　第五に，被害が反復してしまう点です。オレオレ詐欺や架空請求詐欺では，被害者が犯人に一度金銭を支払った後に，再度犯人が別の理由をつけて被害者に金銭を要求し，何度も繰り返して金銭を支払わせることが確認されてい

ます。特殊詐欺の報道では，時折，数千万円単位の被害額が確認されていますが，被害金額がふくらむ背景にはこのような反復的な要求があります。

　また，SNS型投資・ロマンス詐欺では，投資目的での入金，引き出しの手数料など，被害者から犯罪者側への送金が繰り返されます。このため，1件あたりの被害金額が大変に大きくなるのが特徴です。

4. 特殊詐欺の被害リスク

　警察庁は年に一度，特殊詐欺に関する統計をウェブサイトに公開しており，そのなかには性・年齢層（10歳刻み）の構成割合があります。この構成割合から算出した性・年齢層別の認知件数を，総務省統計局が提供している人口推計の性・年層別の人口で割ると，性・年齢層の被害リスク（被害の遭いやすさ）を把握することができます。

　特殊詐欺全体（図1-4）で見ると，被害リスクは男性・女性ともに60歳代から上昇をはじめ，80歳代でピークに達しています。80歳代女性の被害リスク（人口10万人あたり97.0件）は，30代女性（人口10万人あたり2.8件）に比べて35倍も高いのです。また，被害リスクには性差があり，80歳代の女性の被害リスクは，男性（人口10万人あたり38.1件）に比べて2.5倍程度高くなっています。

　特殊詐欺の高齢者の被害リスクの高さの背景として，三つの要因を指摘す

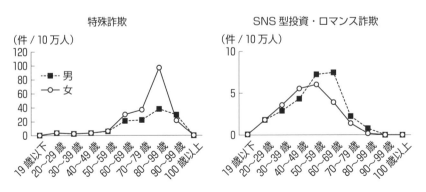

図1-4　特殊詐欺およびSNS型投資・ロマンス詐欺の性・年齢層別被害リスク（2023年，人口10万人あたり）
（警察庁，2024a; 2024b をもとに筆者作成）

ることができます。

　第一に，高齢者は就業している若年者に比べて，在宅時間が長いことが挙げられます。特殊詐欺の犯罪者は主に，住宅に設置されている固定電話に電話をかけて，被害者に接触します。このため高齢者は若年者に比べて，自宅の固定電話にかかってきた詐欺電話に応答して，被害に遭ってしまうリスクが高くなるといえます。

　第二に，高齢者は加齢によって，認知機能が衰えている点があります。特殊詐欺では，犯罪者は被害者に対して電話やメッセージを使って偽の状況を伝えますが，被害者がその偽の状況に気がつけば，被害に遭わずにすみます。しかし，認知機能が衰えるため，電話やメッセージの内容の真偽の判断が困難になり，被害につながると考えられます。米国での詐欺被害者に対する調査では，既遂被害者は未遂被害者に比べて，認知機能が損なわれていることが示されています（DeLiema, 2017）。また，先述の特殊詐欺の既遂・未遂調査でも，既遂被害者は未遂被害者に比べて，警察官による評定で読解力や理解力の問題があったことが報告されています（島田，2019）。

　第三に，高齢者特有の認知のゆがみ（バイアス）の存在が挙げられます。自分だけは詐欺の被害に遭わないという楽観的認知や，詐欺の電話がかかってきても自分は気がついて撃退できるという過信を抱く個人は，防犯機能付き電話の利用といった特殊詐欺に対する対策行動をとらないために，特殊詐欺に対して脆弱な状況であると考えられます。また，先述の木村ら（2023）の調査でも，対象になった65歳以上の高齢者は，自分の特殊詐欺被害リスクを同じ性・年齢層の他者よりも低く評価するという，楽観的認知の傾向が確認されています。

　環境犯罪学における日常活動理論（Cohen & Felson, 1979）では，①動機づけられた犯罪者，②ふさわしい犯行対象，③能力を持った守り手の不在，という3条件が揃った際に犯罪機会が生まれると考えます。また，ライフスタイル理論（Hindelang et al., 1978）では，性，年齢，就業状態といったデモグラフィック要因によってもたらされた生活様式の個人差が，犯罪者に対する暴露の度合いの差異となり，犯罪被害リスクの違いにつながると考えます。

　特殊詐欺も，日常活動理論やライフスタイル理論から説明することが可能

です。まず，犯罪集団のなかには「動機づけられた犯罪者」が存在して，か
け子，受け子，出し子といった役割を担っています。また，固定電話が設置
された世帯の高齢者は，在宅時間が長い，認知機能が衰えて楽観的認知とい
った認知バイアスもあるために騙されやすい，若年者に比べてより多くの財
産が蓄積されているといった点で，「ふさわしい犯行対象」といえます。また，
特殊詐欺で多用される電話では，犯罪者と被害者が1対1で通話するために，
「能力を持った守り手」が不在になってしまいます。

　また，特殊詐欺の被害リスクの性差はライフスタイル理論から説明可能で
す。特殊詐欺では，犯罪者は被害者の自宅の固定電話に架電する方法が主流
です。高齢世代では電話には女性が出るという役割観があるため，夫婦が同
居している世帯では，妻が電話に出て犯罪者に接触してしまうために，被害
リスクが高くなると考えることができます。

　なお，図1-4の右のグラフを見ると，SNS型投資・ロマンス詐欺は，従来
の特殊詐欺と異なり，男性と女性で被害リスクにはあまり差がないことがわ
かります。また，男女ともに80～89歳の被害リスクが高い従来の特殊詐欺
（図1-4左）とは異なり，男性の被害リスクは50～69歳，女性の被害リスク
は40～59歳で高くなっています。これは，投資やSNS上での新たな人間関
係の構築には男女問わず一定の活動性を要する一方で，独身女性の結婚への
社会的圧力，中高年男性特有の寂しさといった，ある性・年齢層特有の要因
が関与している可能性があります。いずれにせよ，同じ非対面状況で騙す犯
罪でも，手口によって，被害リスクのパターンがまったく異なってきますの
で，新しい手口が出現した場合には，被害リスクの分析に基づく対策立案が
必要です。

5.　特殊詐欺対策とナッジ

　特殊詐欺を含む防犯場面の広報啓発では，潜在被害者に犯罪の手口を伝え
て対策行動を勧告するという，脅威アピールが多用されています。脅威アピ
ールの前提には，対策を取らないのは無知が原因であり，脅威や対策行動の
知識が向上すれば対策行動を取るだろうとの仮定があります。特に特殊詐欺
では，ひんぱんに新しい手口が出現するため，防犯担当者はその手口を伝え

図 1-5　ATM での電話利用者に対する声かけを求めるポスター
（千葉県・千葉県警察作成）

たいという動機が強いといえます。

　しかし，「自分は犯罪に遭わない」という楽観的認知が著しければ，犯罪の手口をいくら伝えても，対策行動は取ることは期待できません（本書第 3 章）。そもそも，防犯に対して関心が低くリスクが高い人々に対して，従来型の脅威アピールで訴求しても行動変容を期待するのは難しいかもしれません。

　この問題を解決するために，ナッジ（肘で軽くつく）という言葉で代表される，行動経済学に基づく手法が注目されています（本書第 10 章 4.）。ナッジとは，人間の心理的な癖を用いて，その人や社会にとって望ましい行動を普及させるという考え方です。ナッジのなかでの「デフォルトの変更」は，個人にとっての初期選択肢をより望ましいものに一律的に変更するものです。たとえば，就職時に給与の一部をあらかじめ貯金するという設定にしておけば，その設定をわざわざ変更する手間は払わないため，自然に財産が形成されます。

　還付金詐欺被害防止のための ATM での利用制限でも，利用者の申し込み

に応じて制限を行う方式では，防犯意識が高い人しか申し込みしないため，普及は期待できません。これに対し，金融機関の高齢者全員の口座に，一律に制限を課すことで（もちろん希望した人には制限を外すことはできる），その金融機関の利用者全員に恩恵をもたらすことができます。

　また，人間が本来持っている，他者の役に立ちたいという「利他性」を用いた例もあります。先に紹介した在宅時の留守番電話利用促進のための社会実験では，警察署に運転免許更新に訪れた高齢者に対して，「あなたが留守番電話設定をすると周りの人も真似をして安全になるため，周りの人のために行動してください」と利他性に働きかけた場合，「あなた自身が詐欺被害に遭わないために，留守番電話設定をしてください」という従来型の働きかけをした場合に比べて，1週間後の留守番電話利用率が高いことが示されています（島田ら，2022）。

　このように，ナッジは新たな防犯の取り組みとして有望であり，個々の介入の実践と効果検証事例の蓄積が期待されます。

6. 今後の特殊詐欺研究・対策の方向性

　日本での犯罪は，コロナ禍後の人流回復後には若干の増加が見られるものの，2000年代半ばから減少を続けています。しかし，特殊詐欺は件数・被害金額とも高止まりが続いて，大きな問題になっています。

　超高齢社会を迎えた日本では，老後の備えを守ることの重要性はいうまでもありません。また，特殊詐欺は，一義的には被害者の財産が奪われるものですが，騙された被害者の自責の念や，家族から責められることによる精神的なダメージも大きいといえます（本書第12章2.を参照）。

　さらに，特殊詐欺の犯罪組織のなかでも，末端の受け子や出し子は逮捕リスクが高く，SNSやインターネットの掲示板から誘引されて「使い捨て」にされる一方で，組織の上層部の逮捕は容易ではなく，収益が地下社会に流れている可能性も高いといえます。

　このように，特殊詐欺の対策は，被害リスクが高い高齢者のみならず，社会全体が取り組むべき課題だといえます。

　特殊詐欺ではこれまで多くの対策が行われていますが，抑制には至ってい

ません。その原因は，個々の対策が必ずしも特殊詐欺の発生要因に即したものではないこと，そして，対策の効果検証が十分に実施されていないことだと考えられます。今後，実務家と研究者が協働して，特殊詐欺の被害過程とそこでの問題を明らかにしたうえで，その問題を改善するための介入と効果検証を実施することで効果的な対策を明らかにし，その対策を普及させることが期待されます。

　特殊詐欺に限らず防犯対策は，「できることはすべて行う」になりがちです。しかし，被害リスクの分析に基づき対象者を定めて対策を立案し，その対策の効果をフィールド実験で確認して，改善していくことが有用です（島田，2021）。特殊詐欺被害防止では，メディアキャンペーン，防犯教室などの集団に対する介入，コールセンターからの電話や，警察官や民間の営業員，民生委員の戸別訪問のような，個人や世帯介入が行われています。特殊詐欺の心理学研究では，本書の第Ⅱ部で取り上げるような被害者の騙される過程や脆弱性の理解が重視されがちです。しかし被害防止のためには，本章4．で示したような被害リスク分析を行ったうえで，本書の第Ⅲ部で取り上げるように，これらの介入を心理学的視点から精緻化し，限られた人手，予算，時間で，より多くの人の行動を変容させることが求められます。

【文　献】

Cohen, L. E., & Felson, M. (1979). Social change and crime rate trends: A routine activity approach. *American Sociological Review*, **44**, 588-608.

DeLiema, M. (2017). Elder fraud and financial exploitalion: Application of routine activity theory. *Gerontologist*, **58**, 706-718.

Hindelang, M. J., Gottfredson, M. R., & Garofalo, J. (1978). *Victims of personal crime: An empirical foundation for a theory of personal victimization*. Ballinger Publishing.

伊原直子・島田貴仁（2015）．特殊詐欺の被害過程について．日本犯罪心理学会第53回大会発表論文集，164-165.

警察庁（2019）．オレオレ詐欺被害者等調査の概要について（平成30年）．[https://www.npa.go.jp/bureau/sosikihanzai/tokushusagi.html]

警察庁（2023）．特殊詐欺認知・検挙状況等（令和4年・確定値）について．[https://www.npa.go.jp/publications/statistics/sousa/sagi.html]

警察庁（2024a）．令和5年における特殊詐欺の認知・検挙状況等について（確定値版）．[https://www.npa.go.jp/publications/statistics/sousa/sagi.html]

警察庁（2024b）．令和5年の犯罪情勢．[https://www.npa.go.jp/publications/statistics/

index.html］

警察庁（2024c）．令和5年中のSNS型投資・ロマンス詐欺の被害発生状況等について．
　［https://www.npa.go.jp/news/release/2024/20240311001.html］

木村敦・齊藤知範・山根由子・島田貴仁（2023）．楽観バイアスが高齢者の特殊詐欺対策
　行動に及ぼす影響．心理学研究，**94**(2)，120-128．［https://doi.org/10.4992/jjpsy.94.
　21053］

大山智也・雨宮護（2019）．ATMにおける還付金等詐欺の発生予測．都市計画論文集，**54**，
　780-787.

讃井知・島田貴仁・雨宮護（2021）．詐欺電話接触時の夫婦間における相談行動意図の規定．
　心理学研究，**92**(3)，167-177．［https://doi.org/10.4992/jjpsy.92.20024］

島田貴仁（2019）．特殊詐欺の阻止機会——被害過程から考える．警察学論集，**72**，96-107.

島田貴仁（2020）特殊詐欺の高齢被害者の特性と被害防止対策．犯罪学雑誌，**86**，110-119.

島田貴仁（2021）犯罪予防の社会心理学——被害リスクの分析とフィールド実験による介
　入．ナカニシヤ出版

島田貴仁・齊藤知範・山根由子・倉石宏樹・春田悠佳・大竹文雄（2022）．高齢者の特殊
　詐欺被害防止のための固定電話着信時の確認行動の促進　社会規範アプローチと行動変
　容アプローチ．行動経済学会第16回大会．

山根由子・齊藤知範・島田貴仁（2022）．電話機購入費補助金制度利用者における迷惑電
　話防止機能の利用状況の分析．地域安全学会論文集，**40**，1-7.

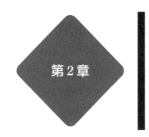

第2章 特殊詐欺における騙しのテクニック

[越智啓太]

1. なぜオレオレ詐欺に引っかかるのか

　詐欺は，人を欺き金銭等を騙し取る行為のことです。詐欺の歴史は古く，今まで数え切れないほどの犯人が，数え切れないほどの人を騙してきました。詐欺の古典的な手口としては，いわゆる寸借詐欺や結婚詐欺，投資詐欺などが代表的なものでした。

　昭和時代までは，ほぼ典型的な手口が繰り返して使用されていましたが，平成時代に入ると急激に手口が多様化，複雑化しはじめました。その背景には，インターネットを中心としたテクノロジーの急速な発展や，電子マネーやインターネットでのカード払いなどの決済手段の多様化，そして，ターゲットとなりやすい高齢者，特に独居の高齢者の増加などがあると思われます。現在ではほぼ毎年新しい詐欺テクニックが開発されていて，具体的な手口を把握し，注意を呼びかけることが追いつかなくなっています。

　新しい詐欺の手口のなかで最も急激に発達し，現在でも被害が生じ続け，大きな社会問題になっているのが，本書のテーマでもある特殊詐欺です。特殊詐欺とは，犯人が電話や電子メール，ハガキ等で，親族になりすましたり，公共機関の職員等を名乗って被害者を信じ込ませ，現金やキャッシュカードを騙し取ったり，ATMを操作させて犯人の口座に送金させる犯罪のことです。

　現在，我が国では，ほとんどすべての罪種で犯罪が減少傾向にありますが，特殊詐欺については，コロナの時期に一時的に認知件数が減少したこともありますが，基本的なトレンドとしては上昇傾向にあり，2023年度には過去最

大の認知件数となりました。現在，最も対策が必要な罪種であるといえるでしょう。

　特殊詐欺，特にオレオレ詐欺タイプの詐欺については，警察や各自治体やマスメディアが積極的に防犯のための広報活動を行ったおかげで，手口は広く知られるようになってきています。一般に，詐欺においては，手口を知ることによって被害を防ぐことができると信じられてきました。しかしながら，現状を見てみると，オレオレ詐欺に引っかかった人のほぼ全員が，事前にその手口について知っていたということがわかっています。つまり，相手が手口を知っていても引っかけることができるのが，このタイプの特徴なのです。

　では，なぜ被害者は，「知っているのに」引っかかってしまうのでしょうか。その原因は，ここで用いられている手口が，我々の持っている一種の心理学的な弱点を巧妙についているからです。もちろん，犯人グループが心理学を勉強しているわけではありませんが，彼らは数多くの成功経験や失敗経験から手口を次々に改良し，より効率的な手口を作り出していったのです。

　本章ではまず，オレオレ詐欺の典型的な手口について復習し，次にその例に関連づけながら，我々が持っているこの心理学的な弱点について解説してみたいと思います。

2. オレオレ詐欺の典型的な手口

(1) あたりフェイズ

　オレオレ詐欺は，まず「あたり」電話から始まります（このタイプの特殊詐欺は，ほぼ100％が電話によって開始されます）。ここで犯人は相手がカモになりそうかを素早く判断するわけです。「最近のオレオレ詐欺は『オレオレ』とは言わない」といわれることも多いですが，確かに「オレオレ」と言うことは少なくなっているようですが，多くは「おばあちゃん，元気ー？」など，実質的にオレオレ的な会話から入っていきます。ここで疑われた場合や警戒された場合には，犯人はすぐに電話を切ります。これは，あとで説明する「数撃てば当たるテクニック」を使っているため，引っかかりにくい人を説得するよりは，そのターゲットは諦めて，次のターゲットに電話を架けるほうが効率的だからです。

もし，被害者が引っかかり会話ができた場合，そのまま詐欺行為を始める場合もありますが，「携帯番号が換わった」などと言って新しい携帯番号を登録させたり，孫（や息子）の個人情報を巧みに聞き取り，欺罔行為は後日行うケースもあります。

詐欺グループはこの「あたり」でうまくいくと，改めて準備をして本番の欺罔行為に着手します。特に，あたり電話は個人プレーで行い，カモが見つかると共同してチームプレイに移行するケースが多いようです。ちなみに，この最初の電話では，祖父母や両親を気遣うような優しい言葉をかけることが多いですが，これも後で述べる「互酬性の原理」テクニックを使用したものです。

(2) 欺罔フェイズ

欺罔行為のなかで最もよく使用されるのは，現在でも「会社の鞄をなくした（落とした，盗られた）」パターンです。

近年，比較的多い劇場型の場合，犯人は「会社の鞄をなくして，携帯電話もその中に入っていた。もし，駅から電話がかかってきたら，話を聞いておいてくれるかな，また電話するから」と言って電話をいったん切り，その後，別の人物が駅員（や警察官）になりすまして，「鞄が見つかったので，お孫さん（息子さん）に伝えてください」という電話を架ける流れになります。その後，孫（息子）役がもう一度電話を架けてきますが，ここで被害者が「鞄が見つかったと駅から電話があった」と伝えると，いったん安堵するフェイズになります。

その後しばらくして，孫（息子）役がもう一度電話を架けてきて，「鞄は無事引き取ったが，中にあった会社の取引のためのお金が盗まれている」と話します。そして，「その金がないと支払いができず，会社をクビになる」，あるいは「会社が倒産する」などと言います。ここで使用するシナリオは，「あたり」電話のときに被害者の孫（息子）の職業などについて得た情報によって，柔軟に変更します。

北米の「おばあちゃん助けて詐欺」[*1]と比較して，下調べをして騙すとい

＊1　COLUMN I を参照。

うやり方よりも，詐欺を進行させながら情報を取るのが特徴ですし，また，かけ子（電話を架けて直接相手を騙す部隊）の腕の見せ所になります。

(3) 回収フェイズ

被害者が「私がなんとかする」と言うところまでもっていければ，次に，被害者から金を受け取る回収フェイズに入ります。

最も古典的な回収手口は，銀行口座への振り込み（振り込み先の口座は不正に入手したもの）ですが，この手口は，不正口座の入手が困難になってきたことや，現金の引き出し時に検挙される危険性があることなどから，より簡単により少ない危険で回収できるようにさまざまな方法が編み出されてきました（とはいえ，現在でも振り込みは最も多い手口です）。たとえば，会社の部下が下ろした現金を直接取りに来る方法（はじめは自分が取りに行くと言っておいて準備させ，直前になって部下に頼む流れになることが多い），レターパックで郵送する方法などです。

また，最近では，金を用意させた後に強盗に入るなど，より凶悪な方法を行うグループもあり，この手口（アポ電詐欺・強盗）では強盗殺人に発展したケースもあります。あたりから回収までで，被害者への架電回数は5〜7回程度になることが多いです。

特殊詐欺グループにとって最も重要なアクターはかけ子で，実力のあるかけ子を確保することが，詐欺の成否や収益を左右します。そこで，組織は彼らには，できるだけ検挙の危険があるようなリスキーな行動をさせないようにします（近年の事件では海外に拠点を置き，かけ子は国内に置かないというケースもあります）。かけ子の場合，検挙されれば「知らなかった」などの言い逃れができにくいので，実刑のリスクも高まります。そのため，回収係や出し子は，アルバイトなどを装って学生などを騙して使用するケース（出し子と組織はメールやメッセージアプリを利用してやり取りし，直接の接触は最小限にする）がよくあります。

24　第Ⅰ部　特殊詐欺の現状と問題点：特殊詐欺とは何か

3. オレオレ詐欺における騙しのテクニックと その心理メカニズム

　本節では，以上の典型的なオレオレ詐欺の手口を元に，そこで悪用されている我々の心理的な法則・弱点について，説明してみることにしましょう。

(1) 互酬性の原理テクニック

　互酬性の原理は，人間の対人行動のなかの最も基本的な法則の一つです。これは「相手から何かしてもらった場合，自分も何かしてあげるべきである」というものです。そして，これは詐欺師が使う第一のテクニックでもあります。具体的には，騙す前に「何か相手にしてあげる」ことが，相手からものを引き出しやすくする準備状態を作るのです。

　この法則はあまりにも自然なものなので，普段は気づかれません。しかし，我々も日々これに引っかかっていますし，利用しています。引っかかっている例としては，スーパーの試食コーナーが挙げられます。試食コーナーを設けるとその商品の売り上げは確実に増しますが，これは「人から何かしてもらったら（試食品），自分も何かしてあげるべき」というルールを使ったものです。試食品を口にしてそのまま売り場を立ち去るのは，「なんとなく居心地が悪い」思いがするのではないでしょうか。これは，互酬性が満たされていないからです。そのため，試食してしまうと，どうしても商品を買わざるを得なくなってしまうのです。

　興味深いのは，試食品と皆さんが購入するものの価格のバランスは，まったく取れていないというところです。互酬性の原理を満たすには，交換されるものの経済的な等価性は必ずしも必要ありません。一つ何かしてもらったら，一つ何かして返すという形で，むしろ行為の回数に関係しています。また，互酬性の原理は，実際の人間とのコミュニケーションによって，はじめて生じるということも特徴です。試食は従業員が直接提供することに意味があり，「ご自由にお試しください」という場合は，それほど大きな販売促進効果は望めません。

　さて，オレオレ詐欺の犯人は，あたりフェイズや欺罔フェイズにおいて，

被害者の健康を思いやったり，優しい言葉をかけることが少なくありません。もちろん，祖父母や両親にとってはこのような言葉自体がうれしいので，互酬性により行動を引き起こすきっかけになります。

　互酬性の原理は，オレオレ詐欺だけでなく，高齢者対象の詐欺では非常によく使用されています。たとえば，豊田商事事件（金のまがい物商法）では，詐欺を行った営業マンたちはまず，高齢の被害者の肩をもんだり，話し相手になったりしてから，金を売りつけるという行動をとっていましたし，催眠商法では，はじめに無料でたくさんのものを相手に与えるという方法がとられます。

(2) 動揺 - 具体的指示テクニック

　オレオレ詐欺の中心テクニックが，「動揺 - 具体的指示テクニック」です。これは，まず被害者を動揺させます。上記の典型ケースでは，「大金をなくした」「クビになる」「会社が倒産する」などが使われていました。ほかには，「痴漢で検挙された」「愛人を妊娠させた」「連帯保証人になり借金取りが来ている」などが使われます。

　このような心理的な動揺は，人間の理性的な判断を妨害します。人間は緊急事態においては，理性的な判断よりも周りの人間の行動をまねしたり，与えられた指示に容易に従うことがわかっています（池田，1986）。これを，ヒューリスティクスによる行動といいます。なぜ，このような行動をとりやすくなるかというと，緊急事態においては時間がかかる理性的，熟慮的な判断を行うよりは，周りの行動や指示に従ったほうが，短い時間で最適な行動ができることが多いからです。

　たとえば，火事のときに建物の構造を思い出したり，避難図を探して研究して理性的な判断をしているよりは，とりあえず，周りの人が逃げているのと同じ方向に行ったり，「あっちに逃げろ」と言っている人に従ったほうが，おそらく生き残る可能性が高いでしょう。もちろん，指示が間違っていた場合，大変な悲劇になりますが，おそらく素早く行動していたり指示している人は，正しい非常口を知っている可能性が高いので，それらに従うほうが確率的には最も生存しやすいと思われます。

　もちろん，被害者の動揺が大きければ大きいほど効果的です。そのため，

犯人はターゲットをおびえさせ（たとえば，ヤクザとか，訴訟とか，新聞に載るなどの会話），恐怖から一刻も早く脱出したい，そのためには多少の犠牲はやむを得ない，という心理状態にさせます。また，指示は極めて具体的な方法が有効です。ここで，ターゲットに考えさせないことがポイントです。考える間を与えずに，次から次に具体的な指示を繰り出すわけです。

このテクニックは常にターゲットを動揺させ続ける必要があるので，オレオレ詐欺の原則は，当日完結です。犯人は電話を架けたその日のうちに，現金を手に入れます。なぜなら，時間が空いてしまうと，人は冷静に考えることができるようになってしまうからです，ただし，一度騙されやすいと認定されてしまった被害者は，連日，被害や被害回復名目での被害，別種の詐欺のターゲットとして，選ばれやすくなるなどのケースもあります。

(3) ドア・イン・ザ・フェイステクニック

ドア・イン・ザ・フェイステクニックは，他人に要求を聞いてもらう場合によく使われる方法で，詐欺にもよく使われます。これは，「相手が断る（実現不可能な）可能性が高い大きな要求を最初に行い，相手が断った直後にそれよりも小さな要求をすると，同意する可能性が高くなる」というテクニックです。たとえば，両親に何か買ってもらいたいとき，はじめに高価なものをねだり，「無理」と言わせてから，比較的安価なそして本当に欲しいものを要求すると，はじめから欲しいものを要求した場合より買ってくれる確率が上がります。多くの人が実際に（無意識的に）使ったことがあるのではないでしょうか。

このテクニックは二つのメカニズムから構成されています。一つはアンカーポイントといわれているもので，同じ50万円でも，はじめから50万円必要と言うよりも，400万円要求してから50万円と言うほうが相対的に安く感じるという，ある種の認知的な錯覚のことです。人は金額や大きさなどを判断するときに，はじめに呈示されたものを比較基準（アンカー）として用いることから，このような効果が生じると思われています。もう一つは，先に挙げた互酬性の原理です。この原理に従うのならば，一方が譲歩した場合，もう一方もそれに応じて譲歩する必要が生じます。そうしないと心理的に，「なんとなく居心地が悪い」のです。

ところでオレオレ詐欺において，犯人はこれらのテクニックを巧みに使用しています。つまり騙し取りたい目標が50万円の場合，はじめから「50万円なくした」とは言わないことが多く，「400万円なくした」などとかなり多めに言います。これがアンカーになります。もちろん，この時点で「私がなんとか払う」という言葉を引き出せれば，そのまま400万円の詐欺を実行します。ところが，もし，これが無理そうであれば，これを「400万円を用立てなければならないのだけれども，200万円は今，上司がなんとかしてくれた，僕も150万円貯金があるから，残りはあと50万円」などという形にしていくのです。こうすることによって，50万円が比較的少額に見えるようにするわけです。

　また，できればこの前に，ターゲットから「400万円など私は持っていない」とか，「それだけのお金は現金では用意できない」などの言説をとっておくのが効果的です。なぜなら，これを言わせた後で，「では，本当に申し訳ないのだけれども，クビがかかっているから50万円でいいからなんとかできないかな。お願いだよ，おばあちゃん」などと言って頼むと，これは譲歩になるので，互酬性の原理メカニズムを発動しやすくさせ，相手からの承諾を得やすくなるのです。

(4) 数撃てば当たるテクニック

　近年の詐欺の最も特徴的なテクニックが，「数撃てば当たる（A shot in the dark）」テクニックです。これは，たくさんの人に対して試せば，引っかかる人が出てくるというものです。

　以前，詐欺師は，ある特定のターゲットを騙すために周到な準備をして，欺罔行為を行っていました。たとえば，結婚詐欺は演じる人物の設定やら，小道具をそろえて行っていました。しかし，このような詐欺は，コストパフォーマンスがあまりよくありませんし，そのターゲットが騙されなければせっかくの苦労も水の泡です。

　ところが，別の小道具をそろえなくても，嘘がうまくなくても，たくさんのターゲットにアタックしていけば，なかには引っかかってしまう人も出てくるはずです。まさに「数撃てば」よいわけです。たとえば，我々がある手口の詐欺には95％引っかからないとしても，犯人から見れば，20人にアタ

ックすれば1人は引っかかるということになります。

　直接的コミュニケーションが中心だった時代には，数多くのターゲットにアタックするのは大変だったのですが，電話やインターネットがある現代では，名簿やリスト，有効なメールアドレスや電話番号があれば，次々にアタックすることができます。実際，オレオレ詐欺のかけ子は，被害者候補のリストを用意し（現在では，このリストを調達し，販売することを専門に行う業者までいます），上から順番に架電するという方法をとっています。そして，若い人などターゲットでないと思われる人が電話に出たり，疑われた場合には，すぐ電話を切って次に行くわけです。インターネットを使用した詐欺の場合には，有効なメールアドレスのリストさえあれば，何万件もの詐欺行為をほとんど一瞬で行うことが可能です。こんな手口に引っかかる人が99％いないとしても，1万人に不正請求メールを送れば残りの1％，つまり，100人が引っかかるというわけです。

(5) 他人と接触させないテクニック

　人は，他人の意思決定や行動については，正しい評価ができることが多いのですが，自分自身の意思決定や行動については，実は他人に対するものよりも愚かな行動をしてしまうことが多いことがわかっています。この理由は，(2) 項とも関連しているのですが，自分事だと動揺してしまいやすく，理性的な判断プロセスよりは他人の指示や行動に盲従するような，ヒューリスティクス的なプロセスが発動してしまうからだと思われます。他人の問題だと，自分には直接被害が及ぶことがないし，責任も少ないので，逆に冷静に理性的なプロセスを働かせることができるわけです。多くの被害者が事件後，「なぜ，あんな言葉に引っかかってしまったのだろうか」と言いますが，それはまさに自分事であるがゆえに，ヒューリスティクスで行動していたからです。

　また，実際にオレオレ詐欺を看破したケースを分析すると，自分で見破ったケースよりも，他人から指摘されたケースが多いことがわかります。具体的には，配偶者，家族，銀行員，（相談を受けた）友人や近隣の住民，警察官などです。身近に誰かがいたり，気軽に相談できる人がいる場合には，看破の可能性が上がります。同居の家族の有無，近隣集団との人間関係，友人の

数，警察や行政への信頼感などは，基本的には被害を減らす方向に働きます。

これは犯人側から見ると，できるだけ他人と接触させない方法が効果的だということです。オレオレ詐欺の手口の進化は，基本的には「いかに他人に相談させないか」のテクニックの進化だといっても過言ではありません。たとえば，その家の恥に関するテーマ，具体的には「痴漢で捕まった」とか，「愛人を妊娠させた」などが用いられるようになったのはそのためです。

また，銀行員や家族から疑われた場合の言い訳，たとえば「家をリフォームする代金を引き出す」などを，あらかじめ入れ知恵しておくのもその一種です。銀行員との会話を最小限にすることができます。もちろん，「絶対に人に言わないで，いったら大変なことになる」とか，「もし，ばれればおしまいだ」「秘密が守れるのはおばあちゃんだけだ」などと付け加えるのも忘れません。

以上について，表2-1にまとめました。

表2-1　オレオレ詐欺に使用されている代表的な心理テクニック

互酬性の原理	「相手から何かしてもらったら，自分も何かしてあげるべきである」という対人関係上の心理法則を利用するもの。騙す前に相手に何かしてあげることによって，相手からの行動を引き出しやすくする。
動揺-具体的指示テクニック	「人は動揺すると，他人の指示に従いやすくなる」という心理法則を利用するもの。まず，相手を動揺させ，間髪を入れずに具体的な指示（ATM操作など）を行う。
ドア・イン・ザ・フェイステクニック	「最初に相手が断るような大きな要請をし，相手が断ったところで譲歩した要請をすると，相手が従いやすくなる」という心理法則を利用するもの。はじめに大金を要求し，その後，譲歩して値引くことによってお金を引き出しやすくする。
数撃てば当たるテクニック	引っかかる人が少ないような手口でも，非常に多数の人に使用すれば，引っかかる人が出てきてしまうというもの。
他人と接触させないテクニック	「人は他人事に対しては冷静な判断ができるが，自分事に関しては，冷静な判断ができなくなる」という心理法則を使用するもの。最初の接触から金銭の受け取りまでの間に，他人との接触を最小限にするもの。

4. エビデンスに基づいた特殊詐欺防犯手法を

　本章では，オレオレ詐欺の具体的な手口や，その心理的なメカニズムを紹介しました。こんなものを紹介したら犯人側に利用されて，犯人グループを利するだけだ，という意見もあるかもしれません。確かにそのように悪用する者もいるかもしれません。しかし，現状，このような方法を整理して学習することは，防犯対策のためには絶対必要なのです。なぜなら，我が国の防犯活動は，特に犯人側の手口や心理についての分析や理解をおろそかにして，精神論，根性論と，見当外れの方法やテクノロジーによって対策してしまっていることが多いからです。これは，警察や他の行政機関，警備会社なども同様です。

　当たり前ですが，何かから身を守るためにはまず，「敵を研究し，敵を知る」そして「自分の弱点を知る」ことが必要です。ところが，残念なことに我が国の防犯活動では，これがあまり実践されていません。そして，最終的には「もっと気をつけましょう」などの精神論に落ち着いてしまうのです。特殊詐欺は，このような精神論では対処できない問題なのです。

　では，どのような対策をすれば良いでしょうか。ここまで述べてきた敵の行動パターンや人間の弱さを元に，防犯手法を考えていくことができますが，ここではそのうちのいくつかを紹介してみたいと思います。

(1) 手口の周知活動は引き続き必要

　手口自体を知ることが詐欺看破の役割を果たすことは確かなので，広報活動や啓蒙活動は続けていく必要があるとは思います。この場合，できるだけ詳細な手口を公開するほうがよいでしょう。なぜなら，ある手口を知っていても，少しバリエーションが異なると，看破できる可能性が急減するからです。たとえば，オレオレ詐欺の手口を知っていても，その知識が還付金詐欺の看破力が増加するかといえば，それほどではありません。「鞄をなくした」手口を知っていても，「痴漢で捕まった」には引っかかる可能性はあります。

　確かに，詳細な手口を公開するとそれが悪用される可能性はありますが，被害規模の大きさから考えると，現状では，悪用のリスクよりも防犯力の向

上の効果のほうが大きいと思われます。

(2) 留守番電話作戦

　これは，ターゲットになる可能性にある高齢者世帯の電話を，あらかじめ留守番電話にしておくという方法です。もし，本当に必要な電話であればかけ直すか，メッセージを聞いてから電話に出ればよいわけです。

　この方法は，オレオレ詐欺に対する防犯効果は非常に大きいと思われます。なぜなら，犯人グループは，基本的には特定のターゲットを狙うわけではなく，先に挙げた「数撃てば当たる」テクニックを使っているからです。かけ子は，あらかじめ組織が準備した名簿に従って機械的に電話をしており，また，受け取れる報酬も歩合性であることが多いため，ややこしい電話に付き合っているよりは，次に電話したほうがよいと考えるからです。

　かけ子からみれば，電話に若い人が出たり，男性が出たり（女性のほうが引っかけやすい），電話になかなか出なかったり，耳が遠かったり，意思疎通が困難だった場合には，それに付き合うよりは電話を切って次にいったほうが効率が良いのです。電話が犯人側から切られるケースは通報されないため，そのほとんどが暗数になりますが，実際問題としてかなり多くの人がこの種の怪しい着電を経験しているはずです。

　留守番電話はまさにこのテクニックの裏をかいており，かけ子は留守番電話を相手にはしない，という法則を利用しているのです。ただし，この作戦の問題点は，高齢者の多くが在宅しているのに留守番電話にするということに対して，心理的な抵抗が大きいということです。

(3) 具体的な電話番号作戦

　ターゲットになりそうな家の電話の前に，「オレオレ詐欺に注意」的なポスターやステッカーを貼っておくという手法があります。実際，多くの自治体や警察が，そのためのポスターやグッズを作成しています。

　この手法は確かにある程度の効果は上げているようなのですが，一つの大きな問題があります。それは，冷静なときはこのようなポスターを見たり，会話に注意を払ったりできるのですが，犯人側が動揺−具体的指示テクニックを使用した場合，ポスターよりも犯人の具体的な指示のほうが優先されて

しまうということです。

　緊急事態では，より労力が少ない方向に我々は行動します。「怪しい電話がかかってきたら本人に電話して確認！」とか電話の前に貼ってあっても，そもそも，孫の携帯番号を調べて電話を架ける手間（多くの高齢被害者は固定電話を使用し，メモリー機能を使用していないので，手帳などに書かれた電話番号を調べる必要があります。メモリーを使用している場合でも，あたり電話で電話番号が変更されている可能性があります）よりは，今，直接話している相手の具体的な指示に従ってしまうのです。

　そこで，電話の前にポスターを貼るのだったら，できるだけ労力がかからない「より具体的な指示」を書いておくことが有効です。つまり，電話の前のポスターには標語でなく，孫や警察の電話番号そのものを書いておく方法が効果的でしょう。実際，いくつかの自治体では，電話の前に貼るポスターに，具体的な電話番号を書く欄を設けています。

　この欄に，警察署や行政の相談センターなどの電話番号を印刷しているケースもありますが，印刷であるとポスターと一体化してしまい，目立たなくなってしまうようなので，できれば中央部に手書きで書いておいたほうが効果的だと思われます。

(4) オレオレ詐欺に対する避難訓練

　人間は，初めてする行動は，なかなかできないものです。特に動揺している場合には，決まり切った行動や慣れている行動をとったり，先にも述べたように，人の行動をまねする傾向があります。オレオレ詐欺電話で動揺してしまう理由の一つは，「オレオレ詐欺電話を受けた」経験がないからかもしれません。

　そこで，ターゲットになりそうな人にあらかじめ知らせたうえで，オレオレ詐欺的な電話をかけ，それに対して，孫や息子，警察に電話するなどの適切な行動をとるまでの一連の行動の流れを，シミュレートさせておくという方法があります。適切な行動を身体に覚えさせておくという方法です。

　この方法は，緊急時の対応として古くから行われ，効果が示されています。それは，学校で行われている地震時の避難訓練や，火事の避難訓練です。我々が地震のときにとっさに机の下などに隠れようとするのは，こういう訓

練で身体が覚えているからです。防犯講習会などの際に，一連の手続きを講話などで聞かせるだけでなく，実際に行わせることや，特に注意を要する一人暮らしの高齢者などには，自宅でシミュレーションを行うことなどが有効だと思われます。

5. 行政手続きの改善

　最後に，各行政機関，警察，そして政府の方々へコメントなのですが，そもそも，行政の手続きがわかりにくく，複雑で，かつ，職員（特に警察）の対応も親切ではない（これに対しては，各機関が相当な改善努力をされているのも事実ですが）ことが，問題の根本にあります。「還付金詐欺に気をつけましょう」と言っても，還付金やら医療費控除やら，年金やら生活保護のシステムが複雑すぎるのです。用紙には読めない細かい字で難しいことがたくさん書いてあり，ネットをつなげばインターフェースが極めてわかりにくく，電話で相談しても難しい専門用語で対応されるのです。このような状態は，犯人に付け入る隙を与えます。

　これに対して，オレオレ詐欺の犯人は極めて親身で優しく，丁寧に対応してくれるのです（騙しているのですから当然なのですが）。彼らに感謝して信じてしまうのは，もしかしたら行政手続きの訳のわからなさに起因しているかもしれません。

　また，警察は危機意識を持ち，さまざまなキャンペーンなどで特殊詐欺防犯広報を行っていますが，残念ながら，特殊詐欺の防犯活動に，あまり本気ではないように感じることも少なくありません。私は今まで100回近く，全国で一般市民や防犯ボランティア対象の特殊詐欺の防犯活動に参加してきました。そのような催しには，地元の警察署の生活安全課長が来て挨拶をすることが多いのですが，驚くべきことにすべて（！）のケースで，彼らは「多忙」を理由に挨拶した後に途中退出していました。なかには，首長が最後までいるのに，生活安全課長が早々に引き上げることさえありました。特殊詐欺が現在の治安の最大問題の一つなのにもかかわらず，生活安全課長がそれ以上に優先すべき仕事とは何なのでしょうか。

　警察官との良好な関係や，警察への信頼が，特殊詐欺を看破するための要

因になっていることも明らかなので，まず，防犯の第一線に立っているはずの警察署の生活安全課長が，最後まで市民とともに防犯活動に参加することから始めるべきではないでしょうか。

【文　献】

Cialdini, R. B. (2021). *Influence: The psychology of persuasion. New and expanded*. Haper Collins.［社会行動研究会（監訳）(2023)．影響力の武器——人を動かす七つの原理（新版）．誠信書房］

Feeley, T. H., Anker, A. E., & Aloe, A. M. (2012). The door-in-the-face persuasive message strategy: A meta-analysis of the first 35 years. *Communication Monographs*, **79** (3), 316-343.

法務総合研究所（2023）．特殊詐欺事犯者に関する研究．法務総合研究所研究部報告，**64**，法務省

池田謙一（1986）．緊急時の情報処理．認知科学選書9．東京大学出版会

警察庁（2023）．特殊詐欺の手口と対策．警察庁組織犯罪対策部

オレオレ詐欺の起源と歴史

[越智啓太]

　オレオレ詐欺は，日本独特のものではありません。このタイプの詐欺の考案者とされているのは，アルカディウシュ・ラカトシュ（Arkadiusz Lakatosz），通称「ホス」というギャングで，彼は1990年代の終わりに孫を装って高齢者に電話を架け，金を騙し取る手口を考案しました。

　彼はポーランドの犯罪組織を率いて，主にドイツ人対象に詐欺を行いました。彼が用いたのは電話帳，CD電話帳で，エルナ，クララ，ヘドウィグ，ジョセフ，アルフレッドなど，年齢層が高いことを示すファーストネームの家に次々に電話を架け，電話に出た高齢者に"Rate mal, wer hier spricht?（誰かわかる？）"と問いかけ，孫や子どもの名前が出てくると，その人物になりすまして経済的な危機への援助を要請し，金（や宝石等）を騙し取りました。その後，ラカトシュは検挙されています。

　この手口はその後，北米に伝わり，「おばあちゃん助けて詐欺（grandmother scam あるいは grandparent scam）」として広まりました。これは，初期の日本のオレオレ詐欺と類似しています。まず，ターゲットとしてはやはり高齢者が選ばれやすく，電話に出た（北米では孫の友人を装った直接対面型も少なくない）高齢者に対して，孫を装い金を騙し取るというものです。

　北米でよく使われてる手口は，「外国を旅行中だが，そこで強盗に遭い，有り金を奪われた」「交通事故に遭った」「麻薬を使用して逮捕された」「保険の利かない病気になった」「学生ローンの期限が過ぎてしまい退学になりそうだ」などで，この窮地から脱出するためには至急，一定の金銭が必要であると言います。もちろん，金がなければ逮捕されたり，刑務所に入ったり，学校や会社を辞めさせられたりするというわけです。また，犯人の多くは「このことは両親には言わないでほしい，怒られてしまうから」と言います。

　外国旅行，麻薬，学生ローンなどのテーマは，日本と異なった文化によるものですが，基本的な手口は一緒です。両親よりも甘いから祖父母を狙うというのは，日本と同じかもしれません。また，アメリカでは日本よりも個人情報をインターネット経由で把握することが容易でしたので，犯人は電話に先立って，実際の孫の属性，たとえば職業や趣味，名前，最近の動向，軍歴（軍務に就い

ている孫が赴任先でトラブルに遭って，急きょ金銭が必要であるという手口がよく使われる）などについて，あらかじめ把握してから電話をするケースが多いというのも特徴です。これに対して，日本では数撃てば当たる戦術をとるので，なりすます孫や子どもの情報を事前に収集しないことが多い傾向にあります。

当初，この手口は，一人の犯人が孫を装うというパターンで行われていたのですが，近年では，警察官や弁護士，会社の上司，公務員，銀行協会の職員などを装うもの，本人とともにこれらの人物が登場するもの，複数回にわたってストーリー性のある会話が展開される劇場型のものも増加しています。

おそらくこの劇場型手口は，日本で最初に開発され，海外に輸出されたものだと思われます。ヨーロッパで警察官など複数の登場人物が現れるオレオレ詐欺が報告されだしたのは 2021 年頃ですが，日本ではそれ以前に，すでに劇場型のオレオレ詐欺が発生していました。オレオレ詐欺の新たな手口は，日本の特殊詐欺グループによって開発されている可能性があり，それが何らかの形で海外に輸出されていると思われます。日本における特殊詐欺グループの新しい手口は，他の国に比べてはるかに創造的で，かつ効果的であり，我が国が新しい犯罪手口の輸出国になってしまっています。

ここ最近では，コロナの影響によって，高齢者でもインターネットやスマートフォンの利用が一般的になってきましたが，彼らはこれらのテクノロジーに不慣れなため，これを悪用した手口が増加しています。北米では，メッセージアプリ Whatsapp によるものがよく使われているようです。

第Ⅱ部
詐欺脆弱性とその測定
：ひっかかりやすさの
心理学

第 3 章　高齢者の特殊詐欺被害に関連する心理特性
　　　　　：楽観バイアスを中心に
第 4 章　特殊詐欺脆弱性の診断は可能か
第 5 章　特殊詐欺脆弱性診断アプリを用いた
　　　　　詐欺被害予防活動
第 6 章　詐欺被害に関連する心理特性とネット詐欺
COLUMN Ⅱ　詐欺や悪質商法被害に対する
　　　　　　「リスキーな心理傾向チェックシート」
　　　　　　の作成

第3章 高齢者の特殊詐欺被害に関連する心理特性：楽観バイアスを中心に

[木村 敦]

1. はじめに

(1) 有効な対策行動とは

　特殊詐欺の被害に遭わないためには，どのような備えをしたらよいでしょうか。個人でできる対策として，現状，特に有効性が高いと思われるものは，「自宅の固定電話機の留守番電話機能（以下，留守電）」や，「迷惑電話防止機能付き電話機」を使用することといわれています（警察庁, 2019；島田, 2020）。特殊詐欺の犯行において，被害者を騙すプロセスのなかで最初に用いられるツールは自宅の固定電話機が多く（警察庁, 2019, 2023），また犯人は留守電に音声や履歴を残すことを避けたがることから，自宅の固定電話機が常時留守電設定になっていれば，被害を回避しやすくなるからです。

　在宅しているのにわざわざ留守電設定にしておくなど面倒だし，自分は詐欺の手口も知っているし，不審な着信があれば自分で詐欺と見破ること（自己看破）ができる，と考えている人もいるかもしれません。しかし実際には，詐欺の手口を知って警戒していても，いざ詐欺電話を受信した際に自己看破することは難しいと考えられます。

　たとえば，特殊詐欺被害者等を対象とした調査（警察庁, 2019）によると，オレオレ詐欺の被害者のうち95％以上は，手口について事前に知っていたとされています。一方で，被害者の約70％は，通話中に犯人からトラブル内容を聞かされる前にすでに騙されており，その理由としては「息子（親族）の声にそっくりだったから」（62.7％）が最多でした。また，騙しの電話を受けたときの被害者の心理反応として，「自分がお金を払えば，息子を救える

と思った」（96.3％），「今日中になど時間を区切られたので焦ってしまった」（84.1％）などが多く挙げられていました。

　これらの報告を踏まえると，たとえ手口を知っていたとしても，詐欺電話を受信した後に冷静に状況を俯瞰して，自己看破することは，想像以上に難しいといえます。

　そこで，警察や自治体が中心となり，留守電を活用するための防犯教室や，留守電に登録する特殊詐欺撃退音声メッセージの公開，自動通話録音機の無料貸与，迷惑電話防止機能付き電話機購入のための補助金支給など，詐欺電話の受信を回避する手段の利活用に関するさまざまな普及活動が展開されています。その成果もあってか，高齢者の留守電使用率が，近年上昇していることを示唆する報告もあります。

　高齢者を対象とした「在宅時に固定電話機で留守電を使用しているか」に関して，内閣府（2017）の調査では31％，滝口（2019）では23％と，3割前後にとどまっていましたが，ソースネクスト株式会社（2023）の調査では，60代で75％，70代以上で73％と大きく向上しました（ただし，調査年以外に，調査サンプルの規模や抽出方法も異なることから，解釈には留意が必要です）。とはいえ，高齢者の約75％が留守電を使用しているというのは，逆にいえばまだ4人に1人はこういった対策をしていないともいえます。

　留守電機能は現在多くの固定電話機に備わっていますし，基本的にはボタンを押すだけなので設定も容易で，かつ有効性が高い対策であることが繰返し周知されているにもかかわらず，なぜ利用しない層が一定数いるのでしょうか。この問いを明らかにするためには，留守電を用いた特殊詐欺対策について，高齢者がどのような認知や態度を有しているかを把握する必要があります。

(2) 対策行動を妨げる心理学的要因「楽観バイアス」

　留守電を用いた特殊詐欺対策を阻害する可能性のある心理学的要因の一つとして，「楽観バイアス（optimistic bias）」が挙げられます（木村ら，2023）。楽観バイアスとは，自分は他者と比較して良い出来事に遭遇しやすく，悪い出来事には遭遇しにくいと感じる認知の偏りのことです（Weinstein, 1980）。楽観バイアスは，健康に関する事象（たとえば自分が癌に罹患する確率）の

みならず，犯罪被害に対するリスクについても生じることが知られています。すなわち，自分は同世代・同性の一般的な他者と比較して犯罪被害に遭う確率は低いと認知しやすく，自己のリスクを楽観視する傾向があります。これまで強盗（Joshi & Carter, 2013；Perloff & Fetzer, 1986），デート暴力（Chapin et al., 2014），性犯罪（Chapin & Pierce, 2012；笹竹，2014），バイオテロ（Salmon et al., 2003）などの犯罪被害リスクについて，楽観バイアスの存在が報告されてきました。

　特殊詐欺に関するこれまでの調査のなかでも，「自分は被害に遭わないと思う」といった楽観バイアスに相当するリスクの楽観視が，たびたび確認されてきました。たとえば，警察庁（2019）において，オレオレ詐欺被害者の約80％は，被害前に自分が詐欺被害に遭う可能性は低いと感じていたそうです。滝口（2019）においても同様に，特殊詐欺の手口に関する知識の有無にかかわらず，調査参加者の8割程度が自分は詐欺被害に遭わないと回答していました。

　特殊詐欺対策の啓発のための広報では，被害の手口や被害件数・被害額などの知識を伝えて意識高揚を図る，いわゆる「脅威アピール」型の広報戦略が中心でしたが，詐欺の手口や対策に関する知識を有していても，楽観バイアスにより自身の被害生起確率を低く推定してしまうことで，結果的に充分な対策行動の実践につながっていない可能性があります。脅威アピール型説得の効果を説明する代表的モデルの一つである防護動機理論（Protection motivation theory：Rogers, 1975, 1983）によると，脅威アピール情報を受け取ってから防護動機の形成に至る認知プロセスには，脅威評価と対処評価があり，両者が高い場合に防護動機が生起し，対処行動が実践されやすくなるとされます。

　留守電設定という対策は，高い効果が期待でき，設定も容易なため，対処評価は高くなるものと予想されます。一方で，楽観バイアスにより脅威評価が低いままであると，結果的に防護動機は充分に高まらず，対処行動が抑制されると考えられます。

　楽観バイアスが強いことはまた，積極的に詐欺を自己看破するために，不審電話に出るといった「リスクテイキング行動」を助長する懸念もあります（木村ら，2023）。たとえば，詐欺と看破した後にも騙されたふりを続けて，

犯人から電話番号や金銭等の受け渡し時間場所を聞き出し，警察に通報して犯人検挙に協力する「騙されたふり作戦」があります。これは犯人検挙に寄与することに加え，こういった作戦を広報すること自体が犯人側に対する威嚇にもなり得ることから，警察等を中心として騙されたふり作戦への協力を市民に依頼するキャンペーンも展開されています。この作戦は成功すれば，自分が被害に遭わないだけでなく犯人検挙にも協力でき，他者の被害も減らすことができます。

　ただし，警察庁（2019）において，特殊詐欺の既遂被害者の半数以上が「家族の声やうそを見分けられる自信があった」と回顧していることからも，実際の状況で見破ることは容易ではありません。さらに，犯人側がこのキャンペーンを逆手に取り，偽の騙されたふり作戦を高齢者に伝えることで，結果的に詐欺被害に遭った事件も発生しています（朝日新聞，2019：中國新聞，2020）。

　騙されたふりをしようとすることは不審な電話の受信を前提とすることから，自らリスクを高める行為でもあり，一種のリスクテイキング行動と捉えることができます。楽観バイアスが強いことで，詐欺電話に対して自己看破できるという自己効力感が高まり，留守電等により不審な電話を回避せずにあえて受信し，騙されたふりをするといった行動意図が高まる可能性もあります。

(3) 本章の目的

　ここまで述べてきたように，楽観バイアスは，留守電等を用いた特殊詐欺対策にも影響を及ぼすことが懸念されますが，その関係性を直接的に検討した研究報告は少ないのが現状です。そこで本章では，楽観バイアスが特殊詐欺対策行動に及ぼす影響について検証した著者らの近年の研究（木村ら，2023）の概略を紹介するとともに，特殊詐欺被害防止に関わる楽観バイアス研究の今後の展開可能性について論じることを目的とします。

2. 調査の概略

(1) 目的と仮説

　本研究は，高齢者を対象とした社会調査データを用いて，楽観バイアスが特殊詐欺対策としての留守電使用，ならびに詐欺遭遇時の自己看破に関する行動意図に及ぼす影響を明らかにすることを目的としました。具体的には，以下の三つの仮説を検証しました。

　①仮説1：本研究の調査協力者においても，特殊詐欺被害リスクに関する楽観バイアスが見られるであろう。

　②仮説2：楽観バイアスの強さは，特殊詐欺対策としての留守電使用に負の影響を及ぼすであろう。つまり，楽観バイアスが強い人ほど，留守電を使用しないであろう。

　③仮説3：楽観バイアスの強さは，不審電話着信時に騙されたふりをする，相手を問い詰めるといった，自己看破に関する行動意図に正の影響を及ぼすであろう。つまり，楽観バイアスが強い人ほど，詐欺と見破って騙されたふりをしたり，相手を問い詰めたりするといった，リスクテイキング行動をしようと考えているであろう。

(2) 調査方法

　科学警察研究所犯罪行動科学部犯罪予防研究室と千葉県市川市とが，共同で同市在住の高齢者を対象として2020年から継続実施している，「特殊詐欺（電話 de 詐欺）に関するアンケート」の第1波調査（2020年2〜3月実施）のデータを使用しました。この調査は市在住の高齢者を対象として，特殊詐欺に対する経験，情報接触頻度，態度，対策行動などを包括的に調べたものです。その調査項目は多岐にわたりますが，本研究ではそのうち楽観バイアス（リスクの相対評価），留守電および迷惑電話防止機能の使用状況，不審電話の着信時の対処行動意図，調査参加者の属性（性別・年齢）を分析に用いました（表 3-1）。

　調査回答 1,874 名分のうち，有効回答 1,598 名（男性 695 名，女性 903 名，平均年齢 73.2 歳 ± 5.3）を分析用データとしました。

第 3 章　高齢者の特殊詐欺被害に関連する心理特性　　*43*

表 3-1　木村ら（2023）で分析に用いられた主な調査項目

項　　目	質問文
楽観バイアス （リスクの相対評価）	あなたは，同じ性別の同じ年代の人に比べて，特殊詐欺の被害にあう可能性が高いと思いますか，低いと思いますか，それとも同じ程度でしょうか。 (1) とても低い，(2) 低い，(3) どちらかといえば低い，(4) 同じ程度，(5) どちらかといえば高い，(6) 高い，(7) とても高い
不審電話着信時の被害回避行動意図	あなたは，もし自宅の固定電話機にかかってきた電話が怪しいと思ったら，どのような行動をとると思いますか。当てはまる番号すべてに○をつけてください。 (1) 電話の相手を問い詰めるだろう，(2) 電話を切って，家族や周りの人に相談するだろう，(3) 電話を切って，相手を確認するだろう，(4) 電話を切って，その後は何もしないだろう，(5) 騙されたふりをするだろう，(6) 警察に通報・相談するだろう，(7) その他のことをするだろう，(8) 何もせず，電話を続けるだろう
固定電話機における留守番電話機能等の使用状況	あなたのご自宅には固定電話機がありますか。 (1) はい，(2) いいえ 特殊詐欺や迷惑電話の被害にあわないために，詐欺犯に利用された電話番号や勧誘業者からの電話を拒否する，通話内容を録音する機能などを備えた「迷惑電話防止機能付き電話」があります（価格は 5 千円～2 万円程度です）。あなたは，このような電話機があることを知っていましたか。 (1) 知らなかった，(2) 知っていた それでは，あなたはご自宅の固定電話で，迷惑電話防止機能（着信拒否や録音機能）を使っていますか。他の機能もあわせてお答えください。 着信拒否や録音機能：(1) 使っている，(2) 使っていないが機能はある，(3) 機能はない，(4) わからない 発信者番号表示（ナンバーディスプレイ）：(1) 使っている，(2) 使っていないが機能はある，(3) 機能はない，(4) わからない 留守番電話機能：(1) 使っている，(2) 使っていないが機能はある，(3) 機能はない，(4) わからない 特殊詐欺や迷惑電話の被害にあわないために，電話機を常に留守番設定にして，家に居るときでも相手の声を確認するまで電話に出ないという方法があります。あなたはこの方法を知っていまし

	たか。 （1）知らなかった，（2）知っていた この方法を使っていますか。 （1）使っている，（2）時々使っている，（3）使っていない

(3) 結果

①仮説1の検証：楽観バイアスの有無

リスクの相対評価への回答について，自己リスクを他者リスクよりも低く評価するほど楽観バイアスが強いと定義して分析しました。解釈を容易にするために，リスクの相対評価の評定値を，表3-2に示す楽観バイアス得点に変換しました。

調査参加者の楽観バイアス得点分布を，図3-1に示します。平均得点は1.1点（$SD = 1.29$，中央値 = 1.0）であり，ゼロを中央値とする一標本Wilcoxon符号順位検定を行ったところ，楽観バイアス得点はゼロよりも有意に大きい値でした（$Z = 25.56$, $p < .01$, $r = 0.639$）。すなわち，調査参加者の平均は，「自分が特殊詐欺の被害に遭う可能性は，同世代・同性の他者と比較してやや低い」と感じていることがわかりました。この結果は本調査対象者にも楽観バイアスが見られるとする，仮説1を支持するものといえます。

②仮説2の検証：楽観バイアスと留守電使用との関連

仮説2の検証に際しては，上述の有効回答1,598名のうち，「自宅に留守

表3-2　楽観バイアス得点の算出方法

リスクの 相対評価	1 とても低い	2 低い	3 どちらかといえば低い	4 同じ程度	5 どちらかといえば高い	6 高い	7 とても高い
楽観バイアス得点	3	2	1	0	−1	−2	−3

強← 　　　　　　　　　　自己リスクの楽観視　　　　　　　　　　 →弱

※楽観バイアス得点は，リスクの相対評価の評定値（1〜7の7段階評定）を4点から減じた値である。−3点〜3点までの範囲をとり，値が大きいほど自己リスクの楽観視が強いことを表す。

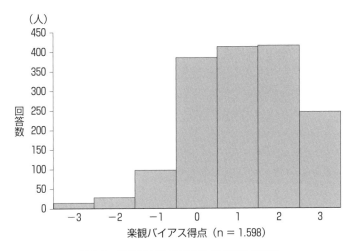

図 3-1　調査協力者の楽観バイアス得点分布
(木村ら，2023，p.124 を元に著者作成)

電機能付き固定電話機があり，留守電が特殊詐欺対策になることを知っている人」を対象とする必要があるため，固定電話機を持っていない人や，留守電を用いた詐欺対策について知らなかった人，別途迷惑電話防止機能付き電話機を使用している人などを除外し，残る 735 名のデータを分析対象としました。そのうえで，楽観バイアスと，統制変数としての性別・年齢を説明変数とし，留守電使用の有無を従属変数とする，二項ロジスティック回帰分析（強制投入法）を行いました。

その結果，回帰モデルは適合したものの（$\chi^2(8) = 12.07, p = .148$），調整オッズ比が有意であった説明変数は性別のみであり（$\beta = -0.38, p < .05$），楽観バイアスは有意ではありませんでした。性別については，男性よりも女性のほうが留守電使用が多いという結果でした。

以上から，楽観バイアスが留守電使用に負の影響を及ぼすとする仮説 2 は，支持されませんでした。

③仮説 3 の検証：楽観バイアスと不審電話着信時の行動意図

仮説 3 の検証にあたって，不審電話着信時の行動意図のうち，「騙されたふりをする」と「問い詰める」の回答をそれぞれ従属変数とし，楽観バイアス，性別，年齢を説明変数とする，二項ロジスティック回帰分析を行いまし

た。その結果，どちらの回帰モデルもデータに適合しました（順に，$\chi^2(8)$ = 12.59，p = .127；$\chi^2(8)$ = 3.15，p = .924）。

　まず，「騙されたふりをする」については，楽観バイアスと性別の調整オッズ比が有意でした（順に，β = 0.14，$p < .05$；β = 0.47，$p < .01$）。楽観バイアスが強い人ほど，また女性より男性のほうが，騙されたふりをしようと考えていることが示されました。次に，「問い詰める」については，性別の調整オッズ比のみが有意で（β = 0.87，$p < .01$），女性よりも男性のほうが問い詰めようと考えていることが示されました。楽観バイアスは有意ではありませんでした。

　以上の結果より，楽観バイアスが不審電話着信時の自己看破行動意図に正の影響を及ぼすとする仮説3は一部支持され，楽観バイアスは「騙されたふり」の行動意図に正の影響を及ぼすことが示されました。

3.　調査結果に基づく考察と提言

(1) 楽観バイアスと留守電設定を中心とした特殊詐欺対策行動の関連

　本研究の各仮説検証結果について，改めて見ていきましょう。まず，仮説1は支持されました。高齢者が自身の詐欺脆弱性認知を低く見積もること，すなわち自己リスクを楽観視しやすいことは先行研究（警察庁，2019；滝口，2019 等）でも示唆されてきましたが，今回分析した比較的規模の大きな社会調査データからも，楽観バイアスの存在は頑健に見られました。もちろん，図3-1の度数分布図にあるように，必ずしも全員というわけではなく，調査参加者の約24％は自己と他者のリスクを同等と推定し（楽観バイアス得点がゼロ），約9％は自己のリスクを他者よりもむしろ高く推定していました（楽観バイアス得点が負の値）。一方で，約67％には楽観バイアスが見られたことから，平均としては楽観バイアスを有しているといえます。

　次に，仮説2は支持されませんでした。先行研究（大工・釘原，2016；警察庁，2019；滝口，2019）においても，楽観バイアスは個人の詐欺対策行動を阻害する要因として挙げられていることから，「自宅に留守電付き固定電話機があり，留守電が詐欺対策となることを知っているにもかかわらず，留守電を使用しない」高齢者の心理特性として，楽観バイアスの影響があるの

ではと考えましたが，データからはそのような直接的な関連性は確認できませんでした。この結果については，「留守電設定にしたからこそ，自己リスクを低く推定した」ケースなどもデータに含まれている可能性があることや，留守電使用の有無に影響を及ぼす他の心理特性についても分析するなど，今後より詳細に検討する必要があるでしょう。

仮説3は部分的に支持されました。楽観バイアスが強いと，特殊詐欺のような不審な電話がかかってきた際に，特に「騙されたふり」をしようと考えやすいことが示唆されました。自分は詐欺被害に遭わないと思っている高齢者が，自分も「騙されたふり作戦」で犯人検挙に協力したいという動機から，不審電話着信時に騙されたふりをしようと考えているものと推察されます。また，そういった動機が強い場合には，自己看破機会への遭遇を期待することで，あえて留守電設定にしないというケースもあるかもしれません。

一方で，前述のように現行の特殊詐欺対策において，個人で実践できる有効性の高い対策は「不審電話に出ない」ことであり，ひとたび詐欺電話を受信してしまうと，どれほど騙されない自信があったとしても，極めて巧妙な手口により既遂被害につながるリスクは拭えません。筆者の知る限り，従来の特殊詐欺に関するリスク認知研究の枠組みのなかで，自己看破に関する行動意図に着目した研究はあまり見当たりませんが，自己看破により犯人検挙に協力したいといった，ある意味でハイリスク・ハイリターンともいえる行動への選好や，楽観バイアス以外の心理特性との関連も含めて，今後詳細に検討していく必要があると考えられます。

(2) 性別の影響

本研究は楽観バイアスに着目したものでしたが，仮説2～3に関する分析のなかで，性別が詐欺対策行動に及ぼす影響も繰り返し確認されました。すなわち，男性は女性と比較して留守電使用が少なく，また「騙されたふりをする」や「問い詰める」といった行動意図を持つ者が多いことが示されました。

複数の分析を通じて一貫して男性のほうが，特殊詐欺被害に関してハイリスクな行動・行動意図を有しているという結果が得られたことから，性差と関わる何かしらの心理学的特性が特殊詐欺対策行動に影響している可能性が

あります。たとえば，自尊心（小塩ら，2016）や攻撃性（横田，2017）は，一般的に男性のほうが女性よりも高いことが知られています。また，年齢との交互作用も考慮する必要があるものの，一般的には男性のほうが女性よりもリスクテイキング行動を取りやすいとされています（赤塚ら，1998；井村・赤澤，2020）。そこで，これらの心理特性と詐欺対策行動との関連も，今後検証する必要があるでしょう。

(3) 特殊詐欺対策広報への示唆

　本研究により，楽観バイアスが強い個人は自己看破に関する行動意図が高いこと，そして性別に関して男性のほうが留守電使用率が低く，かつ不審電話着信時に騙されたふりや問い詰めるといった，自己看破に関する行動意図が高いことが示されました。これらの結果から，「楽観バイアスの強い男性」は総合的に見て詐欺脆弱性が高く，ハイリスク群であると推察されます。

　詐欺対策として「騙されたふり作戦」を推進するかどうかは，犯罪者への抑止等の観点もあり一概に論じることは難しいですが，分析結果からこのような行動意図は上述のハイリスク群において高いことから，騙されたふり作戦への協力要請が，留守電設定や迷惑電話防止機能付き電話機の使用を抑制し，結果として既遂被害を増やすリスクについても充分に考慮する必要があるといえます。また，特にこれらのハイリスク群に対しては，不審電話に不用意に出て騙されてしまう被害事例を強調するなどして，充分な注意喚起を行うべきでしょう。

(4) 楽観バイアス研究の展開

　本研究結果に基づく今後の課題はすでに論じたので，ここでは本書第Ⅱ部のテーマである「詐欺脆弱性の測定」に関わる楽観バイアス研究の今後の展開可能性について述べます。

　まず，木村ら（2023）では，表3-1・表3-2に示したように，リスクの相対評価を楽観バイアスの指標としました。一つの項目で簡便に測定できる一方，これはあくまで相対評価であって，リスク評価の絶対値については不明瞭であることには留意が必要です。たとえば，楽観バイアス得点が同じ「1点」の場合も，自分も他者もある程度リスクが高いと認知するなかでの楽観

視なのか，そもそも自分も他者もリスクが低いと認知するなかでさらに楽観
視をしているのかまでは，区別することはできません。この問題への対応と
しては，第三者効果（third-person effect：Davison, 1983）や第三者知覚
（third-person perception：Chapin, 2000；Henriksen & Flora, 1999）の測
定で用いられるような，「自分について」と「自分と同世代の一般的な他者
について」の二つのリスク評価を別々に測定することで，リスク評価の絶対
値と相対値の両者について検討することができます（たとえば，木村，
2019）。

　また，木村（2022）は，本調査で測定したような詐欺脆弱性認知における
楽観バイアスに関する方法論的な問題として，「"被害に遭わない"の意味の
明確化」と「詐欺脆弱性認知の適切な度合い」を挙げています。

　一つ目の「"被害に遭わない"の意味の明確化」は，たとえば「特殊詐欺の
被害に遭う可能性は高いと思いますか」という質問文が，自分は詐欺電話に
遭遇しにくいといった犯罪遭遇確率の問題なのか，それとも，自分は不審着
信があっても詐欺と見破ることができるから結果として被害には遭わないと
いった，対処可能性の問題も含むのかが回答者にわかりにくいことです。そ
のため，この二つの側面を別々に測定する質問項目案が提案されています
（表3-3）。

　二つ目の「詐欺脆弱性認知の適切な度合い」については，たとえば木村ら
（2023）で用いられた楽観バイアス得点は，得点が低いほどより楽観バイア
スが弱い，すなわち詐欺脆弱性が低いと解釈されがちです（表3-2）。しかし，
得点が「0点」の場合（自分と他者のリスクを同評価）よりも，「−1点」
（他者よりも自己リスクをやや高く評価）のほうが常に詐欺脆弱性が低いと
いえるか，また「−2点」の場合よりも「−3点」のほうが常に詐欺脆弱性
が低いといえるかについては，やや不明瞭さも残ります。

　自己リスクを他者と同等と推定しているのであれば，他者の被害を見聞き
することで自分も被害に遭うかもしれないと考え，適切な対策行動が促され
る可能性もあるでしょうし，自分は他者と比較してとても被害に遭いやすい
といった悲観的ともいえる思考が，適切な対処行動につながるとも限らない
からです。楽観バイアス得点が正の値を取り，高いほど詐欺脆弱性が高いと
いうことはいえるとしても，得点がゼロや負の値をとる際にも，同様に一律

表3-3　犯罪遭遇確率と対処可能性を区別したリスクの相対評価の項目例

主観的犯罪遭遇確率	あなたに特殊詐欺の犯人グループから騙しの電話がかかってくる確率の高さは，あなたと同世代の一般的な他者と比較してどの程度である思いますか？
主観的対処可能性	もし，あなたに特殊詐欺の犯人グループから騙しの電話がかかってきた場合，あなたが詐欺と見抜いて騙されずに済む確率は，あなたと同世代の一般的な他者と比較してどの程度であると思いますか？

(木村，2022)

に線形的に詐欺脆弱性が低いといえるかについては一考の余地があります。

「手口は知っていたがまさか自分が騙されるとは」。詐欺被害者の言葉に代表されるように，楽観バイアスは詐欺脆弱性と関わりの強い社会的認知の一つと考えられます。上述のような方法論的な指摘に対する検証も踏まえ，楽観バイアスと詐欺脆弱性の関連，そして対策行動を促進させる適度なリスク認知に導くための介入に関する，更なる研究の蓄積が望まれます。

【文　献】

赤塚肇・芳賀繁・楠神健・井上貴文（1998）．質問紙法による不安全行動の個人差の分析．産業・組織心理学研究，11（1），71-82.

朝日新聞（2019）．「だまされたふり」のつもりが…実は詐欺3千万円被害．朝日新聞デジタル 2019 年 12 月 5 日．[https://www.asahi.com/articles/ASMD442VCMD4UJHB004.html]（2023 年 12 月 21 日閲覧）

Chapin, J. R. (2000). Third-person perception and optimistic bias among urban minority at-risk youth. *Communication Research*, 27, 51-81.

Chapin, J., & Pierce, M. (2012). Optimistic bias, sexual assault, and fear. *Journal of General Psychology*, 139, 19-28.

Chapin, J., Strimel, L., & Coleman, G. (2014). It won't happen to me: Addressing adolescents' risk perception of dating violence. *International Journal of Violence and Schools*, 14, 44-54.

中國新聞（2020）．警察の「だまされたふり作戦」悪用，詐欺被害 300 万円．中國新聞デジタル 2020 年 12 月 9 日．[https://www.chugoku-np.co.jp/local/news/article.php?comment_id=707517&comment_sub_id=0&category_id=256]（2023 年 12 月 21 日閲覧）

大工泰裕・釘原直樹（2016）．詐欺場面における被害者への原因帰属が脆弱性認知に及ぼす影響．応用心理学研究，41，323-324.

Davison, W. P. (1983). The third-person effect in communication. *The Public Opinion Quarterly*, **47**, 1-15.

Henriksen, L., & Flora, J. A. (1999). Third-person perception and children: Perceived Impact of pro-and anti-smoking ads. *Communication Research*, **26**, 643-665.

井村弥生・赤澤千春（2020）．与薬における看護師のリスクテイキング行動の質問紙作成の試み．大阪青山大学紀要，**13**，7-16.

Joshi, M., & Carter, W. (2013). Unrealistic optimism: East and west? *Frontiers in Psychology*, **4**, 1-15.

警察庁（2019）．オレオレ詐欺被害者等調査の概要について．［https://www.npa.go.jp/publications/statistics/sousa/sagi.html］（2023 年 12 月 21 日閲覧）

警察庁（2023）．令和 4 年における特殊詐欺の認知・検挙状況等について（確定値版）．［https://www.npa.go.jp/publications/statistics/sousa/sagi.html］（2023 年 12 月 21 日閲覧）

木村敦（2019）．SNS のプライバシー設定行動と社会的認知との関係についての調査研究．危機管理学研究，**3**，44-62.

木村敦（2022）．特殊詐欺対策研究における詐欺脆弱性認知をめぐる課題についての一考察．危機管理学研究，**6**，98-115.

木村敦・齊藤知範・山根由子・島田貴仁（2023）．楽観バイアスが高齢者の特殊詐欺対策行動に及ぼす影響．心理学研究，**94**（2），120-128.

内閣府（2017）．「特殊詐欺に関する世論調査」の概要．［https://survey.gov-online.go.jp/h28/h28-sagi/gairyaku.pdf］（2023 年 12 月 21 日閲覧）

小塩真司・脇田貴文・岡田涼・並川努・茂垣まどか（2016）．日本における自尊感情の時間横断的メタ分析――得られた知見とそこから示唆されること．発達心理学研究，**27**，299-311.

Perloff, L. S., & Fetzer, B. K. (1986). Self-other judgments and perceived vulnerability of victimization. *Journal of Personality and Social Psychology*, **50**, 502-510.

Rogers, R. W. (1975). A protection motivation theory of fear appeals and attitude change. *Journal of Psychology*, **91**, 93-114.

Rogers, R. W. (1983). Cognitive and physiological processes in fear appeals and attitude change: A revised theory of protection motivation. In J. T. Cacioppo & R. E. Petty (Eds.), *Social psychophysiology*. Guilford Press, pp. 153-176.

Salmon. C. T., Park, H. S., & Wrigley, B. D. (2003). Optimistic bias and perceptions of bioterrorism in Michigan corporate spokespersons, fall 2001. *Journal of Health Communication*, **8**, 130-143.

笹竹英穂（2014）．性に関する危険な出来事の被害体験が防犯意識に与える影響――楽観主義バイアスの視点から．犯罪心理学研究，**51**，33-44.

島田貴仁（2020）．特殊詐欺の高齢被害者の特性と被害防止対策．犯罪学雑誌，**86**（4），110-119.

ソースネクスト株式会社（2023）．「特殊詐欺対策と留守電に関する実態調査」結果を公開――およそ 2 人に 1 人が親のために特殊詐欺の対策．PR TIMES．［https://prtimes.jp/

main/html/rd/p/000000569.000035169.html〕（2023 年 12 月 1 日閲覧）

滝口雄太（2019）．疑わしい人は特殊詐欺に遭わないのか？——高齢者に対する意識調査からの検討．東洋大学大学院紀要，**55**，31-49.

Weinstein, N. D. (1980). Unrealistic optimism about future life events. *Journal of Personality and Social Psychology*, **39**, 806-820.

横田晋大（2017）．攻撃性の男女差の進化的起源——進化心理学の観点から．心理学評論，**60**，15-22.

第4章 特殊詐欺脆弱性の診断は可能か

[渡部 諭]

1. プロジェクト「高齢者の詐欺被害を防ぐしなやかな地域連携モデルの研究開発」とは何だったのか

　特殊詐欺被害に遭いやすい人には何か違った特徴があるのか，皆さんはどのようにお考えでしょうか。また，特殊詐欺に遭わないようにするには注意することが大事ですよ，とよくいわれますが，そもそも注意していない人などいないのです。それにもかかわらず，相変わらず特殊詐欺被害が減少しないのはなぜでしょうか。もしかすると，注意しても特殊詐欺被害に遭ってしまうような，被害者に特有の原因が何かあるのではないか，このような考え方があってもおかしくはないと思われます。

　被害者に特有の原因が何かあるのかもしれないと考えることができるデータをお見せしましょう。特殊詐欺は 2020（令和 2）年 1 月 1 日から 10 分類になっていますが，それ以前はオレオレ詐欺，架空請求詐欺，融資保証金詐欺，還付金等詐欺の 4 分類でした。また，警察庁は「特殊詐欺認知・検挙状況等ついて」で特殊詐欺被害の統計を年度単位で発表しており，令和元年度まではこの 4 罪種の被害者数を，年齢と性別ごとに発表しておりました。たとえば，2017（平成 29）年度の被害者数を 4 罪種ごとに年齢と性別ごとにグラフにすると，図 4-1 のようになります。

　この図を見ると，高齢女性の詐欺被害が多い罪種はオレオレ詐欺と還付金等詐欺であり，架空請求詐欺と融資保証金詐欺については，高齢女性の被害者数は他の年齢層とほぼ一緒であることがわかります。この傾向は確認できた範囲で，2011（平成 23）年度から 10 分類になる前の 2019（平成 31・令和

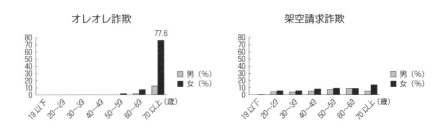

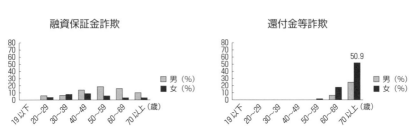

図 4-1　4 罪種の特殊詐欺被害認知件数（平成 29 年度）

元）年度までのグラフに，共通して見られるものです。このことは何を意味しているのでしょうか。よく「高齢女性は昼に家にいるから詐欺被害に遭いやすいのだ」といわれますが，これは正しいのでしょうか。もしこの考えが正しいのであれば，図 4-2 のようなグラフにならないといけないことになります。

　ところが，2011（平成 23）年度から 2019（平成 31・令和元）年度の 9 年間のグラフがそうなっていないことは，何か他のことを示唆していると考えることができそうです。もし，このような 9 年間のグラフの形と一致する仮説を提示するならば，特殊詐欺の罪種と高齢者の認知機能との間には，一定の関連性があるというものになると思います。すなわち，高齢女性の認知機能の何らかの特徴がきっかけとなって，特殊詐欺のうちでオレオレ詐欺と還付金等詐欺の被害に遭っているということです。もしこの仮説が正しいならば，認知機能の特徴によって特殊詐欺に遭いやすい人とそうでない人が区別できることになります。また，いくら注意しても詐欺被害に遭いやすい人には効果がないことになり，そのような人にはそもそも注意するかしないかということは，特殊詐欺被害の防止策にならないことになります。

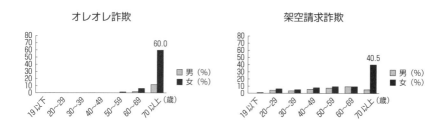

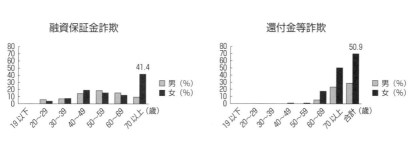

図4-2 4罪種の特殊詐欺被害認知件数（仮定的な状態）

　そこで，認知機能の特徴を捉えることによって特殊詐欺に遭いやすい人をあらかじめ区別し，そのような人に対して注意喚起とは異なる対応をとるために，国立研究開発法人科学技術振興機構（JST）社会技術研究開発センター（RISTEX）戦略的創造研究推進事業（社会技術研究開発）「安全な暮らしをつくる新しい公／私空間の構築」研究開発領域平成29年度採択プロジェクト「高齢者の詐欺被害を防ぐしなやかな地域連携モデルの研究開発」（https://www.jst.go.jp/ristex/pp/project/h29_5.html）は始まりました（渡部ら，2018）。本節では，このプロジェクト（以下，RISTEXプロジェクト）の概要・展開・成果について述べていきます。

　まずRISTEXプロジェクトの概要ですが，認知機能の特徴としていくつか選び，それに基づいて特殊詐欺の遭いやすさ（以下，特殊詐欺脆弱性）を診断する論理を作成します。そして，最後に特殊詐欺脆弱性を点数化して表示し，適切なアドバイスを提示するアプリ（以下，特殊詐欺脆弱性診断アプリ）を開発しました。アプリ開発後は，それを使って多くの高齢者の特殊詐欺脆弱性を診断する作業を行いました。

　特殊詐欺脆弱性診断アプリの利用者は最初に，年齢・性別などのデモグラ

フィック項目，日常の行動の特徴，未来展望，自己効力感，生活の質（QOL），特殊詐欺のシナリオに関して回答を行います。ここで，日常の行動の特徴とは，たとえば「あなたは電話が鳴ったら，すぐに受話器を取りますか？」というように，特殊詐欺と関連するような日常の行動に関する質問項目 8 個を設けました。また，未来展望とは，高齢期になると情動の安定を目指す心理になると説く，社会情動的選択理論（Carstensen et al., 1999）に基づく指標であり，池内・長田（2014）を参考にして質問項目を作成しました。

　このように，特殊詐欺脆弱性診断アプリで用いた質問項目は，RISTEX プロジェクト参加メンバーの研究や他の先行研究を参考にしながら作成したのですが，最も困難だったのは，特殊詐欺の場面に遭遇したときに人はどのように反応するかということを，どのようにして把握するかという点でした。心理学ではよく実験を行いますが，特殊詐欺場面を実験的に再現して，その場面での反応を観察する実験を行うことは，手続き的にも倫理面にも現実的ではありません。

　そこで，RISTEX プロジェクトでは，当時国民生活センターのウェブサイトに掲載されていた相談事例のなかから，高齢者をターゲットにしたと思われる上記 4 罪種に該当する 8 事例（それぞれの罪種が 2 事例）を選択し，それらをより平易な文章として書き換えたものを特殊詐欺シナリオとして準備し，特殊詐欺脆弱性診断アプリで表示しました。そして，アプリに表示された特殊詐欺シナリオを読んでいただき，シナリオの詐欺場面に遭遇したときにどのような行動をとるかについて，特殊詐欺脆弱性の程度を反映するような 4 選択肢を設けて回答を求めました。

　以上の質問項目と特殊詐欺シナリオに対する回答から，どのようにして特殊詐欺脆弱性を診断するかについては，次節で説明します。

　続いて，RISTEX プロジェクトで特殊詐欺脆弱性診断アプリを用いた活動の展開について述べます。「特殊詐欺に遭いやすい人をあらかじめ区別し，それらの人に対して注意喚起とは異なる対応をとる」という RISTEX プロジェクトの目的を実現するために，以下の活動を行いました。

　特殊詐欺脆弱性診断アプリを開発したものの，世間の人たちはまだこのアプリを知らないわけですから，最初にいろいろな機会でアプリについて周知させることを行いました。このときに留意したのは次の点です。

まず，アプリでの回答に基づいて特殊詐欺脆弱性を診断するという発想自体が，少なくとも我が国では初めてのことでしたので，このようなことが一体どのような理屈で可能なのかについて，わかりやすく説明することです。RISTEX プロジェクトの活動で，特殊詐欺診断アプリで自分の脆弱性の診断が出たときに示す利用者の反応は，「過去の自分の行動からして自分でも診断結果が納得できる」と，「診断の意味することは理解したが，これはどのようにして診断しているのか」という 2 種類の反応がほとんどでした。このときにアプリの説明が必要なのは後者の人です。もちろん，世間一般の人たちは研究者ではありませんので，専門的な理屈を話しても理解していただけません。かといって，次節で述べる詐欺脆弱性の診断論理の話をしても意味がありません。アプリの仕組みをわかりやすく，同時に難しくならない範囲で利用者に納得していただくこと，これには苦労しました。

　アプリの回答の仕方と脆弱性診断場面の見方については，パンフレットを作成したのですが，アプリの仕組みについては，特に資料などは準備していませんでした。次節で述べるように，脆弱性の診断にはロジスティック回帰分析を用いるのですが，この理屈をやさしく説明することでお茶をにごしたのが実際のところです。特殊詐欺脆弱性というある意味で深刻な問題について診断を行うアプリの場合には，そのアプリの内容についても利用者に理解可能な資料を準備することも大事なことであることを学びました。

　アプリの周知活動を行う際の 2 番目の留意点は，詐欺脆弱性の診断結果が悪かった人に対して，どのようなアドバイスやケアを行うかという点です。個人差もありますが，RISTEX プロジェクトを通して，詐欺脆弱性の診断結果を非常に気にする人が一定程度存在しました。詐欺脆弱性の診断結果をまったく信じないのも困るのですが，診断結果を前向きに活かそうとせず，過度に自分を低く評価する人も存在して，対応に苦慮しました。実は，アプリの診断結果の画面には，診断結果の後に診断結果に対応したアドバイスも表示されるのですが，過度に落ち込んでいる人に対してはアドバイスを丁寧に説明し，行動傾向を改めることによって特殊詐欺に遭いにくい方向にもっていくことができることを説明しました。

　研究者や警察関係者に対しては，学会や講演での発表，学会誌や専門誌への投稿によって，特殊詐欺脆弱性診断アプリの周知を図りました。学会や講

演での発表としては，日本心理学会第83回大会（2019年），フォーラム2019 in 東京「深刻化する詐欺被害『大丈夫！』は，だいじょうぶ？」(2019年)，学会誌や専門誌への投稿としては『警察学論集』(2019年)，『国民生活研究』(2020年) があります。

　アプリの周知活動の次は，アプリを使って実際に高齢者の詐欺脆弱性の診断を行う活動を行いました。主にRISTEXプロジェクト参加メンバーの所在地で行った活動としては，①青森大学の地域連携ネットワークの構築（図4-3），②秋田県立大学が秋田県警と行った，地元タレントによる啓発活動，③神奈川県座間市の一般社団法人シニア消費者見守り倶楽部の，サギ撃退サポーターの養成活動，④慶応大学を主体とした，消費者安全確保地域協議会に関する諸自治体へのヒアリング，⑤京都府立医科大学と京都府警との連携活動への参加があります。京都での活動のときには，京都府の警察から特殊詐欺被害者に実際に特殊詐欺脆弱性診断アプリを使っていただき，そのデータの提供をいただきました。この貴重なデータを使って，アプリの改良を行いました。それについては第3節で述べます。

　最後に，RISTEXプロジェクトの成果について説明します。RISTEX プロ

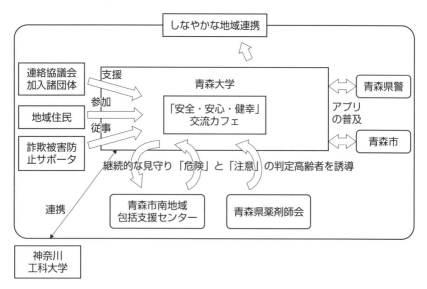

図4-3　青森大学の地域連携ネットワーク

ジェクトでは収集したデータ 9,237 個を用いて種々の分析を行いましたが，ここでは RISTEX プロジェクト開始前に予備調査として秋田市でアプリを利用して収集したデータの分析結果と，RISTEX プロジェクトで収集したデータの分析より判明した特殊詐欺に遭いやすい人の特徴を説明します。

特殊詐欺脆弱性診断アプリによって特殊詐欺脆弱性が診断されるのですが，診断結果は特殊詐欺脆弱性を反転した値によって，4 罪種ごとに 0〜100 の値で表示されます。すなわち，0〜60 が「危険」，61〜90 が「注意」，91〜100 が「安心」を意味し，グラフではそれぞれ赤（危険），黄（注意），緑（安心）で表示されます（図 4-4）。

2019 年 2 月 28 日に，秋田市シルバー人材センターの会員に対して，アプリを使って詐欺脆弱性診断を行った結果が図 4-5 です。ほとんどの人が緑の「安心」に分類されていますが，融資保証金詐欺の診断結果で特殊詐欺脆弱性を反転した値が 32 の人が，1 名いました。このときは予備調査でしたので，その人に対しては特にアドバイスなどは与えることはしませんでした。ただ，特殊詐欺脆弱性診断アプリが，特殊詐欺に遭いやすい人を発見することができることを証明できたと思います。

次に，RISTEX プロジェクトで収集したデータの分析より判明した，特殊詐欺に遭いやすい人の特徴について説明します。結論から述べると，以下の心理・行動の特徴がある人が，特殊詐欺に遭いやすい人であることがわかり

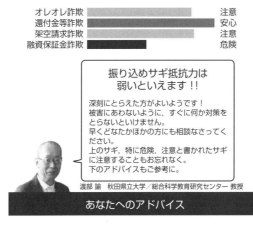

図 4-4　特殊詐欺脆弱性診断画面

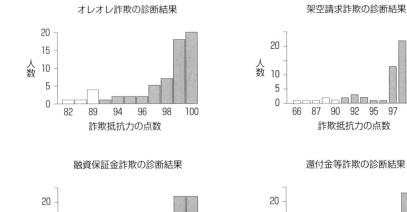

図 4-5　特殊詐欺脆弱性診断結果（秋田市シルバー人材センター会員）

ました。

①詐欺に遭わない自信がある人
②強引な相手に押し切られる傾向がある人
③怪しいと思っても，物事を良い方向に考える傾向がある人
④強い口調に怯えてしまう傾向がある人
⑤家族や友達へのお金の相談は，信用を失うと思う傾向がある人
⑥自分だけの特別扱いで，うれしくなる傾向がある人
⑦うまい話に興味がある人
⑧電話が鳴ったら，すぐに受話器を取る人

　いかがでしょうか。なるほどと納得できるものが多いように思います。たとえば，「詐欺に遭わない自信がある人」は，認知バイアスの一つである正常性バイアスが強い人のことを指していると解釈できます。正常性バイアスに代表される認知バイアスは，特殊詐欺をはじめとする詐欺被害に遭う原因

となる可能性が高いとされています。

　ここで，このことを示すデータを示したいと思います。警察庁が 2018（平成 30）年 8 〜11 月に，「オレオレ詐欺被害者等調査」を行いました。調査対象者は，被害者・事業阻止者（銀行員が気づいて詐欺被害に遭わなかった人）・家族阻止者（家族が気づいて詐欺被害に遭わなかった人）・自己看破（自分で気づいて詐欺被害に遭わなかった人）の 4 グループです。

　調査項目のなかに，「今回，騙しの電話やメールなどを受ける前に，あなたは特殊詐欺の被害に遭う可能性についてどう思っていましたか」という項目がありました。この質問項目に対する回答者比率を，回答者のグループごとに棒グラフとしてまとめたものが図 4-6 です。この図から非常に興味深いことが 2 点わかります。

　1 点目は，回答者のどのグループも，「（どちらかといえば）自分は被害に遭わないと思っていた」と回答した人がほとんどであるということです。すなわち，どの回答者グループでも，正常性バイアスを持っている人がほとんどであることが明らかになったということです。2 点目はさらに興味深いのですが，「（どちらかといえば）自分は被害に遭わないと思っていた」と回答した人の回答者比率は，皮肉なことに詐欺被害未遂者（事業阻止者・家族阻止者・自己看破）より，詐欺被害者のほうが多いことが明らかになったことです。

　以上のことからも，特殊詐欺脆弱性診断アプリから判明した心理・行動の特徴の一つが，妥当なことがわかります。特殊詐欺に遭いやすい人の心理・行動の特徴については，2022 年 9 月 14 日の『北海道新聞』でも取り上げていただきました（図 4-7）。

2. 詐欺脆弱性診断論理について

　いうまでもなく，特殊詐欺脆弱性診断アプリのなかで，どのような方法で詐欺脆弱性を診断するのかという問題は，このアプリの一番の肝です。また，このアプリで詐欺脆弱性を診断するわけですから，アプリの利用開始の時点では，すでに詐欺脆弱性診断の仕組みがアプリに入っていなければいけないことになります。そこで，私たちが過去 20 年以上にわたって蓄積してきた

第Ⅱ部　詐欺脆弱性とその測定：ひっかかりやすさの心理学

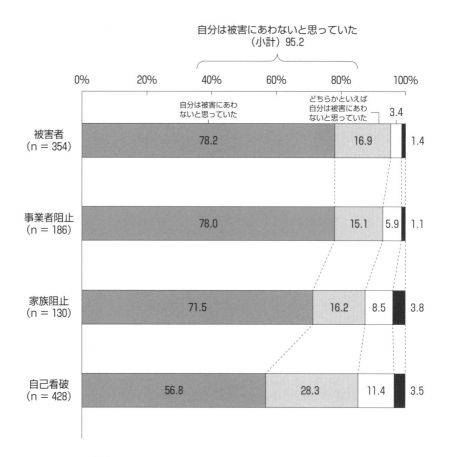

図 4-6　正常性バイアスを示す調査結果

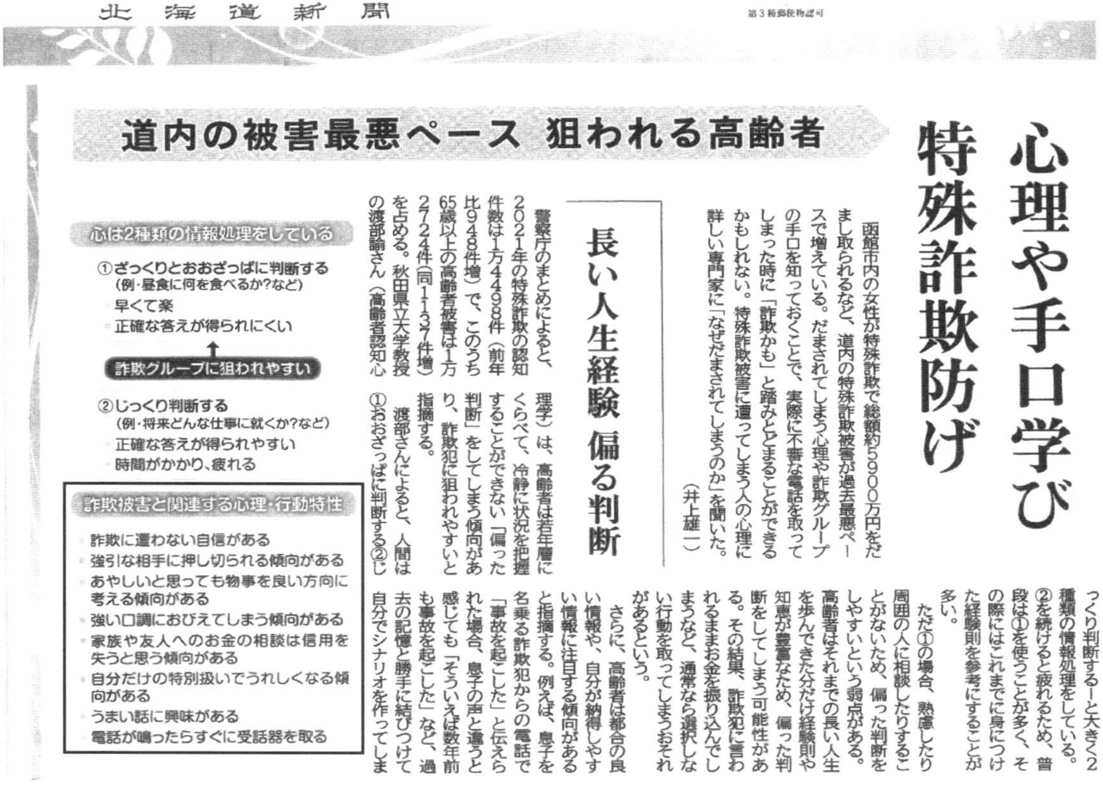

北海道新聞　第3種郵便物認可

心理や手口学び 特殊詐欺防げ

道内の被害最悪ペース　狙われる高齢者

函館市内の女性が特殊詐欺で総額約5900万円をだまし取られるなど、道内の特殊詐欺被害が過去最悪ペースで増えている。だまされてしまう心理や詐欺グループの手口を知っておくことで、実際に不審な電話を取ってしまった時に「詐欺かも」と踏みとどまることができるかもしれない。特殊詐欺被害に遭ってしまう人の心理に詳しい専門家に「なぜだまされてしまうのか」を聞いた。（井上雄一）

長い人生経験 偏る判断

警察庁のまとめによると、2021年の特殊詐欺の認知件数は1万4498件（前年比948件増）で、このうち65歳以上の高齢者被害は1万2724件（同1137件増）を占める。秋田県立大学教授の渡部諭さん（高齢者認知心理学）は、高齢者は若年層にくらべて、冷静に状況を把握することができない「偏った判断」をしてしまう傾向があり、詐欺犯に狙われやすいと指摘する。

渡部さんによると、人間は①おおざっぱに判断する②じっくり判断する―と大きく2種類の情報処理をしている。②を続けると疲れるため、普段は①を使うことが多く、その際にはこれまでに身につけた経験則を参考にすることが多い。

ただ①の場合、熟慮したり周囲の人に相談したりすることがないため、偏った判断をしやすいという弱点がある。高齢者はそれまでの長い人生を歩んできた分だけ経験則や知恵が豊富なため、偏った判断をしてしまう可能性がある。その結果、詐欺犯に言われるままお金を振り込んでしまうなど、通常なら選択しない行動を取ってしまうおそれがあるという。

さらに、高齢者は都合の良い情報や、自分が納得しやすい情報に注目する傾向があると指摘する。例えば、息子を名乗る詐欺犯からの電話で「事故を起こした」と伝えられた場合、息子の声と違うと感じても「そういえば数年前も事故を起こした」など、過去の記憶と勝手に結びつけて自分でシナリオを作ってしま

心は2種類の情報処理をしている

①ざっくりとおおざっぱに判断する
（例・昼食に何を食べるか?など）
- 早くて楽
- 正確な答えが得られにくい

↑
詐欺グループに狙われやすい

②じっくり判断する
（例・将来どんな仕事に就くか?など）
- 正確な答えが得られやすい
- 時間がかかり、疲れる

詐欺被害と関連する心理・行動特性

- 詐欺に遭わない自信がある
- 強引な相手に押し切られる傾向がある
- あやしいと思っても物事を良い方向に考える傾向がある
- 強い口調におびえてしまう傾向がある
- 家族や友人へのお金の相談は信用を失うと思う傾向がある
- 自分だけの特別扱いでうれしくなる傾向がある
- うまい話に興味がある
- 電話が鳴ったらすぐに受話器を取る

図4-7　特殊詐欺に遭いやすい人の心理・行動の特徴（北海道新聞，2022年9月14日）

高齢者を対象に収集した判断や意思決定のデータや，それに基づく知見を参考にして，いろいろと試行錯誤を重ねました。

その結果，ロジスティック回帰分析という統計技法にたどり着きました。以下，この技法を用いた詐欺脆弱性診断の仕組み（以下，詐欺脆弱性診断論理）について，簡潔に説明したいと思います。

私たちの過去の研究から，高齢者の心理・認知機能の特徴と特殊詐欺脆弱性が関連していることを示す知見が，いくつか得られていました（渡部，2015；渡部・澁谷，2011；渡部ら，2015）。そこで，特徴と特殊詐欺脆弱性が関連している思われる原因として選ばれたのが，特殊詐欺脆弱性診断アプリのなかで利用者に回答を求めた，日常の行動の特徴，未来展望，自己効力感，生活の質（QOL）の5個の変数です。心理学では，何か心理的なことの原因と考えられるものを，変数または要因といいます。したがって，これら5個の変数を用いて，特殊詐欺脆弱性の診断を計算することになります。診断の計算に用いたのが，ロジスティック回帰分析という統計技法です。

そこで，いよいよロジスティック回帰分析を用いた特殊詐欺脆弱性の診断の説明に入ります。といっても，統計の専門書ではありませんので，イメージ的な説明になります。

まず，特殊詐欺脆弱性を診断するために，先ほどの5個の変数から何個か選んで1次式を作ります。ここで1次式を作るということは，5個の変数の何個かが原因となって，特殊詐欺脆弱性につながるということを意味します。このとき，5個の変数を全部使ってもかまいませんし，何個か選んでもかまいません。このようにして作った1次式は，たとえば「特殊詐欺脆弱性」＝ a ×「未来展望」＋ b ×「自己効力感」＋ c ×「生活の質」というような形になります。ここで a，b，c はそれぞれの変数の係数です。この1次式は，未来展望と自己効力感，生活の質が合わさって，特殊詐欺脆弱性につながるということを意味します。

次に，この1次式の変数に，利用者の回答の値を代入してやります。そうすると，利用者の個数だけの1次式が得られることになります。言い換えると，利用者の個数だけの1次方程式のグループがあることになります。あとはこの方程式を解けばよいことになります。普通の方程式は変数の個数だけ1次式があれば解けますが，「未来展望」などの変数は確率変数であることと，

このとき回帰式の当てはまりが一番よくなるように係数を求めなければいけないため，方程式がたくさん必要になります。このような1次方程式のグループを解いて求められる係数を，偏回帰係数といいます。

偏回帰係数の値は，その係数の変数の影響の大きさを表します。たとえば，偏回帰係数としてa = 0.6，b = 0.2，c = 0.7が得られたとします。この場合，生活の質の偏回帰係数が最も大きいので，特殊詐欺脆弱性への影響は生活の質が一番大きく，次は未来展望であり，最も影響が少ない変数は自己効力感ということになります。

イメージ的な説明でしたのでかなり正確性を欠く説明でしたが，以上のようなやり方で偏回帰係数を求め，「特殊詐欺脆弱性」= 0.6 ×「未来展望」+ 0.2 ×「自己効力感」+ 0.7 ×「生活の質」というような1次式を何本か確定します。個々の利用者の特殊詐欺脆弱性の診断は，1次式の各変数に利用者のデータの値を代入すれば計算できます。これを4個の罪種について求め，すでに述べたように点数化し，点数によって「危険」「注意」「安全」と診断しました。

3. 詐欺脆弱性診断論理の改良

RISTEX プロジェクトで収集したデータを用いて行ったことは，特殊詐欺脆弱性が見られる人の特徴を明らかにしたことだけではなく，特殊詐欺脆弱性の診断論理の改良も行いました。第2節で述べたように，特殊詐欺脆弱性の診断にはロジスティック回帰分析を用いたのですが，RISTEX プロジェクトで収集したデータを用いて，係数のチューニングや回帰式の入れ替えなどを行っても，診断の精度の向上は望めませんでした。そこで，詐欺脆弱性の診断論理自体を，他の適切なものに入れ替えることを決断しました。いろいろ検討した結果，新たに高速倹約決定木という診断論理を用いることにしました（渡部・澁谷, 2021）。高速倹約決定木を易しく説明することは，ロジスティック回帰分析以上に難しいのですが，ここもイメージ的に説明することにします。

ロジスティック回帰分析では，各変数の足し算である1次式を作り，それらにデータを代入して偏回帰係数を求めました。一方，高速倹約決定木では，

最終的にノード・枝・葉から構成される決定木というものを作ります。ちょうど木を逆さにした姿を思い浮かべていただければ、わかりやすいと思います。木の根元がスタートになります。そこから下ると枝分かれするところに来ると思いますが、そこがノードです。ノードからはさらに枝が下に伸びています。それらの枝を下にたどると、また枝分かれのノードになります。さらに枝を下にたどると、またノードにたどり着くということを繰り返します。最後は木のてっぺん（今の場合、木が逆さになっていますので、木の一番下の先）に生えている葉にたどり着きます。

　高速倹約決定木も基本的には木を逆さにした姿なのですが、各ノードからは必ず枝が2本出ていなければいけないことと、枝の先にはノードか葉のどちらかがそれぞれ1個ついていなければいけないという、2個の制約があります。ここでノードは判断の条件を表し、葉は判断の結論を表します。たとえば、ノードとして「自分は友人より優れた能力があると思う≧3」のような条件が入ります。ここで「自分は友人より優れた能力があると思う」は自己効力感の問いで、3は回答の値です。葉としては、「特殊詐欺脆弱性がある」と「特殊詐欺脆弱性がない」の2種類になります。このような決定木を、RISTEX プロジェクトで収集したデータを用いて作りました。得られた決定木を木の根元から下に順にたどれば、特殊詐欺脆弱性がある人の一連の条件が得られます。

　このようにして得られた高速倹約決定木による詐欺脆弱性の診断を用いると、診断の精度は75%前後を達成しました。診断の精度を含め、一般的に高速倹約決定木を用いるメリットとして、決定アルゴリズムの実装容易性、時間的・金銭的・実行上の費用、アルゴリズムの透明性、予測の正確さの4点が挙げられます（Phillips et al., 2017）。

　決定アルゴリズムの実装容易性とは、実際に高速倹約決定木を用いて分析を行うために、高速倹約決定木が実装された統計ソフトの準備などの分析環境の整備が、容易にできるかということです。RISTEX プロジェクトのデータ分析を行った限りの経験ですが、高速倹約決定木であっても、ロジスティック回帰式であっても、適切なソフトウェアさえあればデータからモデル式を組み立てる作業が異なるだけであり、大きな差はないように思われます。したがって、この点に関して、高速倹約決定木の優位性は小さいと思われま

す。ちなみに，RISTEX プロジェクトのデータ分析では，統計分析に用いられることが多い，R のパッケージ FFTrees verson1.4.0 を用いました。

　次に，時間的・金銭的・実行上の費用についてですが，これは高速倹約決定木によって得られる結果を詐欺脆弱性防止策として実際に実施するときの，種々のコストのことを指します。たとえば，高速倹約決定木によって，「周囲の人とのつながりを持っていて，居住地域の防犯意識が高い」という防止策が得られたとします。この防止策自体は極めて常識的ですが，この防止策の実現に要する費用の算出は極めて困難です。その理由は 2 点あり，一つはこの費用を算出できる根拠や式を導き出すことが難しいことであり，もう一つは，そもそもすべての高齢者に共通の費用を想定すること自体が可能なことであるかどうかという点です。その意味で，特殊詐欺防止の社会的費用をどのように考えるかという，新たな問題が発生することになります。

　アルゴリズムの透明性というのは，特殊詐欺脆弱性の診断がどのようにして得られるかについてのわかりやすさと，診断からアドバイスへ変換するときの容易さのことです。ロジスティック回帰分析を用いた場合には，1 本の回帰式に含まれる変数のなかから，その係数の大きな変数を選び，あとはそれらの変数をつなげる形でアドバイスを組み立てることができます。たとえば，先に挙げた「特殊詐欺脆弱性」= 0.6 ×「未来展望」+ 0.2 ×「自己効力感」+ 0.7 ×「生活の質」という回帰式からは，係数が大きな変数である「未来展望」と「生活の質」が選ばれ，「未来展望を高くし，同時に生活の質も高くすることが特殊詐欺脆弱性に影響する」というアドバイスが得られます。

　一方，高速倹約決定木の場合には，得られた決定木で判断の結論が含まれる葉の部分をそのまま順につなげることによってアドバイスが得られますから，ロジスティック回帰分析を用いる場合より，容易にアドバイスが得られることになります。

　最後に，予測の正確さについて述べます。実は FFTrees パッケージで利用できる高速倹約決定木のアルゴリズムは 2 種類あるのですが，このどちらのアルゴリズムを用いても，既述したように精度は 75% 前後に達しました。

　以上，高速倹約決定木のメリットについて私見を交えて述べましたが，最後に特殊詐欺脆弱性診断の今後の研究にとって重要な点を 2 点，指摘したいと思います。少し専門的な内容ですので難しいと感じた方は，飛ばしてくだ

さってもかまいません。

1点目は，不均衡データという問題です。これは，一般の高齢者数に比べ，高齢者の特殊詐欺被害者数が極めて少数であることから発生する問題です。警察庁が特殊詐欺を4罪種として発表していた「特殊詐欺認知・検挙状況など（令和元年・確定値）について」）によれば，2019（令和元）年の特殊詐欺認知件数は16,851件です。もちろん，この数値のなかには高齢者以外の被害者も含まれており，また，認知されていない被害もありますから，単純にこの数字を正確な特殊詐欺高齢被害者数として捉えることはできませんが，被害者の概数として捉えても，それほど大きな誤りではないと思われます。

そこで，2019（令和元）年の特殊詐欺高齢被害者が16,851人いるものと考えますと，65歳以上の高齢者全体に対する特殊詐欺被害者の割合は，約0.05％にすぎないことになります。RISTEXプロジェクトで収集した9,237個のデータについて見ると，この中に京都府の警察より提供された特殊詐欺被害者のデータが25個含まれています。これは，0.27％に相当します。

このように，特殊詐欺脆弱性の診断という問題のターゲットとなるデータ数が，それ以外のデータに比べ極めて少数であるために，診断に偏りが発生する可能性があります。この問題に対してはいろいろな対策が提案されていますが，高速倹約決定木における不均衡データ問題の検討は今後の課題です。

2点目は，小標本における分析という問題です。1点目の不均衡データ問題は，ターゲットとするデータの個数に比べて，ターゲット以外のデータの個数が多い場合の問題です。すなわち，不均衡データ問題は，ターゲット群のデータとそれ以外の群のデータを一緒にして分析する場合に生ずる問題です。それに対して，小標本における分析の問題は，ターゲットのデータのみを用いて分析するときに，十分な個数のデータ収集が不可能なために生ずる問題です。この問題に対してはベイズ統計学からのアプローチが提案されていますが，これも今後の課題です。

4. 詐欺脆弱性に関する別の考え方

心理学で特殊詐欺脆弱性が研究対象になること自体多くはないのですが，木村（2022）は特殊詐欺脆弱性について包括的に取り上げ論じています。こ

の論文は比較的最新の研究を取り上げて論じており，論点を整理するのに役立ちます。この節では，木村（2022）を参考にしながら，特に詐欺脆弱性の測定の問題と，詐欺被害に至る過程に関する仮説の二つについて，私なりの考え方を含めいろいろな考え方について述べたいと思います。

　まず，詐欺脆弱性の測定の問題，すなわち詐欺に遭いやすいかどうかを，どのようにして測定するかということですが，特殊詐欺脆弱性診断アプリで用いた，表示された詐欺シナリオに対する回答によって測定する方法は，「シナリオ法の妥当性に関する議論は当然必要であるが，調査参加者の自己報告により個人の詐欺脆弱性に関する指標を得るアプローチは研究の裾野を広げたといえよう」という評価を得ています（木村，2022, p.102）。特殊詐欺脆弱性研究の難しさは，「特殊詐欺の状況を実験的に再現して研究協力者を騙すような実験は研究倫理の観点から実施困難である」（木村，2022, p.102）ことと，たとえ実験の実施が可能であったとしても，実験参加者のなかに実際の詐欺被害者が含まれていた場合，詐欺被害に遭う前と遭った後で詐欺被害者の認知機能に変化があった可能性が否定できないために，詐欺被害者の詐欺脆弱性はどうしても事後脆弱性の測定になってしまうことです。そうはいっても，シナリオ法は現時点で有望な方法であると思います。

　次に，詐欺被害に至る過程に関する仮説についてです。木村（2022, p.105）でも，詐欺脆弱性を規定する要因についての仮説モデルを提示していますが，特に高齢者に限定しているわけではありません。そこで，本節では渡部（2023）に従い，認知バイアスをキーワードにして，特に高齢者が特殊詐欺被害に遭う仮説的な過程を述べたいと思います。

　第1節でも触れたように，ほとんどの高齢者は，「自分だけは詐欺被害になんか遭わない」という自（過・誤）信を持っています。ところが，これがあてにならないことはすでに述べたとおりです。このような，ほとんど根拠のない思い込みや経験則，その人なりのコツのことを，ヒューリスティクスといいます。ヒューリスティクスに従って行った偏って歪んだ判断が，認知バイアスです。

　このようにヒューリスティクスは，誤った判断結果を引き起こすことが多いのですが，一方で時間をかけないで楽に判断できるという良い点もあります。高齢者は若年者に比べて認知機能が衰えますから，あまり頭を使いたく

ありません。ですから，自分の経験則やコツを使って判断することが増えます。経験則やコツを使うということは，これまでもそうしてきてうまくいったので，同じやり方を踏襲するということです。

ところが，ここにヒューリスティクスの落とし穴があります。というのは，ヒューリスティクスを使って行った判断には認知バイアスが入りやすいので，詐欺などの騙しに遭いやすいのです。おまけに，高齢者はこれまでの人生が長いために，たくさんのヒューリスティクスを持っています。普段はたくさんのヒューリスティクスを使っても問題ないのですが，焦ったり，短時間で判断を求められたり，自分の考えだけで判断すると，ヒューリスティクスを使うことで認知バイアスが入り込み，それが詐欺や騙しの被害につながるのです。

最後に，本章で掲げた「特殊詐欺脆弱性の診断は可能か」という問いに対する回答を述べなければいけません。私の回答は，もちろん特殊詐欺脆弱性の診断は可能であるというものです。ただし，そのためには第3節で指摘した，特殊詐欺脆弱性診断の今後の研究にとって解決しなければいけない2点，すなわち，不均衡データと小標本における分析という問題の解決が求められます。

今後も，特殊詐欺脆弱性の診断の可能性に向けて，研究を行っていきたいと思います。と同時に，研究だけではなく，研究結果を社会に還元するために，一般社団法人 コラップ（QoLup）を立ち上げました。巻末の「付録：講演依頼先一覧」に電話番号やメールアドレスを掲載してありますので，ご用命の際にはご連絡を頂戴いたしたいと思います。

【参考文献】

Carstensen, L. L., Isaacowitz, D. M., & Charles, S. T. (1999). Taking time seriously: A theory of socioemotional selectivity. *American Psychologist*, **54**, 165-181.

フォーラム 2019 in 東京（2019）．深刻化する詐欺被害『大丈夫！』は，だいじょうぶ？． 2019 年 11 月 6 日

池内朋子・長田久雄（2014）．未来展望尺度の作成——Future time perspective scale 日本語版．老年学雑誌，**4**，1-9.

木村敦（2022）．特殊詐欺対策研究における詐欺脆弱性認知をめぐる課題についての一考察． 危機管理学研究，**6**，98-115.

Phillips, N. D., Neth, H., Woike, J. K., & Gaissmaier, W. (2017). FFTrees: A toolbox to create, visualize, and evaluate fast-and-frugal decision trees. *Judgment and Decision Making*, **12**, 344-368.

渡部諭 (2015). 高齢者の意思決定. 老年精神医学雑誌, **26** (10), 1157-1164.

渡部諭 (2019a). 詐欺抵抗力に関する諸問題の検討. 日本心理学会第 83 回大会.

渡部諭 (2019b). RISTEX プロジェクト「高齢者の詐欺被害を防ぐしなやかな地域連携モデルの研究開発」——プロジェクト全体の紹介と詐欺脆弱性判定アプリの紹介. 警察学論集, **72** (11), 83-95.

渡部諭 (2020). 高齢者の特殊詐欺抵抗力判定ルールの修正の試み. 国民生活研究, **60** (1), 5-28.

渡部諭 (2023). 特殊詐欺被害者の心理的特性及び意識下で起こる意図しない判断. 大館市連合婦人会消費者問題講演会スライド

渡部諭・岩田美奈子・上野大介・江口洋子・小久保温・澁谷泰秀・大工泰裕・藤田卓仙 (2018). 高齢者の詐欺被害を防ぐしなやかな地域連携モデルの研究開発. 秋田県立大学ウェブジャーナル A, **5**, 64-72.

渡部諭・澁谷泰秀 (2011). 犯罪被害に遭いやすい高齢者の認知バイアス——高齢者はなぜ犯罪に狙われやすいか. 2010 年度日工組社会安全研究財団研究助成最終報告書, 1-23.

渡部諭・澁谷泰秀 (2021). 高速倹約決定木による特殊詐欺抵抗力の診断. データ分析の理論と応用, **10** (1), 29-44.

渡部諭・澁谷泰秀・吉村治正・小久保温 (2015). Taxon 分離を用いた特殊詐欺被害脆弱性の分析. 秋田県立大学総合科学研究彙報, **16**, 1-9.

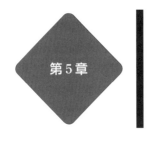

第5章 特殊詐欺脆弱性診断アプリを用いた詐欺被害予防活動

[澁谷泰秀]

1. はじめに

　本章で紹介する内容は，約30年間にわたる澁谷と渡部（前章の著者）との，認知バイアスや詐欺脆弱性に関する共同研究の成果に基づいたものです。特に，詐欺脆弱性については，国立研究開発法人科学技術振興機構・社会技術開発研究センター（JST/RISTEX）の研究開発プロジェクトとして2014（平成29）年から3年間の研究・実装期間で採択された「高齢者の詐欺被害を防ぐしなやかな地域連携モデルの研究開発」（研究代表者：渡部諭）で実施した調査や，詐欺脆弱性尺度の開発，詐欺脆弱性を測定・判定し，その得点に呼応したアドバイスを提供するアプリの開発および実装で得られた知見が，本章の中心的な内容となります。

　私たちが詐欺被害の予防・減少に関する対策に関して用いたモデルは，公衆衛生学などで用いられているモデルです。新型コロナウイルス対策では，新型コロナウイルスに感染すると重症化が懸念される集団を特定して，この集団に重点的にワクチン接種を行うなどのサービスや資源を提供することで，被害を制御してきました。

　この事例と同様に，私たちは，世の中には詐欺犯罪に対する脆弱性が高くて抵抗力が低い人とそうではない人がいると仮定して，効率的に詐欺犯罪を予防するために，詐欺脆弱性が高い人を判別して心理学的・行動科学的なアドバイスを提供することで詐欺被害の減少を目指し，詐欺脆弱性尺度を用いたアプリを構築して，ネットで自由に利用して自分で詐欺脆弱性を判定できる環境を整備しました。

第5章　特殊詐欺脆弱性診断アプリを用いた詐欺被害予防活動　　*73*

　このアプリは，詐欺脆弱性の判定に呼応して必要なアドバイスを提供してくれるので，詐欺犯罪の予防・減少に貢献することが期待できますし，実際に青森大学がアプリを利用した活動を実施した青森県では，詐欺犯罪被害が減少しました。しかし，このアプリは，特殊詐欺が4罪種に分類されていた当時の詐欺脆弱性尺度に基づいて構築されており，警察庁の詐欺犯罪の分類が改訂されるほど詐欺犯罪の手口が変化していることなどから，アプリの全面的な改定作業を行っているところです。

　この最新の詐欺手口に対応するための改定作業は，文部科学省の科学研究費補助金「社会心理学を応用した特殊詐欺脆弱性診断アプリを用いた詐欺被害予防の研究」（科研課題番号23K02848：令和5～7年度〈研究代表者：澁谷泰秀〉）の助成を受けて進めており，2024（令和6年）度中には改訂版アプリが完成する予定です。

2. 意思決定プロセスと詐欺犯罪

(1) 意思決定プロセス

　私たちはどのようにして自分の意思決定をしているのでしょうか。意思決定問題は，私たちが意思決定を行う場面で，2種類以上の選択肢が存在する場合に起こります。

①規範的意思決定プロセス

　最初に，私たち人間は論理的に行動すべきであると考える，規範的な意思決定プロセスについて少しお話しします。繁枡（1995）は，規範的意思決定の問題を考えるうえで次の5段階のプロセスを挙げています。

　　ステップ1：現実的選択肢を代替案と考えて，各代替案によって引き起こされる結果を予測する。
　　ステップ2：結果の予測が不確実である場合には，その不確実現象の予測（確率）を行う。
　　ステップ3：すべての代替案の予測される結果を望ましさ（効用）として評価する。
　　ステップ4：ステップ2「結果の予測（確率）」と，ステップ3「結果の

望ましさ（効用）」を統合して，各代替案の「総合的望ましさ」を評価する。総合的望ましさは，代替案が起こる確率と効用を乗じた値となる。

ステップ5：総合的望ましさが最大となる代替案を最適として選択する。

この5段階過程は，規範的理論（normative theory）に基づく意思決定の過程として典型的なもので，世界的に有名な期待効用理論もこのようなステップに基づいて説明できます（Von Neumanh & Morgenstern, 1944）。

②期待効用理論

期待効用理論で人間の意思決定を簡単に説明すると，人間の意思決定は自分のためになる行動を継続的に行うために最適なプロセス，ということになります。このような理論は，人間が実際にどのように行動するかを説明する理論ではなく，もし人間が合理的な意思決定をすると仮定すると，どのように行動するかを考える規範的なモデルである，とされています。

20世紀の半ば頃までは，実際に人間は合理的な意思決定を行っていると考えられていました。その後，そうではないことを示す証拠が示されるようになりました（山, 2021）。しかし期待効用理論は，意思決定を科学的に研究する出発点として重要ですし，私たちが熟考して結論に到達するプロセスの多くはこの理論で説明できます。

期待効用理論では，代替案の効用（望ましさ）と不確実現象の予測（確率）を乗じて得られた積を，その代替案の期待効用と呼びます。期待効用が最大となる意思決定が最も望ましい選択であるとすることから，期待効用理論に従う意思決定は合理的と考えられるわけです。

規範的理論の問題点は，効用の評価が個人で異なることや，効用の評価に関する合意が困難である点です。増田（2023）は，効用の測定方法によって得られる効用値が異なることから，効用の評価において測定方法に合意がないことに留意すべきであるとしています。測定の問題が解決したとすれば，規範的理論である期待効用理論は効用を論理的に評価できることから，論理的に正しい効用は万人に認められるべき効用であると考えることができます。

③主観的期待効用理論

しかし，判断を個人に委ねられた場合には，善悪を決めるようなもので，

合理性の評価（合意）が非常に困難になってしまいます。そこでサベージ（Savage, 1954）は，規範理論における効用評価の困難性を解決するため，合意の概念や不確実現象の予測を個人の主観に置き換えた主観的期待効用理論（subjective expected utility theory）を導入しました。期待効用算出に用いる確率を主観的な評価として捉え，現実的には確率論的に説明できない現象を個人的な信念のような概念を確率と置き換えることによって，期待効用理論の応用範囲を広げました。

④限定合理性

一方，サイモン（Simon, 1957）は，期待効用理論のような規範的理論が前提としている確率論的合理性は，人間が保有する心理学的な特性とは根本的に異なると考え，人間は限定された認知能力と限られた時間のなかで有効な意思決定をすると仮定して，限定合理性（bounded rationality）の立場を主張しています。

限定合理性に基づいた意思決定は，最適化の原理に基づいた規範的な判断を行うのではなく，自分が持つ限定的な認知能力を用いて，自分をある程度満足させる満足化（satisficing）の原理で説明できると考えられます。この考え方は，私たちが直面する全ての課題に全力で認知能力を使うことは現実的ではないという点で，私たちの日常生活を顧みても納得できる考え方ではないでしょうか。

(2) 詐欺犯罪を考えるうえで重要な情報処理方法

満足化の原理とは少し異なりますが，私たちの日常生活における選択の多くは，その場のコンテキストに適合するルールを用いることによって，決定される場合が多いと考えられています。

私たち人間は，歴史や文化の変遷のなかで，長期間かけて自分たちが住みやすい社会を構築し，日常の人間関係をスムースにしていくための常識・社会規範を身につけてきました。私たちは，そのような常識・社会規範を社会通念，個人の価値観，人生観，社会的ルールなどとして身につけています。このようなルール・認識を共有することで，日常生活で必要な意思決定を大きな問題なくスムースに行っています。

①ヒューリスティック情報処理法

　心理学では，常識などの認識が共有されているルールに従って意思決定を行う方法をヒューリスティック情報処理法（以下「ヒューリスティック」）と呼ぶことがあります。ヒューリスティックを用いた意思決定は，意思決定にあまり努力を必要としない社会的ルールなどに従っているため，相手に失礼にならない，素早い実行を可能にするため認知資源の節約になる，などの利点があります。日常の意思決定において利用されることが多い便利な意思決定スタイルです。

　しかし，詐欺犯罪予防の視点に立つと，ヒューリスティックを用いた意思決定は，相手に自分の反応を予想され易いため，悪意を持った相手には逆手に取られることがあります。これまでの研究で，高齢者は非高齢者と比較してヒューリスティックを多用する傾向があることが明らかとなっています（Watanabe & Shibutani, 2010a；Watanabe & Shibutani, 2010b；澁谷・渡部，2009；Shibutani & Watanabe, 2009）。

　オレオレ詐欺の被害者は圧倒的に高齢女性が多いことはよく知られていますが，母親が子どもの窮地を救うことに関してヒューリスティックを用いて意思決定した場合，窮地を救いその関連情報が周りに広がらない方策として，「ある程度のお金で穏便に解決する」という方策を取ることに，重大な意思決定上の欠陥があると考える人は少ないと思います。しかし，オレオレ詐欺の場合には，所与の状況が巧妙に仕組まれた騙しの手口であることから，意思決定の欠陥によって起こる被害ではなく，通常は問題とならないことが多いヒューリスティックに頼る意思決定が一因となって，詐欺を見破る可能性を低下させてしまうと考えることができます。

②システマチック情報処理法

　一方，非高齢者が高齢者と比較して多用するシステマチック情報処理法（必要な情報を包括的に収集し，分析して行う意思決定。以下「システマチック」）は，意思決定のために必要とされる情報を包括的に収集して，分析的に意思決定を行うため，詐欺を見破る可能性は高くなると考えられます。しかし，システマチックはヒューリスティックができない論理的思考を可能にする利点がある一方で，多くの認知資源が必要であること，時間がかかり努力が必要であること，さらには，一度に処理できる案件は1件である（足

し算をしながら割り算を同時にはできない）などの理由から，すべての意思決定に用いることはできない情報処理方法であるといえます。

(3) システム 1 とシステム 2
①ヒューリスティック・システマチックモデル

カーネマン（Kahneman, 2011）は，自分にとって本当に重要な課題に関する意思決定には，判断に必要な関連情報を十分収集し，その情報に関して分析や統合などの精査を行い，意思決定する方法が用いられる傾向があると報告しています。しかし，重要な課題の意思決定にはシステマチックな情報処理方法が必要ですが，多くの認知資源を消耗するため，すべての意思決定をこの処理法で行うことは効率的ではありません。

チェイキン（Chaiken, 1980）は，私たちが日常行っている意思決定には簡便なヒューリスティックと，網羅的なシステマチックが混在していると考えて，意思決定方略を説明するモデルとしてヒューリスティック・システマチックモデルを提唱しています。

前掲のサイモンは，私たちは合理的であろうとしますが，認知能力は有限なので真に合理的な行動はできないことから，実際の行動は限定合理性の原理に従い満足化を行うため，経済活動において無限に合理性を追求しないことを説明しました。満足化は合理的であろうとする意思決定方策の一つですが，サイモンは経済活動においても満足化が行われていると主張しています。

サイモンは，心理学と経済学のつながりに道筋をつけた功績で，1978 年にノーベル賞を受賞しました。この頃から，当時の経済学で主流であった合理的経済人モデルに，根本的な疑念を抱く研究者が増えてきました。私たちの意思決定に関する情報処理過程には，正確で確信度の高い決定を行おうとする欲求と，最小限の認知資源を用いて簡便に適切な意思決定をしたいという二つの背反する欲求が混在していることから，意思決定のコンテキストによって，私たちは上記の二つの欲求のバランスを判断していると考えられるようになりました。

②プロスペクト理論

1980 年頃から，カーネマンとトベルスキー（Kahneman & Tversky, 1979；Tversky & Kahneman, 1981）が，実際の意思決定場面において期待

効用理論の公理に反する現象が存在することを報告して大反響をおこしました。期待効用理論では説明できない事例に関する研究が頻繁に行われたことで，私たちは合理的に説明がつかない意思決定を多く行っていることが明らかとなってきました（Watanabe & Shibutani, 2010b）。

1990年代に入ると，カーネマンはプロスペクト理論[*1]を提唱して，私たちの意思決定に自分自身が気づかない心的構成効果（フレーミング効果）が働くことにより，非合理的意思決定が起こるプロセスを説明しました。この頃には，澁谷と渡部は共同研究者として日本におけるフレーミング効果の検証研究を実施して，日本においてもプロスペクト理論が有効であることを報告しています（Shibutani & Watanabe, 2009；Shibutani & Watanabe, 2010；Watanabe & Shibutani, 2010b）。カーネマンは，期待効用理論では説明できない経済活動における意思決定プロセスを，プロスペクト理論で説明した功績で，2002年にノーベル賞を受賞しています。

③二重過程モデル：システム1とシステム2

その後，カーネマンは2011年に，思考プロセスには早いプロセスと遅いプロセスがあることを紹介するとともに，それまでの意思決定の研究成果をまとめた本を出版して世界的ベストセラーとなっています（Kahneman, 2011）。

カーネマンはその本の中で，私たちの思考プロセスは，無意識で自動的・直感的過程であるシステム1（早いプロセス）と，記憶や思考を必要とする能動的で熟考過程であるシステム2（遅いプロセス）があって，二つのシステムが私たちの思考を司っていると述べています。この考え方は二重課程モデルと呼ばれるもので，進化論的な視点からの異論を唱える研究者もいますが，心理学領域ではおよそ認められています。二重課程モデルの「早いプロセス」と「遅いプロセス」は研究者によって呼び方は異なることがありますが，ここではカーネマンの採用しているシステム1とシステム2を用いたいと思います。

システム1は，過去の成功や失敗に基づく感情や長年の習慣で身についた行動などが無意識・自動的に起こる心理プロセスで，私たちの行動のほとん

---

*1 利得状況と損失状況が我々の感情に及ぼす影響力の相違などによって，同額であっても，収入と損失は我々の行動に異なるインパクトを与えるというもの。

どはシステム1で制御されているといわれています（Kahneman, 2011）。怒りや笑いなどの感情は熟考の結果ではなく，自分の意思ではコントロールできない自動的プロセス（システム1）によって起こります。それに対して，システム2は熟考に基づく意思決定プロセスで，自分にとって重要な意思決定において意識的に使用されるシステマチックは，このプロセスに含まれます。

　カーネマン（Kahneman, 2011）によると，システム1は，潜在的，自動的，反応が早い，努力不要，連合的，特定の文脈で有効であることが特徴とされています。一方，システム2は，顕在的，能動的（制御的），反応が遅い，努力が必要，論理的，幅広い文脈で有効を特徴としています。私たちはこの二つのシステムを無意識にあるいは意識的に用いて意思決定を行っているとしています（Kahneman, 2011）。

　また，システム1は進化論的に古いことから，人間だけでなく動物にも似たシステムがあると考えられています。システム2は進化論的に新しいことから，人間固有のシステムであるか，非常に限られた霊長類の一部に類似したシステムが見られる可能性があると考えられています。山（2021）によると，システム1は複数のモジュールで構成されていて，そのモジュールの中には，進化の過程で身につけた生得的なモジュールが含まれており，学習の必要がないことがあると説明しています。

　また，システム1の中に存在する自動的なモジュール同士が，相反的な働きをすることがあるとする報告もあります。錯視の例（図5-1）のように，自動的にシステム1が稼働すると，私たちが気づかないところで意思決定がなされるため，修正する方策がないのではないかと思うかもしれません。

　しかし，これまでのところ，修正として大きく分けて二つの方策が提案されています。一つは，すでに紹介したシステム2です。システム2を利用してシステム1の情報処理信号を熟考することにより，システム1の自動的なモジュールを制御・修正できる可能性があると考えられています。もう一つは，自分が望むシステム1の自動的なモジュールを駆動するために，そのモジュールを起動させるためのちょっとした仕掛けをすることです。この方法はすでに，マーケット戦略などで頻繁に行われています。たとえば，オンラインショッピングでは商品の掲載順序（先に掲載した商品のほうがよく売れ

る）や，値段設定（同じような商品で値段が3種類あると，真ん中の値段の商品がよく売れる）が，購買行動に影響を及ぼすことが知られています。

④ナッジ理論

セーラーとサンステーン（Thaler & Sunstein, 2008）は，私たちの行動をちょっとした仕掛け（ナッジ）で自分たちが望む方向に変えることができる場合があると述べています。

彼らが挙げている例のいくつかを紹介しましょう。オランダのアムステルダム国際空港では，1990年代の後半に男性用トイレの清掃にかかる人件費，特に男性用便器周りの清掃が特に問題となっていました。空港のマネージャーは，男性用便器の下部の中心あたりに小さなハエのシールを貼る対策で，男性トイレの清掃費用を1億円以上も削減しました。

国際空港の利用者の多くは仕事や休暇のことで頭がいっぱいで，トイレで用を足すときに的を外さないで用を足すということを考えている人は少ないでしょう。そこで，多くの認知資源を使わない方法でトイレの利用者の行動を変える方法として思いついたのが，ハエのシールを貼ることでした。トイレの利用者はハエをめがけて用を足すようになりましたが，利用者自身は特に熟考してそのような行動に出たのではなく，システム1の自動的モジュールが起動してそのような行動になったと考えられます。

セーラーはその後，経済学的な行動に心理学的理論を応用した行動経済学の発展に重要な貢献をしたことで，2017年にノーベル賞を受けました。現在，日本においても，行動経済学やナッジを利用した研究が多く行われています。消費行動や経済活動に関する意思決定は，20世紀後半までは熟考プロセスであるシステム2のみで行われると考えられていましたが，現在では消費行動を含むほとんどの意思決定過程にはシステム1が深く介入していると考えられています（Kahneman, 2011；Thaler & Sunstein, 2008）。

(4) フレーミング効果（心的構成効果）

ここまで多くの紙面を割いて意思決定に関することを説明してきましたが，澁谷が詐欺の研究をする契機となったのは，システム1の一種であるリスク選択型フレーミング効果の研究でした。私たちが行ったフレーミング効果の研究で，高齢女性が特異的な意思決定特性を示すことが明らかとなっていた

ので，当時社会問題となっていたオレオレ詐欺の被害者が，極端に高齢女性に偏っていることを説明できるのではないかと考えたからです。

意思決定のプロセスを研究する意思決定論で，重要な前提の一つになっているものに，数理的な表現の一意性が挙げられます。これは，文章上の表現が異なっていても，数理的な内容が同じであるならば，その意思決定問題は同一の結果をもたらすというものです。

例えば，あるゲームで「自分が20％の割合で勝つ」という表現は，「自分が80％の割合では負ける」という表現と同義であるので，私たちは同一に理解するということは当たり前のことです。しかし，フレーミング効果は，数理的には同一のものとして表現される意思決定問題でも，その解釈の仕方（肯定的に解釈するか否定的に解釈するか）によって，意思決定の結果（リスク選択・リスク回避）に影響を及ぼすとするもので，意思決定論の前提に関わる重要な問題でした。

この問題の重要性を最初に指摘したのはトベルスキーとカーネマンで，彼らは次のような架空の問題を考えて，大勢の調査対象者に質問に答えてもらいました（Tversky & Kahneman, 1981）。

　　　「アメリカで原因不明のアジア病が突発的に発生したとします。この病気は何も対策をとらないと，600人の命が奪われると推定されています。この病気を治すための，2種類の対策が提案されました。これらの対策の正確な効果（科学的推定値）は以下のとおりです。あなたなら，どちらの対策を採用しますか」

この問題に対して表現は異なりますが，数理的には同一である2種類の選択肢が与えられました。最初の選択肢は「リスク回避選択肢」で，確実に200人助かるというもので，二番目の選択肢は「リスク志向選択肢」で，高リスクですが600人全員が助かる可能性を持っているものでした。彼らはこの2種類の選択肢を，調査対象者たちの心理フレーム*2（心的構成*3）を制御するために，2種類の相反する言語表現で作成しました。

＊2　心理的な受け取り方のこと。
＊3　ものの見方のこと。

第一の表現は肯定的フレーム表現で，人間の死を「死ぬ」という表現のかわりに「助からない」という表現をして，選択肢を構築しました。第二の表現は否定的フレーム条件で，人間の死をそのまま「死ぬ」という言葉で表現して選択肢を構築しました。表現は異なりますが意味は同一ですから，私たちが論理的な意思決定をすると仮定すれば，2種類の選択肢でリスク志向選択とリスク回避選択の割合は同じになると考えられます。相反する二つの選択肢は次のとおりです。

【肯定的フレーム条件】
　対策A：もしこの対策を採用すれば200人が助かる。
　対策B：もしこの対策を採用すれば600人が助かる確率は3分の1で，誰も助からない確率は3分の2である。

【否定的フレーム条件】
　対策C：もしこの対策を採用すれば400人が死亡する。
　対策D：もしこの対策を採用すれば誰も死なない確率は3分の1で，600人が死亡する確率は3分の2である。

　この二つの選択肢は，数理的な表現（結果の期待値）は同一ですが，用いられた言語表現が異なります。トベルスキーとカーネマンは，この設問をランダムにグループ分けされた調査対象者に回答してもらいました。もし，意思決定論の前提である数理的な表現の一意性が保たれていれば，肯定的フレーム条件の選択肢に答えたグループと，否定的フレーム条件の選択肢に答えたグループで，選択結果に統計学的な差がないはずです。
　しかし結果は，肯定的フレーム条件の選択肢に答えた調査対象者には，対策A（リスク回避）を選択した人が多く，否定的フレーム条件の選択肢に答えた調査対象者には，対策D（リスク志向）を選択する調査対象者が多いという結果が得られました。助かるという肯定的フレーム条件のときにはリスク回避的な意思決定を行い，否定的フレーム条件のときにはリスク志向的な意思決定を行うという結果になりました。澁谷・渡部（2011）が日本で実施した再試行でも，まったく同様の結果でした（Watanabe & Shibutani, 2010,

2012)。世界中でフレーミング効果の検証が行われた結果，意思決定プロセスでは，数理的な表現の一意性は保たれないことがあることが明らかになっています。

この現象を現実世界に例えるなら，「パチンコで1万円勝ったときの嬉しさ」と「パチンコで1万円負けたときの悔しさ」の数理的表現（勝ち負けの量）は，1万円で同様ですが，負けたときの悔しさと勝ったときの嬉しさのインパクトを比較すると，負けたときのインパクトのほうが大きいことに例えることができるでしょう。トベルスキーとカーネマンによると，損失領域（負けた場合）と利得領域（勝った場合）の効用の違いなどが要因となって，数理的には同じ意思決定問題であっても，心理的には異なるインパクトを与えると考えられています（澁谷・渡部，2012, 2013）。

(5) 意思決定プロセスと詐欺犯罪

意思決定結果が，自分の意思決定に関係する状況を捉えるフレームによって影響を受ける現象とされるフレーミング効果は，システム1ですから自動的に起こるので，意識的にこの効果を無効にすることは困難です。多くの調査で，詐欺被害に遭わない自信がある人の割合は高いことがわかっていますが，詐欺被害者の多くは自分が詐欺被害に遭わないと思っていたことも明らかになっています。自信があっても，詐欺被害にあるメカニズムにシステム1の機能が関係していることが指摘されています（Shibutani & Watanabe, 2009；澁谷ら，2019；澁谷・渡部，2013）。

論理的思考プロセスであるシステム2で理解していても，現実に提示されている状況の把握が困難であることは，大学の授業では図5-1に示すような錯視など（錯覚）の例を挙げて説明しています。

図5-1はシェパード錯視と呼ばれる有名な錯視の例ですが，二つのテーブルの大きさはまったく一緒です。どちらかのテーブルの上面を切り取ってもう一つのテーブルに重ねてみると完全に一致します。実際に切り取って重ねてみると，大きさがまったく同一であることは理解できますが，図を見るとそうではないように見えます。これはシステム1が自動的に私たちの視覚を制御していることが原因であると考えられています。この自動的な視覚の制御のおかげで，私たちは遠くにある小さく見える物体が，実際には大きなも

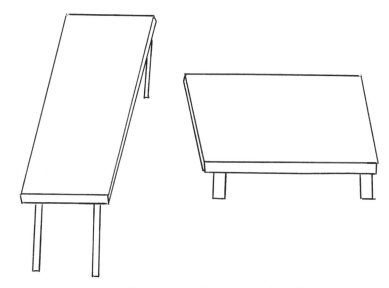

図5-1 錯視の代表的な事例であるシェパード錯視

のであることが瞬時にわかります。

　また，私たちの視覚が，ビデオカメラのように被写体をあるがままに映している画像ではないことを示す例として，運動会でのビデオ撮影が挙げられます。自分の子どもが走る様子をビデオの中心に据えようとしてビデオカメラを動かすと，画面全体が揺れてしまいます。最新のビデオカメラでは揺れを制御する装置がついていて，画面の揺れをある程度コントロールできますが，私たちの視覚にはまったくかないません。試しに，自分の頭を前後左右に振ってみてください。自分の頭は揺れていることは認識できますが，見えている画像はまったく揺れません。これは脳の視覚野が目から入ってくる視覚情報を，私たちが理解しやすいように制御しているから起こる現象です。

　システム1とシステム2の関係の理解を助ける例を，もう一つ紹介します。飛行機に乗っているときに大きく揺れて，怖い思いをした経験がある人は多いのではないでしょうか。飛行機の揺れからくる恐怖心はシステム1の作用ですが，そのときに隣に座っている人から，「飛行機事故の確率は2百万分の一なので，怖がる必要はない（システム2で論理的に考えると，飛行機が大きく揺れることが事故につながることは，極限的に低いことは理解でき

る）」と言われて理解したとしても，恐怖心はなくならないでしょう。

　同様に，詐欺に注意を払うことは詐欺被害予防に重要なことですが，システム2がシステム1を制御することが困難なであることを考えると，注意するだけでは十分な詐欺被害予防にはならないと考えられます。

　ここで強調しておきたいことが一つあります。システム2は，システム1の不足な部分を補正できる可能性があるということです。ショッピングをしていて衝動買いしてしまうことはありますが，多くの人は購入したいというシステム1の衝動に流されて衝動買いを続けることはしません。衝動買いを続けると生活が破綻することを，システム2が知らせてくれるからです。詐欺予防について適切な方策を考えるためには，私たちの意思決定が自動的で高速反応するシステム1と，熟考するために労力・努力が必要とされるシステム2の，二つのプロセスで行われていることを理解することが大切です。

　このような心理学的なアプローチによる研究知見は，神経科学分野の研究によっても検討されてきました。永岑ら（2009）は，認知神経科学による高齢者認知分析のさまざまな知見を踏まえて，振り込め詐欺防止策を提言しています。加齢にともなって前頭前野の機能低下が起こることから，システマチック情報処理能力（熟考能力）の低下をもたらします。その結果，意思決定におけるヒューリスティック情報処理能力に相対的な優位をもたらすために，振り込め詐欺状況における意思決定に影響を与えるとしています。

　高齢者におけるヒューリスティック情報処理の多用は，高齢者の詐欺被害頻度の高さに関与していると思われます。私たちの研究でも，高齢女性において自己効力と詐欺犯罪脆弱性傾向との間に高い関連性が見られることから，自分に課題を達成できる能力・動機があると考える傾向である自己効力が，加齢にともなうシステマチック情報処理能力の低下や，社会環境の変化などによる認知負荷の増大によって，詐欺被害が高齢女性に集中している要因となっている可能性が指摘されています（澁谷・渡部，2009；Watanabe & Shibutani, 2010b；澁谷・渡部，2012；澁谷・渡部，2013）。

　詐欺犯罪の特徴は，詐欺師に巧みに誘導されて被害者が騙された結果，被害者が自らの意思で犯人に金品等を渡す行動を起こす点にあります。自分から金品を犯人に渡してしまうのですから，被害者自身の意思決定に重大な欠陥があって，それが原因となって詐欺被害が起こると考える人は多いかもし

れません。しかし，本当にそうなのでしょうか。

　私たちの研究では，そうではないことが明らかになってきました。高齢者はヒューリスティックスを多用することが，詐欺被害の要因となっていることが指摘されていますが，海外の研究においても，高齢者は熟慮的処理よりは情緒的処理による意思決定への影響のほうが大きいこと，単純な意思決定方略を用いる傾向があること，若年者に比べ誤った情報に惑わされる傾向が強いことなどが指摘されています（Peters et al., 2007）。

　この見解は私たちの研究知見とおよそ一致しています（Watanabe & Shibutani, 2010b；澁谷・渡部，2009；澁谷・渡部，2013）。社会調査（澁谷・渡部，2013）の結果に基づいて情緒的情報処理について分析した結果，女性群では，自己効力感の下位尺度である「行動の積極性」と詐欺脆弱性とに有意な正の相関があり，「失敗への不安」とは有意な負の相関が見られました。高齢になると認知能力は低下する傾向があることや，詐欺脆弱性が高いと「失敗への不安」が低い傾向にあることから，オレオレ詐欺のような情緒的情報処理が強く関連する詐欺犯罪においては，高齢女性は行動を起こしやすい傾向があると考えました（澁谷・渡部，2013）。

　また，高齢者において情緒的処理が意思決定への影響力が高いとの指摘は，カーステンセンらが提唱している社会情動的選択性理論（socioemotional selectivity theory）によって説明できると考えられます。（Carstensen et al., 1999）。この理論は，高齢者の行動を強く影響する要因は「高齢」という年齢ではなく，自分の人生に残された時間がどの程度であるかの認識である，未来展望（future perspective）という考え方に基づいています。

　社会情動的選択性理論によると，人生に残された時間が少ないと感じている人たちは，現時点での感情を直ちに満足させようとする動機づけ（present-oriented goal）が強くなり，人生の残り時間はまだ長いと感じている人たちは，将来のために現在の時間を計画的に使う動機づけ（future-oriented goal）が強くなる傾向があります。未来展望は，現時点での動機を現実化する時間軸に影響を及ぼすことから，時間的な圧力が適切な意思決定を惑わす重要な要因となっている詐欺犯罪と，関連性があると考えています。

　澁谷と渡部が詐欺犯罪の予防を考えるうえで最も重要であると考えたことは，世の中には詐欺犯罪に対する脆弱性が高い意思決定がある人と低い人が

いて，効率的に詐欺犯罪を予防するためには，脆弱性が高い人を判別して心理学的・行動科学的なアドバイスを提供することでした（渡部・澁谷，2019）。そこで JST/RISTEX に申請・採択されたプロジェクトの研究・実装の助成を受けて，詐欺脆弱性を測定するための尺度開発と，その尺度を用いてネット上で詐欺脆弱性の判定結果に基づいてアドバイスを提供するアプリ開発を始めました。

3. 特殊詐欺脆弱性診断アプリに用いる尺度の開発

(1) 社会調査によるデータ収集

　特殊詐欺脆弱性診断アプリに使用する尺度構築および判定論理構築のために，複数回の異なるタイプの調査を実施しましたが，ここでは詐欺脆弱性尺度構築の基礎となった，2回にわたる連続調査（調査1と調査2）を簡単に紹介します。

　調査1は，比較的少数の高齢調査対象者（166名）を対象とした，詐欺脆弱性に関する詐欺シナリオ項目を含む調査票（271項目）およびインタビューや，MMSE や RBMT 等の認知症スクリーニングのテストを含んだ詳細調査で，詐欺脆弱性尺度開発の基礎的情報を網羅的に収集・分析する目的で実施されました。

　調査2は，比較的大勢の高齢調査対象者（702名）を対象として，調査1のデータ分析に基づいて詐欺脆弱性尺度の質問項目として有望な項目（58項目）に絞って，自己記入式の調査票を用いて実施しました。

　調査1の調査票は，年齢や性別等のデモグラフィック変数，詐欺脆弱性尺度，自己効力，未来展望，批判的思考態度，意思決定方略等の心理学的尺度など，271項目で構成された網羅的な内容のものでした。調査1では，心理特性および行動特性を測定する尺度は，4選択肢，5選択肢，6選択肢のリッカート型項目の混在で構成しましたが，分析の結果，高齢者の認知負担を減らすために，調査2以降の調査ではすべての項目を4選択肢の項目とすることとしました。

　この時点での詐欺脆弱性尺度は，独立行政法人国民生活センターの事例を参考として構築した，20項目の実際の詐欺事例に基づいた詐欺シナリオ項

目で構成される尺度でした。その20項目のうち10項目は短い詐欺シナリオ項目で構成されていて，残りの10項目は信号検出理論等に基づいて構築した長い詐欺シナリオ項目でした。この詐欺脆弱性尺度は，渡部と澁谷が過去の研究で信頼性および妥当性を確認した尺度に，当時の詐欺被害に対応した新たな項目を加えたものでした（澁谷・渡部，2012；渡部・澁谷，2014）。

調査2は，調査票のみを使用した質問紙調査であったことから，比較的多くの高齢調査対象者に参加してもらいました（702名）。調査票は，調査1の271項目の中から，分析結果などに基づいて選択された心理特性・行動特性を測定するための58項目（年齢，性別，教育歴等のデモグラフィック項目，自己効力，未来展望，詐欺脆弱性，批判的思考態度，意思決定方略，抑うつ感，物忘れ等）で構成されていました。詐欺脆弱性判定は，調査1と同様に2種類の詐欺シナリオを用いて測定しましたが，高齢者への認知的負荷を減少させるため，項目数を短い詐欺シナリオ8項目と長い詐欺シナリオ2項目で構成される，10項目に限定しました。

調査1と2の後にも数回調査を行い，分析結果に基づいて最終調整して，最終版詐欺脆弱性尺度を構築しました。

(2) 分析結果と詐欺脆弱性尺度の構築

調査1と調査2などで得られたデータは，少し専門的な話になりますが，古典的テスト理論（cassical test theory）および項目反応理論（item response theory）を用いて分析しました（Embretson & Reise, 2000）。

最終的な詐欺脆弱性尺度に用いられた尺度項目が，4選択肢で構成されるリッカート型項目であったことから，複数ある項目反応理論のモデルのなかから，鮫島のGRM（Graded Response Model）を用いました（Samejima, 1969）。

詐欺脆弱性尺度のすべての詐欺シナリオ項目の回答は，「確実にそうしない」という回答が圧倒的に多い結果となりました。詐欺シナリオを読んで，自分なら詐欺にかかったかもしれないと考える調査対象者は非常に少数でした。これらの回答分布は，警察庁の調査において，圧倒的多数の調査対象者は「自分は詐欺にかからない自信がある」と回答していることと整合性があります。

最終的に特殊詐欺脆弱性診断アプリに採用する項目を選択する基準として，因子分析の第1因子への項目負荷値と，項目反応理論の情報関数を参考にしました。最終的な詐欺脆弱性尺度の項目は，調査1と調査2などの調査データに基づいて，詐欺シナリオ項目の得点を効率的に予測できる心理特性項目と行動特性項目で構成されています。

実は，特殊詐欺脆弱性診断アプリの詐欺脆弱性判定には，詐欺シナリオ項目は含まれていますが，脆弱性の判定自体には利用していません。詐欺脆弱性は，心理特性や行動特性からロジスティック回帰分析を用いて，詐欺脆弱性尺度得点を推計に基づいて算出される仕組みになっています。その理由は二つあって，一つは詐欺シナリオ項目を使用した場合，全部の詐欺シナリオ項目に「確実にそうしない」と回答すると，明らかに詐欺脆弱性が低く測定されることが調査対象者にわかってしまうからです。もう一つは，心理特性や行動特性から詐欺脆弱性が高いと推計されるモデルを採用した場合，調査対象者に，どの心理特性や行動特性が詐欺脆弱性の高さの原因になっているかを示すことができるからです。

特殊詐欺脆弱性診断アプリの優れた特徴は，詐欺脆弱性の判定を詐欺シナリオ尺度に頼ることなく，心理特性と行動特性等から詐欺脆弱性を推計することができるところにあります。この推計プロセスには，ロジスティック回帰分析を使用していましたが，最新の特殊詐欺脆弱性診断アプリには，より効率的に予測が可能となる高速倹約決定木分析を用いる方向で進んでいます。これらの分析の詳細なプロセスは紙面の都合で本稿では説明できませんが，渡部（2019）および渡部・澁谷（2014）が詳細に報告していますので参考にしてください。

調査2では，調査1の分析結果から情報抽出効率の最大化を基準として選択された，10項目の詐欺脆弱性判定項目を用いて調査を行いました。その他の項目は，詐欺脆弱性との相関などに基づいて選択された58項目としました。調査2の重要な目的の一つは，調査1で項目数を少なくして構築した調査票を多くの調査対象者（702名）からの回答結果が，調査1に基づいた予測と近似していることを確認することです。自分たちが想定している尺度特性が，複数回の調査で繰り返し確認できることが望ましいことから，新しい尺度構築には少なくとも複数回の調査が必要となります。

90 第Ⅱ部 詐欺脆弱性とその測定：ひっかかりやすさの心理学

　最終的に特殊詐欺脆弱性診断アプリに使用した項目は，調査2で用いた項目から選択した8項目と，分析結果を参考にして新たに構築した4項目を加えて，全体として特殊詐欺の4罪種ごとに3項目の詐欺シナリオ設問で構成することとしました。その後も調査を複数回実施し，データ分析を繰り返し行い妥当性が確認された78項目を用いて，初版特殊詐欺脆弱性診断アプリ（78項目）を完成させました。この初版特殊詐欺脆弱性診断アプリの78項目の中には，詐欺シナリオ項目が12項目含まれており，このアプリを用いて得られた詐欺脆弱性と，心理特性および行動特性に関するデータを用いて，判定論理をさらに改善しました。

　初版特殊詐欺脆弱性診断アプリを用いて，JST/RISTEX研究開発プロジェクトの青森実装グループは，詐欺被害減少を目指して実装活動を開始しました。多くの調査対象者から寄せられた「アプリが長すぎる」「もっと短い時間で測定したい」などの意見に応えるために，改善した詐欺脆弱性の判定論理を用いて，第2版となる特殊詐欺脆弱性診断アプリ（46項目）を完成しました。

4. 特殊詐欺脆弱性診断アプリの有効性

(1) 詐欺脆弱性判定性能

　アプリを用いて収集したデータの詐欺シナリオ項目の回答分布は，調査1と調査2で確認した反応分布と同様に，「確実にそうしない」が圧倒的に多い結果となりました。信頼性の指標であるクロンバックのαは.93と非常に高く，因子構造は明確な1因子構造が示されました。項目反応理論を用いた分析で，モデルとデータのフィットが十分であること，さらにはテスト情報関数分析により，尺度全体の抽出情報量が十分かつ適正にスケール得点の範囲に分布していることが示されました。

　この分析の過程で，12項目あった詐欺シナリオ項目の1項目が，他の項目と比較して情報抽出力が極端に低かったことから分析から除外することとなったので，詐欺シナリオ項目は11項目で分析されることになりました。分析されたデータのなかには，4種類の調査対象者が含まれていましたが，①一般の調査対象者（7,988名），②青森実装チームの事前登録調査対象者（94

名），③神奈川実装チームの事前登録調査対象者（273名），④警察の協力による詐欺被害経験のある調査対象者（25名），データを詳細に確認して8,380の回答を分析することとしました。

詐欺脆弱性得点の平均値は，一般調査対象者で12.86（$\sigma = 4.11$），青森調査対象者が12.27（$\sigma = 2.90$），神奈川調査対象者が12.29（$\sigma = 2.94$）であったのに対して，実際に詐欺被害に遭ったことがある警察調査対象者は14.24（$\sigma = 4.75$）で，詐欺被害に遭ったことがある調査対象者の得点平均が非常に高いことがわかります。この結果は，調査1と2の計量心理学的な分析結果で，詐欺脆弱性尺度は妥当性および信頼性が高いと評価された結論を裏付けるものとなりました。

詐欺脆弱性尺度の妥当性および信頼性は，尺度として十分に高いことはすでに記載されたとおりですが，アプリに与えられた最も重要な課題は，実際にアプリを使用して詐欺被害に遭う可能性が高い調査対象者を予測できるのかということです。アプリで収集したデータのなかには，少なくとも25人が過去に詐欺被害に遭った経験を持っていることが判明していることから，調査対象者の回答から詐欺シナリオ項目を除外した心理特性と行動特性などの項目等を用いて，調査対象者に詐欺被害経験が有るか無いかを判定するために，判別関数分析を行いました。その結果は表5-1示してあります。

ウェブ調査対象者のなかには，詐欺被害経験がある調査対象者がいた可能性はありますが，本当の分類（明らかにわかっている分類）で詐欺被害経験のある調査対象者は25人で，経験がない調査対象者は8,355人である状況のもと，判別関数を用いた「分類」の予想をしました。

表5-1　判別関数による回答者の分類

本当の分類	判別関数による分類		計
	詐欺被害経験あり	詐欺被害経験なし	
詐欺被害経験あり	25	0	25
詐欺被害経験なし	140	8,215	8,355
計	165	8,215	8,380

詐欺被害経験のある25人は全員が「詐欺被害経験あり」と判別されていますが，詐欺被害経験とされている8,355人のうち140人が，「詐欺被害経験あり」と誤った判定が下されてしまいました。正しく判別された調査対象者は，8,380人のうち8,240人でしたので，特殊詐欺脆弱性診断アプリの性能は非常に高いといえます。

しかし，詐欺被害経験がないと仮定されているのに「詐欺被害経験あり」と判定された140人の調査対象者は，通常の判別関数分析では単純に誤判定と分類されますが，この文脈のなかでは「判別関数による総合評価の結果に基づくと，詐欺被害経験がある調査対象者と非常に似ている心理特性・行動特性があります」と判定できることから，詐欺被害に遭う可能性が高い調査対象者であると解釈しました。

このようにして，特殊詐欺脆弱性診断アプリは，調査対象者の心理特性や行動特性などから，調査対象者の詐欺脆弱性を判定することができます。

(2) 詐欺脆弱性尺度の行動特性項目

特殊詐欺脆弱性診断アプリには，これまでの調査や先行研究などの知見から，詐欺被害に遭いやすいと考えられる心理特性・行動特性を9項目選択して組み込んであります。これらの9項目は下記の①〜⑨ですが，それぞれの項目が異なる行動特性などを独自に捉える形式になっていることから，それぞれの項目の回答に基づいて，調査対象者をその項目が説明する行動特性に「当てはまる」グループと「当てはまらない」グループに分類しました。そして，それぞれの項目の行動特性に当てはまるグループと当てはまらないグループの，詐欺脆弱性得点の平均値を比較しました。

項目ごとの行動特性と詐欺脆弱性との関連の強さを明らかにするため，項目ごとに統計学的検定を行った結果，②の「知らない人が訪ねてきたら，彼らの話を聞かないようにしている」以外の8項目において行動特性が当てはまるグループの調査対象者は，行動特性が当てはまらないグループよりも，有意に高い詐欺脆弱性を持つことが明らかになりました。この結果を簡単に説明すると，「詐欺に遭わない自信がある」人は「詐欺に遭わない自信がない」人に比べて，詐欺脆弱性が高いということになります。

このような傾向が残りの7項目にも見られたわけです。これらの項目は，

警察や国民生活センター・消費生活センターなどの詐欺対策活動のなかで，広く注意喚起がなされている内容ですが，私たちの行った実証調査では，その注意喚起が適切である裏付けになる情報が得られたことになります。

①自分は詐欺に遭わない自信がある。
②知らない人が訪ねてきたら，彼らの話を聞かないようにしている。
③不満があっても相手に押し切られてしまう。
④電話が鳴ったら，すぐに受話器を取る。
⑤うまい話に興味がある。
⑥相手の話を怪しいと思っても，良い方向に考える。
⑦知らない人に強い口調で言われると，怯えてしまう。
⑧自分だけ褒められたり，特別な待遇を受けると嬉しくなる。
⑨お金に関する相談をすることは，家族や友人の信用を失いそうで不安である。

　有意差が見られた 8 項目のなかで，二つのグループの詐欺脆弱性に非常に大きな差が見られた項目は 2 項目でした。
　最初の項目は「⑥相手の話を怪しいと思っても，良い方向に考える」で，良い方向に考えるグループの詐欺脆弱性の平均値は 14.93，そうではないグループの平均値は 12.18 で，平均値の差が 2.75 点もありました。これは，詐欺脆弱性が高い調査対象者と低い調査対象者を識別するために，大変役に立つ項目であることを示すもので，他の項目より識別力が高いことを意味します。
　人の話を良い方向に考える行動特性は，適切なレベルであれば人間関係の構築に肯定的に貢献することは容易に思い浮かびますが，一定レベルを超えて不適切に良い方向に考える傾向は，詐欺犯罪の視点から見ると非常に危険な特性でもあります。田中ら（2015）は，危険認知と危険回避行動には不一致が見られることは広く知られていて，危険認知から危険回避行動の間には心理学的に複数のプロセスがあることから，危険認知は危険回避の必要条件であるとしています。
　危険回避の必要条件である危険認知を割り引いてしまうこの行動特性は，

詐欺被害予防の観点から，重要かつ注目すべき特性であるといえます。詐欺犯罪は台風被害などの自然災害と異なり，詐欺師が危険認知を隠ぺいする手段を講じてきますので，行動特性として良い方向に考える傾向に関する注意喚起は重要です。

　詐欺脆弱性に大きな差が見られた二つ目の項目は，「⑤うまい話に興味がある」ですが，ある程度うまい話には興味があることは自然なのではないかと思います。しかし，この項目でうまい話に興味があると分類されたグループの詐欺脆弱性の平均値は 14.29 で，そうではないグループの平均値は 12.15 でしたので，平均値に 2.14 点もの差が見られました。

　この項目では，特に「うまい話」の定義を詳細に示しているわけではありませんが，これほど高い識別力を示していることから，調査対象者は「賢い消費者」と「うまい話に興味がある」を区別していると考えられます。賢い消費者は，非常識なほどうまい話を「危ない話」として見極める能力があって，調査対象者がこの設問に回答する際に自分の過去の経験などを顧みて回答していると解釈すると，二つのグループの詐欺脆弱性の平均値の大きな差の説明がつきます。この説明の他にも仮説はあると思いますが，理由が何であれ，この行動特性の識別力が高いことだけは明らかです。

　その他の行動特性も，詐欺被害の予防に関連する重要な要因であることが明らかになりました。人は誰しも特別待遇を受けると嬉しく感じるものですが，「⑧自分だけ褒められたり，特別な待遇を受けると嬉しくなる」傾向が強いと，その傾向を詐欺師に巧みに利用される可能性があります。嬉しくなるという「情動」は，システム 1 の機能ですから，自分で嬉しくなることを無効にすることは無理なことです。

　心理学的には，自分が嬉しいと感じているときに，その感情と相反する「断る」という行動を起こすことが難しくなります。重要な場面で自分が抱いている感情の影響力を制御できなくても，深呼吸をしていったん仕切り直して，断る行動をとりやすくするための予備行動（反対意見を表明するときのように首を横に振る，腕組みをするなど）を行うと，感情の影響力を減少させることに効果がある可能性があります。これは，先行する刺激が後続の行動に影響を及ぼす，プライミング効果を応用した対策です。詐欺被害を防ぐためには「断る行動」が必要になることから，断る行動を促進する先行刺

激を与える試みです。

　プライミング効果の例として，鉛筆を口にくわえて漫画本を読むと，くわえないときより漫画が面白く感じるという実験があります。これは，鉛筆を口にくわえると，笑うときに収縮する顔面の筋肉が収縮するので，脳に何か面白いことが起こっているという刺激が伝わります。この刺激が先行刺激となって，同じ内容の漫画でも面白く感じると考えられています。また，高齢者の介護について議論すると，その議論が終わった後の歩くスピードが遅くなるなどの報告も，プライミング効果であると考えられています（Kahneman, 2011）。

　プライミング効果を応用すると，人の話を聞いていて断りたいなと感じたときには，断るという行為の前に腕組みをして首を横に振るなどの否定的な態度を示しておくと，断るという行為を起こしやすくなることは予想できることです。プライミング効果は高齢者介護の例に見られるように，筋肉の収縮などの身体的な行為がない場合でも起こりますので，身体的行為だけではなく，詐欺手口の知識や詐欺被害者の実態にする情報（特に情動喚起につながる情報は，システム1を起動させる可能性がある）などの，システム1とシステム2の両方を駆動する対策は詐欺予防に役立つと思います。

　ここまで説明してきた意思決定に影響を及ぼす要因は，心理特性や行動特性のように比較的安定している要因でした。詐欺対策の領域で記載されることはあまりありませんが，体内のテストステロンやコルチゾールなどのホルモンは，意思決定に影響を及ぼすことが報告されています（坂本，2023）。意思決定とホルモンの関係は，坂本（2023）にわかりやすく解説されていますので，参考になると思います。

　ホルモンの変化は自然な体調の変化でも起こりますが，実験によるホルモン投与によって，意思決定プロセスが熟考型思考から直感型思考への移行を引き起こすことが報告されています。ストレスへの反応が体内のコルチゾールレベルを上昇させ，リスク選択がリスク志向型になる可能性を指摘する研究報告もあります（坂本，2023）。感情の高揚が詐欺の手口として多く用いられることは広く知られているところですが，詐欺師から与えられるストレスが，被害者の意思決定に悪影響を及ぼしていると考えられます。これは詐欺が進行する状況のなかで，慌てることで感情の高揚がシステム2の起動を

抑えて，システム 1 で直感的な意思決定をしてしまう可能性があることを示唆しています。

　ストレスがなく認知資源をフルに活用できる状況で，自分は詐欺に遭わないと自信を持つことは，これまでの研究結果や，ストレスやホルモンが意思決定に影響を及ぼすことから考えても，まったく信用すべき根拠がない非常に危険なことです。

(3) 特殊詐欺脆弱性診断アプリを使用した活動

　アプリの構築は，最初に述べた「高齢者の詐欺被害を防ぐしなやかな地域連携モデルの研究開発」プロジェクトの一部として行われましたが，このプロジェクトでは，アプリを用いて実際に詐欺被害予防活動を行う実装活動も行われました。

　青森地域においては，青森大学が中心となり，詐欺被害減少を目指す連絡協議会を立ち上げ，協力機関として青森県警察本部，青森市，青森商工会議所，青森市社会福祉協議会，青森県消費者協会，青森県消費生活センター，青森県生活協同組合連合会，青森県中小企業家同友会，みちのく銀行，社会福祉法人宏仁会，青森市幸畑団地連合町会，芙蓉会病院などが参加して，実装活動が行われました。

　青森地域では，プロジェクトの実施期間中の 3 年間にわたり，青森県警などの協力機関にも参加していただく詐欺被害を防ぐためのシンポジウムや連絡協議会を開催して，詐欺被害予防のための活動を進めました。特に，シンポジウムではアプリの紹介をしましたが，テレビ・新聞等に大きく取り上げていただいたことから，アプリへのアクセス回数向上につながりました（最終の有効回答数は 8,380）。連絡協議会には，アプリ構築に必要な調査内容の検討，調査対象者の確保，各専門領域からのアドバイスなど，アプリ構築のすべてのプロセスに関与していただきました。

　アプリが平成 31 年 2 月 21 日に初めて公開されて以来，青森大学のプロジェクトメンバーが下に示されている 3 種類の詐欺被害予防のための実装活動を展開しました。

　　(1) 協力団体の部署のリーダー格の方々へのアプリ指導者育成講座──

協力団体の多様な部署のリーダー格の方々が，アプリ指導者養成講座を受けることにより，自分の部署の職員や部署につながりのある一般の方々を対象に，アプリ体験講座を開講する。

(2) 協議会からの照会などで実施されるアプリ体験講座——およそ 15 名程度の一般の方を対象として，指導者の指導の下，補助者とともにアプリ体験する活動で，最初の 10 分程度で特殊詐欺に関する情報提供なども行う。

(3) 新聞・テレビなどのメディアや口コミで直接大学に申し込みがあった体験講座——申込数は少ないが，参加者が非常に多いタイプの講座（100〜400 人）で，高齢者よりは壮年層の申し込みが多い。

　このようなアプリ体験講座は実際のアプリ体験者のごく一部で，大多数はメディア等でアプリの存在を知り，青森大学や青森県警のホームページからアプリにアクセスして自分で試していた方でした。

　アプリ項目すべてに回答すると，最後に表示される判定画面には，4 種類の特殊詐欺の罪種ごとに「安心」「注意」「危険」の表示が出て，その下に回答に対応したアドバイスが表示される仕組みです。大多数の方々には 4 罪種すべてに「安心」が表示されますが，「注意」や「危険」の表示が出された調査対象者の方々には，表示されるアドバイスに注目してもらい，自分の心理特性・行動特性に注目することで，セルフディフェンス力を向上させることを狙いとしていました。このアプリは，ゲーム感覚で多くの方に自分の普段の行動などについて考える機会となることから，実装活動の中心的ツールとなっていました。

　それまでに収集したデータの分析結果を用いて，改善版アプリを構築しました。初版のアプリは 78 項目で構成されていましたが，詐欺脆弱性の判定能力が改善された第 2 版のアプリは 46 項目で構成されるもので，短い時間で回答できることから好評でした。

　第 4 回目の青森シンポジウムは 2020 年 2 月に予定されていましたが，新型コロナウイルス感染問題で当時の安倍首相が緊急事態宣言を出したことを受け，キャンセルとなりました。その後は新型コロナウイルス感染の問題で，集団で行う活動ができなくなったことから，一般人を対象とした普及・啓発

98 第Ⅱ部 詐欺脆弱性とその測定：ひっかかりやすさの心理学

活動は自粛とし，それまで行っていた活動をアプリとペアで利用できる動画（DVD）としてまとめています。この動画は青森県警および青森県消費生活センターと共同で作成しているもので，15分程度の内容となっています。

5. 詐欺脆弱性と詐欺被害予防

　詐欺脆弱性を用いて詐欺被害予防対策を行う方策は，詐欺被害件数の減少を目指す活動・方策の一つの形態であって，その他のアプローチを同時に実施することで効果が向上することは，十分に考えられます。

　私たちのアプローチの特徴は，特殊詐欺脆弱性診断アプリを用いてリスクの高いグループを特定することで，重点的な介入を行うためターゲットを絞り込むことす。効果的な介入の方策は，可能な限り詐欺犯罪に関連する心理特性，詐欺犯罪のプロセス，詐欺脆弱性向上の方策など，学術的情報に基づいて構築することを心がけました。もちろん，介入方策のすべてが実証研究で証明されているわけではありませんが，アドバイスなどはこれまでの研究結果から予測できる内容を採択しました。

　社会情動的選択性理論によると，高齢者の情緒的情報処理を主導する情報は肯定的な情報であって，否定的な情報には敏感に反応しないと考えられています。この知見は，詐欺犯罪実行犯のトークのなかに含まれる，ポジティブな情報（たとえば，金を振り込めば身内が助かる等）に注目することが多いことを説明できます。

　澁谷・渡部（2013）は，高齢女性は失敗を恐れないで積極的に行動する傾向が高いことを報告していますが，この傾向と認知機能の低下が共存している可能性もあることから，感情的高揚を増幅させるような詐欺シナリオが提示された場合，認知的意思決定よりも感情的意思決定プロセスが生起される可能性が高くなることが予測されます。

　永岑ら（2009）は，加齢に伴い前頭前野の機能低下が見られ，これがシステマティックな情報処理（熟慮的処理）の低下をもたらし，意思決定におけるヒューリスティック過程の相対的な優位をもたらすために，振り込め詐欺状況において不適切な意思決定が起こる確率を高めているとしています。

　この知見は，社会情動的選択性に基づく情緒的情報処理のプロセスと考え

あわせると，高齢者が詐欺犯罪の被害者となるプロセスの解明に参考になります。情動は心理学的には自動的に生起するシステム１で起こるため，制御が困難です。高齢者は制御が困難な情動的情報を重要視する傾向が高いので，行動の積極性が高く失敗を恐れない高齢者（特に女性）は，意思決定の際に自分で制御することが困難な方策を用いることから，詐欺犯罪に弱い心理特性があるという仮説を立てることができます。

　この仮説から，詐欺脆弱性向上のカギとなる方策は，システム１に基づいた情動的意思決定プロセスをそのまま留めておくのではなく，ナッジなどを利用して熟考システムであるシステム２を参照できるようにすることが重要です。システム２を参照することによって，不明瞭な情報を確かめる，不審な点（シグナル）等に気がつく，誰かに相談する，などの適正な行動が起こりやすくなると考えられます。システム１に関連している詐欺脆弱性自体の改善は困難である可能性が高いと考えられます。しかし，情動的意思決定プロセスに流されないでシステム２を参照することによって，詐欺被害の予防は可能になると考えられます。最も重要な視点は，詐欺脆弱性が高い人でも様々な対処を行うことで，詐欺被害予防に役立つということです。

　現在，科学研究費補助金の助成を受けて，最新の詐欺犯罪手口に対応したアプリの開発を行っています。このアプリは，令和７年３月までに完成する予定です。この第３版アプリは完成し次第，青森大学のホームページで公開する予定です。ご連絡いただければ，詐欺被害対策を行っている機関等にはアプリを提供する予定としております。第３版アプリの開発に加えて，システム１に基づいた意思決定プロセスの流れから，システム２を参照するために必要なキッカケに関する研究も進めています。

【参考文献】

Carstensen, L. L., Isaacowitz, D. M., & Charles, S. T. (1999). Taking time seriously: A theory of socioemotional selectivity. *American Psychologist*, **54**, 165-181.

Chaiken, S. (1980). Heuristic versus systematic information processing and the use of source versus message cues in persuasion. *Journal of Personality and Social Psychology*, **39**, 752-766.

Embretson, S. E., & Reise, S. P. (2000). *Item response theory for psychologists*. Lawrence Erlbaum Associates.

Hambleton, R. K., Swaminathan, H., & Rogers, H. J. (1991). *Foundation of item response theory*. Sage Publications.

Kahneman, D. (2011). *Thinking fast and slow*. FSG books.

Kahneman, D., & Tversky, A. (1979). Prospect theory: An analysis of decision under risk. *Econometrica*, **47**, 263-292.

増田真也（2023）．意思決定を測る——医療現場での効用の測定法．増田真也・広田すみれ・坂上貴之（編著）　心理学が描くリスクの世界　Advanced 行動的意思決定の展開．慶應義塾大学出版会, pp.10-11.

永岑光惠・原塑・信原幸弘（2009）．振り込め詐欺への神経科学からのアプローチ．社会技術研究論文集，**6**，177-186.

Peters, E., Hess, T. M., & Auman, C. (2007). Adult age differences in dual information processes: Implications for the role of affective and deliberative processes in older adults' decision making. *Perspectives on Psychological Science*, **2**（1），1-23.

坂本正裕（2023）．意思決定とホルモン．増田真也・広田すみれ・坂上貴之（編著）心理学が描くリスクの世界　Advanced 行動的意思決定の展開．慶應義塾大学出版会, pp.96-103.

Samejima, F. (1969). Estimation of latent ability using a response pattern of graded scores. *Psychometrika Monograph*, **17**. ［https://www.psychometricsociety.org/sites/main/files/file-attachments/mn17.pdf］

Savage, L. J. (1954). *The foundation of statistics*. Wiley.

芝祐順（1991）．項目反応理論．東京大学出版会

Shibutani, H. (2007). Fundamentals of a new generation of scale analysis: From classical test theory to item response theory, 2007. *Regional Study*, **15**, 31-118.

澁谷泰秀・渡部諭（2008）．項目反応理論を用いた ST 簡便 QOL 尺度の分析——実測データと 2 パラメタ・ロジスティックモデルの比較．地域社会研究，**16**，11-29.

Shibutani, H., & Watanabe, S. (2009). Risky-choice framing effect and risk-seeking propensity: An application of IRT for analyzing a scale with a very small number of items. *Journal of Aomori University and Aomori Junior College*, **32**（2），65-80.

澁谷泰秀・渡部諭（2009）．半球優位性とフレーミング効果および QOL との関連性——高齢者と若年者との比較．地域社会研究，**17**，41-69.

Shibutani, H., & Watanabe S. (2010). An Application of classical test theory, item response theory, and partially ordered scalogram analysis for evaluating the scalability of the risk-seeking propensity. *Journal of Aomori University and Aomori Junior College*, **33**（2），49-70.

澁谷泰秀・渡部諭（2011）．詐欺犯罪被害傾向と生活の質——高齢者と若年成人との比較．青森大学・青森短期大学研究紀要，**34**（2），89-112.

澁谷泰秀・渡部諭（2012）．高齢者における自己効力と詐欺犯罪被害傾向及び生活の質との関連性——高齢者の未来展望からの示唆．青森大学・青森短期大学研究紀要，**35**，181-202.

澁谷泰秀・渡部諭（2013）．高齢者の社会情動的選択性とリスク志向性が生活の質に及ぼ

す影響. 青森大学研究紀要, **36** (2), 9-32.

澁谷泰秀・吉野諒三・渡部諭・角谷快彦・藤田卓仙・小出哲彰・田中康裕・大工泰裕 (2019). 社会調査データに基づく特殊詐欺脆弱性判定の試み. よろん日本世論調査協会報, **123**, 40-49.

繁枡算男 (1995). 後悔しない意思決定. 岩波書店

Simon, H. A. (1957). *Administrative behavior: A study of decision making process in administrative organization (2nd ed.)*. Macmillan.

田中孝治・梅野光平・池田満・堀雅洋 (2015). 不安全避難行動に対する危険認知が行動意図の形成に与える影響. 認知心理学会第13回大会発表論集, ポスターセッション P-2-25.

Thaler, R. H., & Sunstein, C. R. (2008). *Nudge*. Penguin Books.

Tversky, A., & Kahneman, D. (1981). The framing of decisions and the psychology of choice. *Science*, **211**, 454-458.

渡部諭 (2019). RISTEX プロジェクト「高齢者の詐欺被害を防ぐしなやかな地域連携モデルの研究開発」──プロジェクト全体の紹介と特殊詐欺脆弱性診断アプリの紹介. 警察学論集, **72** (11), 83-95.

Watanabe, S., & Shibutani, H. (2010a). Aging and decision making: Differences in susceptibility to the risky-choice framing effect between older and younger adults in Japan. *Japanese Psychological Research*, **52**, 163-174.

Watanabe, S., & Shibutani H. (2010b). Aging and decision making: Differences in susceptibility to the risky-choice framing effect between older and younger adults in Japan. *Japanese Psychological Research*, **52** (3), 163-174.

Watanabe, S., & Shibutani, H. (2012). Interactions between risky choice framing effect and rsk-seeking propensity. 秋田県立大学総合科学研究彙報, **13**, 9-20.

渡部諭・澁谷泰秀 (2012). 犯罪被害に遭いやすい高齢者の認知バイアス──高齢者はなぜ犯罪に狙われやすいか. 社会安全研究財団2010年度助成研究最終報告書. (2012年1月提出)

渡部諭・澁谷泰秀 (2014). 高齢者の詐欺犯罪脆弱性に対する taxometric 分析. 秋田県立大学総合科学彙報, **15**, 1-9.

渡部諭・澁谷泰秀 (2019). 特殊詐欺脆弱性診断アプリを用いた特殊詐欺防止活動. 警察学論集, **72** (11), 112-135.

Von Neumann, J., & Morgenstern, O. (1944). *Theory of games and economic behavior*. Princeton University Press.

山祐嗣 (2021). 人間は論理的か──進化心理学と二重課程理論. 繁枡算男 (編著) 心理学理論バトル. 新躍社.

第6章 詐欺被害に関連する心理特性とネット詐欺

[萩野谷俊平]

1. はじめに

　詐欺という行動は，心理学では「説得」の一種と捉えることができます。説得は，その受け手に対して論拠を示して，（程度はともかく）納得させながら態度や行動を変化させようとするコミュニケーションであり，なかでも詐欺は人を騙して利益を得ようとする説得の一形態といえるでしょう。他の説得場面と同様に，詐欺が行われるときにも，説得的メッセージの発信者（犯人）と受け手（被害者）の間に直接・間接的な相互作用が見られることが多いため，その被害過程の解明と予防には心理学的なアプローチを活用できる可能性があります。

　説得の心理学的メカニズムについてはこれまでも多くの研究が発表され（e.g. Cialdini, 2001；Knowles & Linn, 2004），さまざまな場面における個々の説得過程が調べられています。こうした説得過程に着目した研究を援用することで，詐欺に対して有効な知識を得ることが期待できます（鈴木, 2010）。しかし，先行研究の多くは，説得のメカニズムについて部分的な知見を提供しているにすぎないという指摘もあり（Knowles & Linn, 2004），個別のメカニズムの検証と同時に，説得に関わる要素を包括的に把握することも必要といえるでしょう。

2. 説得されやすさと関連する心理特性

　近年，モディック（Modic et al., 2018）によって，説得されやすさと関連

する心理特性が包括的にまとめられています。彼らは，「事前熟慮の欠落」「一貫性欲求」「刺激希求」「セルフコントロール」「対人的影響」「独自性欲求」「リスク選好」「広告への態度」「認知欲求」の九つの特性について，説得されやすさとの関連を指摘しています。

　たとえば，「事前熟慮（将来の結果に関する熟慮）の欠落」は，ヒトが持つ衝動性の構成要素の一つであり（Whiteside & Lynam, 2001），詐欺被害の遭いやすさ（詐欺への迎合性：scam compliance）の重要な予測因子とされています（Modic & Lea, 2011）。「一貫性欲求」も，詐欺への迎合性に影響する因子として指摘されており（Fischer et al., 2009），説得に対する肯定的な反応を起こす特性の一つとされています（Cialdini, 2001）。「刺激希求」は，衝動的な行動に影響する要素であり（Whiteside et al., 2005），詐欺への迎合性にも関連する可能性が指摘されています（Modic & Lea, 2011）。

　「セルフコントロール」も，詐欺被害を予測する因子として指摘されている特性です（Holtfreter et al., 2008）。セルフコントロールを駆使する能力は，性別や所得といった因子を統制しても詐欺被害に関連することが示されており（Holtfreter et al., 2010；Schreck, 1999），セルフコントロール能力が低いと自己の感情の制御が難しく（Modic et al., 2018），詐欺的アプローチに対して不適切な判断をしやすくなる可能性が指摘されています（Langenderfer & Shimp, 2001）。「対人的影響」は，他者からの社会的な圧力の影響の受けやすさを示す指標であり，特に社会的場面で作用することが多くの研究で示されています（e.g. Bond et al., 2012）。

　「独自性欲求」は，消費者行動において詐欺への迎合性に影響する可能性が考えられる要因とされ，ある商品が独特で希少であると考えるとき，消費者はマーケティングの働きかけに対して，好意的に反応する可能性が高いことが示されています（Folkes et al., 1993；Kramer & Carroll, 2009；Suri et al., 2007）。

　「リスク選好」については，意思決定をする領域（婚外恋愛による倫理的リスクや，ギャンブルによる経済的リスクなど）によって性質が異なっており（Keinan & Bereby-Meyer, 2012），各領域のリスク選好の高さが，その領域に関連した手口で行われる詐欺への脆弱さと関連する可能性があります。さらに，「広告への態度」は詐欺への迎合性と関連する可能性が指摘されて

おり（Fischer et al., 2013），広告に対する消費者の態度を測定する心理尺度（Attitude Towards Advertising：ATA）も作成されています（Andrews, 1989；Bauer et al., 1968）。

「認知欲求」は，努力を要する認知活動を楽しむ内発的な傾向（Cacioppo & Petty, 1982）とされ，その高低によって，説得的なメッセージにより態度変容に至るルートが異なると仮定されます。たとえば認知欲求が高い場合は，説得的なメッセージの論拠がもっともらしい場合に，唱導方向への態度変容を示し，もっともらしくない場合に，唱導方向とは反対方向への態度変容を示す「中心的ルート」を示すとされます（Cacioppo et al., 1983, 1986）。その一方で，認知欲求が低い場合は，メッセージの内容とは関係のない周辺的な手がかり（送り手の専門性，メッセージが示す論拠の数など）の影響を受けて態度変容に至る，「周辺的ルート」を取りやすいと仮定されます。

上記のとおり，これらの心理特性については，いずれも説得されやすさとの関連が予想されます。もしそうであれば，これらの特性をまとめて測定する心理尺度を作成することで，説得されやすさを評価するツールとして活用できる可能性があります。実際に，モディックら（Modic et al., 2018）は，先行研究（Modic & Lea, 2013）が作成した「一貫性欲求」や「セルフコントロール」などの，四つの特性を測定する説得されやすさ尺度（Susceptibility-to-Persuasion scale：StP）を参考に，上記の九つの特性を詐欺への迎合性の測定尺度として再構成した，説得されやすさ尺度の改良版（StP-II）を開発しています。

StP-IIで測定される特性は，互いに独立の因子であることが確認されており，回答者の詐欺被害の経験との関連がネット詐欺について示されていることから（Modic et al., 2018），説得されやすさを多面的に評価すると同時に，詐欺への迎合性を評価する尺度としての妥当性が確認されています。

説得されやすさと関連する複数の心理特性を測定するこのアプローチは，詐欺事件で見られる多様な手口について，それぞれの被害過程を理解するうえで有効な可能性があります。そこで著者と共同研究者は，StP-IIを参考に日本人の説得されやすさに関連する心理特性を測定する尺度を開発しました。以下では，著者らが作成した日本語版説得されやすさ尺度（StP-II-JP）と，StP-II-JPで測定される心理特性について，各種ネット詐欺手口の被害経験と

の関連を調べた結果を紹介します。

3. 日本語版説得されやすさ尺度の作成

　著者らは，先行研究（Modic et al., 2018）が九つの尺度に含まれる19の下位尺度（138項目）からStP-IIを作成したことにならって，StP-IIの作成に使われたすべての下位尺度（表6-1）を翻訳して，StP-II-JPの初版として使用しました。

　StP-II-JPの初版について884名から回答を収集し，そのうち500名を尺度作成用のサンプルとして，各下位尺度の共通性，信頼性，因子負荷量の低い項目を除外しながら分析を繰り返す探索的因子分析を行った結果，10の下位尺度（45項目）で構成されるStP-II-JPが得られました（尺度の詳細は表6-2を参照）。次に，尺度作成のサンプルに用いなかった384名でStP-II-JPの確証的因子分析を行ったところ，因子負荷量の絶対値は.363～833となり（表6-2），作成された尺度について因子的妥当性が確認されました。

　下位尺度の構成をStP-IIと比較をすると，「一貫性欲求」「セルフコントロール」「対人的影響（規範的，情報的）」「広告への態度」については，StP-IIとおおむね一致する項目が採用されました。また，「セルフコントロール」や「認知欲求尺度」については，一部StP-IIと異なる項目が選択されましたが，これらはいずれも日本語版を作成した先行研究（尾崎ら，2016；神山・藤原，1991）で高い因子負荷量となったものであり，日本人においてある程度一貫した結果が示されたものと解釈されました。米国やインドのサンプルを用いて作成されたStP-IIと類似する結果となったこれらの特性については，多様な文化にまたがって説得されやすさの測定に利用できるものと言えそうです。

　また，StP-IIに含まれていた未来結果熟慮や独自性欲求―創造的選択が採用されなかった一方で，対人的影響―規範的についてはStP-IIよりも多くの項目が採用され，他にもStP-IIには含まれなかった独自性欲求―不人気な選択や，独自性欲求―類似性回避といった下位尺度が，StP-II-JPに採用されました。

　StP-II-JPに含まれたこれらの下位尺度は，いずれも他者との同一化を求め

表6-1　StP-II-JP の初版を構成する 9 尺度および 19 の下位尺度

下位尺度	項目の例
未来結果熟慮	将来の結果は後で対処できるので，今我慢する必要はないと思う
一貫性欲求	他人からは，筋が通った人だと言われたい
対人的影響―規範的	どのブランドや製品が他の人に良い印象を与えているのか知りたい
対人的影響―情報的	商品を買う前に，しばしば友人達や家族から商品についての情報を集める
刺激希求―新規性	遠く離れた知らない場所を旅行したい
刺激希求―強度	音楽は音量を大きくして聴きたい
セルフコントロール	場にそぐわないことを言ってしまう
広告への態度―経済的	いろいろな会社が広告を出すことで，品物が安く買えるようになる
広告への態度―社会的	広告は，しばしば人々が買うべきでないものを買うよう説得する
リスク選好―社会面	立派な職業よりも心から楽しいと思える職業を選ぶ
リスク選好―娯楽面	荒野でキャンプがしたい
リスク選好―健康面	社交の場で酒を大量に飲んでも気にしない
リスク選好―経済面	競馬で 1 レースに 1 日分の給料を賭けても問題ない
リスク選好―倫理面	既婚者の男性／女性と不倫をしてもかまわない
認知欲求	考えることは楽しくない
独自性欲求―創造的選択	しばしば，自分の持ち物を組み合わせて個性的なイメージを作ろうとする
独自性欲求―不人気な選択	何を買うべきか，所有するかについて，周囲の人達が持つルールをしばしば破ってきた
独自性欲求―類似性回避	みんなが買う商品やブランドをしばしば避けようとする
独自性欲求―独特な消費行動	自分独自のコレクションを持っている（ナイフ，切手，コインなど）

※未来結果熟慮（井上・有光，2008），セルフコントロール（尾崎ら，2016），および認知欲求（神山・藤原，1991）については先行研究の項目を引用し，他の下位尺度については邦訳とバックトランスレーションによる原版作成者のチェックを行った。

る（または避ける）傾向を異なる側面から測定するものです。日本人の特性として，他者や集団との関係性のなかで自己を捉える傾向が示されていることから（e.g. Markus & Kiriyama, 1991），対人的影響―規範的や，独自性欲求―不人気な選択といった因子は，日本人に対してより安定的に測定しやすい特性といえるのかもしれません。

　リスク選好の下位尺度については，経済面で StP-II と一致する項目が採用

第6章　詐欺被害に関連する心理特性とネット詐欺　　*107*

表 6-2　確証的因子分析（n = 384）の因子負荷量と項目の詳細

下位尺度	項目	因子負荷量
一貫性欲求		
NFC01	周囲の人から筋が通ったふるまいをしていると見られることは，私にとって重要だ	-.713
NFC02	他人からは，筋が通った人だと言われたい	-.556
NFC03	「言葉やふるまいに矛盾がない」という印象は，私にとって大切だ	-.663
NFC04	筋が通ったふるまいは，友人に求める大切な条件だ	-.662
NFC05	親しい友人には，筋が通った人間でいてほしい	-.705
NFC06	筋が通ったふるまいを，他人に見せようとする	-.481
セルフコントロール		
BSC01	悪いクセをやめられない	.596
BSC02	だらけてしまう	.531
BSC03	自分にとってよくないことでも，楽しければやってしまう	.557
BSC04	もっと自制心があればよいのにと思う	.552
BSC05	趣味や娯楽のせいで，やるべきことがそっちのけになることがある	.592
BSC06	よくないことと知りつつ，やめられない時がある	.638
対人的影響—規範的		
SIN01	私の購入する商品やブランドを他の人達が好きでいることは重要だ	.646
SIN02	商品を買うときは，たいてい他の人達に認められるブランドの物を買う	.624
SIN03	他の人達に私が商品を使う姿を見られるなら，しばしば彼らが期待するブランドの物を買う	.721
SIN04	他の人達と同じ商品やブランドを買うと，集団の一員になれたと感じられる	.673
SIN05	もし誰かのようになりたいなら，しばしば彼らが買うのと同じブランドの物を買おうとする	.613
SIN06	同じ商品やブランドを買うことで，しばしば他の人達との一体感を得る	.685
対人的影響—情報的		
SII01	よく知らない商品については，しばしばその商品について友人達にたずねる	.752
SII02	同じ種類の商品の中から一番よい物を選ぶために，しばしば他の人達に助言を求める	.711
SII03	商品を買う前に，しばしば友人達や家族から商品についての情報を集める	.622
リスク選好—娯楽面		
RTR01	遊園地に行くならジェットコースターなどの速い乗り物に乗りたい	.561
RTR02	高いところから下を見下ろす時のスリルが好きだ	.741
RTR03	春には満潮の時にラフティングをしたい	.392
RTR04	スカイダイビングのクラスを受講したい	.789
RTR05	高い橋の上から飛び降りるバンジージャンプがしたい	.833
RTR06	小型飛行機を操縦したい	.363
リスク選好—経済面		
RTF01	競馬で1レースに1日分の給料を賭けても問題ない	.643
RTF02	パチンコに1日分の給料を賭けてしまいそうだ	.466
RTF03	宝くじやスポーツくじに1日分の給料を賭ける自分が容易に想像できる	.682

広告への態度		
ATA01	広告は，世の中に欠かせないものだ	.664
ATA02	広告は，私たちの生活をより良いものにしてくれる	.755
ATA03	広告は，私たちにより良い商品を提供してくれる	.719
認知欲求		
NCG01	簡単な問題よりも複雑な問題の方が好きだ	.620
NCG02	深く考えなければ切り抜けられないような事態への対処に責任を負うのが好きだ	.489
NCG03(R)	考えることは楽しくない	.598
NCG04	一生懸命長時間考えることに満足感を見いだす	.536
NCG05	いろいろな問題の新しい解決方法を考えることは楽しい	.669
NCG06	あまり考えなくてもよい課題よりも，頭を使う困難な課題の方が好きだ	.767
独自性欲求—不人気な選択		
NUU01	どんな物を買って，それをどんな場面で使うかについて，私は習慣やルールを破ってきた	-.702
NUU02	何を買うべきか，所有するかについて，周囲の人達が持つルールをしばしば破ってきた	-.459
NUU03	私はしばしば，ある製品が，いつ，どのように適切に使われるかについて，自分の社会的なグループがもつルールに逆らってきた	-.507
独自性欲求—類似性回避		
NUA01	みんなが自分と同じ商品を使うようになると，それをあまり使わなくなる	.528
NUA02	みんなが買う商品やブランドをしばしば避けようとする	.760
NUA03	一般的に，みんなが普段買うような商品やブランドが嫌いだ	.597

※(R)は反転項目。因子負荷量は標準化係数。

NFC＝一貫性欲求，BSC＝セルフコントロール，SIN＝対人的影響—規範的，SII＝対人的影響—情報的，RTR＝リスク選好—娯楽面，RTF＝リスク選好—経済面，ATA＝広告への態度，NCG＝認知欲求，NUU＝独自性欲求—不人気な選択，NUA＝独自性欲求—類似性回避。

されましたが，StP-II に含まれた倫理面ではなく，娯楽面の下位尺度が採用されました。この結果から，日本人は，ギャンブルに大金を使うことや，スカイダイビングなどのスリルを感じる娯楽には一貫した態度を示しやすい一方で，倫理面で高リスクな行動については，項目によって回答傾向が異なることがわかりました。倫理面でのこの結果は，項目として税の申告，不貞行為，児童の保護責任の放棄といった内容が含まれていたため，リスクの高低というよりむしろ，倫理的に受け入れられるか否かという個人の信念の違いが回答傾向に影響した可能性が考えられます。

　StP-II に含まれていた刺激希求についても，StP-II-JP では新規性が採用されず，強度については一部の項目がリスク選好—娯楽面に統合されました

第6章　詐欺被害に関連する心理特性とネット詐欺　　*109*

（表6-2のRTR01, RTR02）。刺激希求では，項目ごとの得点分布が極端に低い（または高い）得点に偏るケースが含まれたため，日本人では項目間で回答傾向に一貫性が得られにくい可能性が考えられます。

4. 説得されやすさとネット詐欺被害の関連

　上記で述べたStP-II-JPは，分析で因子的妥当性が確認され，日本人においても説得されやすさに関連する複数の心理特性を測定することが可能になりました。それでは，StP-II-JPで測定される特性は，詐欺被害とも関連するのでしょうか。

　著者らは，StP-IIの結果とネット詐欺被害の関連を調べたモディック（Modic et al., 2018）を参考に，ネット詐欺の各種手口について，StP-II-JPで測定される心理特性との関連を調べています。ネット詐欺にはさまざまな手口が見られるため（情報処理推進機構，2023），まずはそれぞれの手口について，被害経験がある回答者と未経験の回答者の両方からデータを集める必要があります。そこで予備調査として，60,000名を対象として各種ネット詐欺手口の過去3年間の被害経験を尋ねました。

　ネット詐欺による被害には，「金銭的な損害を受けた」「クレジットカード情報やパスワードなどを盗まれた」「長時間悩まされて時間を浪費させられた」といったことが含まれます。手口ごとの回答（表6-3）を見ると，ネット詐欺被害に遭った割合は約1〜4％となり，特にショッピングやオークションでの詐欺被害が多く，次いでアカウント情報を盗まれてウェブサービスに不正ログインされるケースや，SNSアカウントを乗っ取られるケースが多い結果となりました。

　予備調査の対象者から，一つ以上の詐欺手口について被害経験を持つ2,874名と，いずれの手口にも被害経験のない2,060名の合計4,934名を抽出して，StP-II-JPへの回答を依頼する本調査を行いました。各ネット詐欺手口の被害と関連する心理特性を見出すため，StP-II-JPで測定される心理特性ごとの因子得点を説明変数として被害経験の有無を予測する，ロジスティック回帰分析を手口ごとに実施したところ，すべての手口で有意なモデルが作成されました（表6-4）。AUCが許容レベル（0.7-0.8）となったモデルは九

110　第Ⅱ部　詐欺脆弱性とその測定：ひっかかりやすさの心理学

表6-3　ネット詐欺への迎合性に関する回答の分布（n = 60,000）

	被害あり（%）
[オンラインショッピング／オークション詐欺] 代金を支払ったのに商品が送られてこない，商品を送ったのに代金を支払われない，偽物／違う商品が到着するなど。	2,501（4.2）
[インターネットバンキングやクレジットカード情報の盗難] コンピュータウイルスや，電子メール，SMS を使ったフィッシングによって，インターネットバンキングの認証情報やクレジットカード情報が盗まれるもの。	1,281（2.1）
[ランサムウェア] PC やスマートフォンについて，不正にロックされたスクリーンの解除や暗号化されたファイルの復元を口実に，金銭を要求されるもの。	804（1.3）
[ワンクリック（ゼロクリック）詐欺] アダルトサイトや出会い系サイトへのアクセス時に，アカウント登録料や動画／写真の代金を請求されるもの。	975（1.6）
[偽のウイルス対策ソフトウェア] 無料のセキュリティソフトやウイルスのスキャンを宣伝する電子メールやウェブページ。	908（1.5）
[有料 SNS／ウェブサイト] 金銭を受け取るため，有名人と話すためといった口実で，有料の SNS／ウェブサイトへの登録を要求されるもの。	790（1.3）
[架空請求] アダルトサイトまたは出会い系サイトへの登録料金を要求する電子メール。	895（1.5）
[宝くじ詐欺] オンラインの宝くじに当選したというメッセージ。	775（1.3）
[前払い金詐欺] 棚ぼた式の臨時収入（遺産相続や眠っていた銀行口座の受け取り，利子のないローンや投資）を持ちかける電子メール。	801（1.3）
[不正ログイン] 他のウェブサイトから漏洩した ID，パスワードを利用され，ウェブサービスに不正にログインされるもの。	1,551（2.6）
[ウェブサイトからの個人情報の盗難] ウェブサイトの脆弱性を利用して，登録されている個人情報（アドレス，氏名など）やクレジットカード情報が盗まれるもの。	1,199（2.0）
[SNS アカウントの乗っ取り] SNS アカウントを乗っ取られ，友人をタグ付けした広告などを投稿されるもの。	1,543（2.6）
[恋愛／友情詐欺] 見知らぬ人が交流を求めて連絡してくるもの。	859（1.4）
[マルチ商法（ねずみ講）] 初期投資なしですぐに儲かるビジネスのイベント・セミナーへの招待状。	1,020（1.7）

つあり，前払い金詐欺についてはさらに高い良レベル（0.8-0.9）となったことから（Hosmer et al., 2013），多くの手口について被害経験の有無とモデルに含まれる心理特性との関連が示されました。

表6-4から，心理特性ごとに関連するネット詐欺の手口は異なることがわかります。特性ごとの結果を見ると，たとえば「一貫性欲求」については，前払い金詐欺と強い関連が見られました。前払い金詐欺には，被害者に複数回にわたって送金をさせるケースがあり，最初の送金をした後に追加の送金を求められて応じてしまうといった行動には，「一貫性欲求」の高さが関係している可能性があります。

また「一貫性欲求」については，ヒトが一貫した態度を示そうとする傾向を利用して，小さな要求を承諾させた後で大きな要求を示す，ローボール・テクニックとの関連も指摘されており（Fischer et al., 2009），送金を繰り返すなかで，より大きな金額を要求する手口が利用されている可能性もあるでしょう。

「セルフコントロール」の低さについては，前述のとおり先行研究でも詐欺被害との関連が示されていますが，今回の分析でも前払い金詐欺やワンクリック詐欺との関連が見られ，こうした手口の詐欺に対して衝動的に支払い手続きをしてしまう可能性が考えられます。

リスク選好―経済面については，宝くじ詐欺や前払い金詐欺，マルチ商法との関連が見られました。これらの手口との標準偏回帰係数は負の値になっていることから，経済的リスクのあるギャンブルなどをせずに堅実な傾向を持つことが，突然受け取った手軽に大金が手に入るというメッセージに不適切な対処をすることと，関係するのかもしれません。

「広告への態度」については，前払い金詐欺や，無料ウィルス対策ソフトウェアといった手口と関連があり，広告に対する好意的な態度が，広告と同様にメッセージの内容やデザインを工夫して受け手に行動を起こさせようとする，ネット詐欺への脆弱さとも関連していることがうかがえます。

「認知欲求」は，前述のとおり，その高低が態度変容に至るルートに影響する因子です。このことを踏まえると，たとえば認知欲求と正の関連が見られた「恋愛/友情詐欺」については，被害者に対して恋人や友人のふりをする犯人のメッセージの論拠（お金が必要な理由など）がもっともらしい場合

112　第Ⅱ部　詐欺脆弱性とその測定：ひっかかりやすさの心理学

表 6-4　被害経験におけるロジスティック回帰分析の結果

被害に遭った ネット詐欺の手口	心理特性（標準偏回帰係数）										モデル指標	
	NFC	BSC	SIN	SII	RTR	RTF	ATA	NCG	NUU	NUA	R^2	AUC
ショッピング (n=2,380)	**0.46**	0.24	-0.10	-0.30	**0.40**	-0.14	0.31	-0.11	-0.38	-0.13	.07	.63 [.63 - .64]
ネットバンキング (n=969)	0.08	0.07	**-0.56**	-0.24	0.35	-0.20		**-0.65**	**-0.63**	**-0.55**	.15	**.70** [.69 - .71]
ランサムウェア (n=309)	0.24		0.33	**-0.62**	0.19	-0.12	**0.48**	0.34	0.27		.18	**.71** [.69 - .74]
ワンクリック (n=116)	**0.45**	**0.43**	-0.20		-0.23		0.30	0.34	0.10		.08	.65 [.63 - .67]
ウイルス対策 (n=86)	0.36		**0.72**	0.12	**-0.63**		**0.73**			-0.21	.20	**.73** [.71 - .75]
有料サイト (n=38)	**-0.46**	**-0.80**	**-0.62**	**-0.46**	**-0.50**	0.18	**-0.76**	0.35	**0.68**		.24	**.75** [.71 - .78]
架空請求 (n=92)		-0.31	-0.21	0.31	**0.63**	0.23	**0.45**	**-0.78**	**-0.46**	-0.36	.21	**.73** [.71 - .76]
宝くじ詐欺 (n=26)	**-0.65**	**-0.65**	**0.86**	**0.40**		**-0.57**			**0.90**	**0.58**	.26	**.76** [.72 - .80]
前払い金詐欺 (n=30)	**1.34**	**1.18**			**0.46**	**-0.68**	**1.82**	-0.26	**0.52**		.41	**.82** [.78 - .85]
不正ログイン (n=384)	0.14	-0.23	0.22	**0.53**		-0.38	**0.61**	0.17	-0.26		.14	**.71** [.70 - .72]
個人情報盗難 (n=207)	**-0.62**	0.38	0.27	-0.15	-0.27	-0.12	0.12	**-0.63**	0.27	-0.13	.18	**.72** [.71 - .74]
SNS乗っ取り (n=376)	0.11		-0.23	**0.41**	0.24	0.07	-0.30	-0.26		0.19	.13	.69 [.68 - .70]
恋愛／友情詐欺 (n=47)			0.21	-0.22	-0.25	-0.19	-0.24	**0.75**	0.29		.13	.67 [.64 - .70]
マルチ商法 (n=146)	0.14	**-0.40**	-0.25	0.31	**0.44**	**-0.43**		-0.11	0.28	0.25	.17	**.71** [.69 - .73]

※絶対値が .40 以上となった標準偏回帰係数を太字で示した。値が許容レベル（.70）以上となった AUC を太字で、良好レベル（.80）以上となった AUC をさらに下線で示した。R^2 = Nagelkerke's R^2. AUC = Area Under the Curve of Receiver Operating Characteristic. NFC = 一貫性欲求. BSC = セルフコントロール. SIN = 対人的影響 - 規範的. SII = 対人的影響 - 情報的. RTR = リスク選好 - 娯楽的. RTF = リスク選好 - 経済面. ATA = 広告への態度. NCG = 認知欲求. NUU = 独自性欲求 - 独自性選択. NUA = 独自性欲求 - 不人気な選択 - 類似性回避.

に，中心的ルートで被害に至る可能性が考えられます。また，「認知欲求」と負の相関が見られた「架空請求」や「ネットバンキング」については，メッセージの内容とは無関係の周辺的な手がかり（法律事務所や裁判所を騙る発信者，支払いやカード情報提供が必要な多数の理由を示すなど）で態度変容に至る周辺的ルートが，被害過程に影響している可能性が考えられます。

　このように，StP-II-JP が測定する心理特性とさまざまな詐欺手口の間に関連が示されましたが，詐欺における説得メカニズムの解明には，今後の研究が欠かせません。たとえば，各モデルに含まれる特性と標準偏回帰係数を見ると，「一貫性欲求」（11 モデル中 9 モデル）や，「広告への態度」（11 モデル中 8 モデル）のように，多くの手口と正の関連を示す特性もあれば，リスク選好―経済面（12 モデル中 9 モデル）のように負の関連を多く示すものも見られました。このことから，説得されやすさの特性と詐欺への迎合性の関係は，複雑な構造となっていることが予想されます。そのため，今後は本章で紹介したような基礎的な調査を参考にしながら，実験などの異なる方法論も用いて，個々の手口の説得メカニズムを検討していく必要があるでしょう。

　また，AUC が許容レベル未満となった手口には，ショッピングや SNS 乗っ取りといった被害率の高い手口も含まれていました。今回良好なモデルが構築されなかったこれらの手口については，固有の関連特性を見出す研究が有効な可能性があります。たとえば，出会い系サイトを利用した恋愛詐欺については，恋愛信念尺度（Sprecher & Metts, 1989）で測定される恋愛対象を理想化する傾向が関連特性として指摘されており（Buchanan & Whitty, 2014），この特性を恋愛/友情詐欺の説明変数として検討する価値があります。こうした個別の手口に着目した研究知見を応用して，詐欺への迎合性と関連する心理特性をより幅広く見出すことも，今後の研究で重要なテーマとなるでしょう。

5. 詐欺被害を予防するための潜在的被害者への介入

　ここまでに述べた成果から，日本人の説得されやすさに関わる心理特性を測定する StP-II-JP が作成され，尺度に含まれる特性が，ネット詐欺被害の有無とも関連することが示されました。StP-II-JP で測定される特性は，手口

114 第Ⅱ部　詐欺脆弱性とその測定：ひっかかりやすさの心理学

や犯罪の文脈に依存せず，詐欺への迎合性と心理特性の関係を捉える測定ツールとしての利用が期待できます。

　詐欺への迎合性を評価できる可能性が示された StP-II-JP については，まず将来の詐欺被害予防への応用が考えられます。たとえば，インターネット利用者の StP-II-JP への回答を説明変数として，その後の詐欺被害の有無を回帰モデルにより予測することで，利用者の詐欺被害リスクをフィードバックすることができます。

　詐欺事件については「自分だけは騙されない」と考えながら被害に遭ってしまうケースも多く，自身の被害リスクを過小評価することで，詐欺への警戒心が低下していた可能性も考えられます。そのため，StP-II-JP による将来のネット詐欺被害リスクの予測が可能となれば，被害予測のフィードバックを提供することで，リスクの高い回答者をより適切な自己評価へ導き，将来被害に遭うリスクを低減する効果が期待できます。しかし，こうした予防施策を実現するためには，これまでに検討されていない以下の点を調べる必要があります。

　まず，StP-II-JP は，過去 3 年間の詐欺への迎合性と心理特性の関連を見出したものであり，構築された回帰モデルについても，将来の被害リスクを予測するモデルとはいえません。また，詐欺への迎合性との関連が見出された心理特性には，個人内の因子得点が時間経過により変動するものもあるかもしれません。その場合，将来の詐欺被害を予測する回帰モデルについては，上記のモデルとは異なる特性が説明変数として選択されたり，回帰モデルの有効性が変化したりする可能性があります。

　そのため，将来の研究では，同じ参加者を対象に，StP-II-JP と詐欺への迎合性の調査を 1 年から数年の期間をおいて複数回調査することで，詐欺への迎合性と関連する心理特性の因子得点について，一定期間経過後にどの程度の一貫性を持つのか（再検査信頼性），将来のネット詐欺被害を予測するモデルが構築されるのか（予測的妥当性）を検証する必要があります。また，将来の被害リスク評価については，回答者の人口統計の要因についても予測に利用できる可能性があります。詐欺への迎合性については，たとえば年齢や性別といった属性が影響因子として指摘されており（Buchanan & Whitty, 2014；Modic & Lea, 2011），これらを説明変数に加えた被害リスク

評価も，有望なアプローチになるでしょう。

　説得されやすさと関連する心理特性については，不審なウェブサイトへのアクセスや，詐欺的な電子メールへの返信，SNS アカウントの乗っ取りを狙う友達申請の承認といった不適切な行動を，ユーザーに思いとどまらせるための警告メッセージに応用することで，被害を未然に防げる可能性もあります。モディックとアンダーソン（Modic & Anderson, 2014）は，先行研究が詐欺への迎合性との関連を指摘した心理特性（「権威効果」「社会的影響」「リスク選好」）を参考に，より高い説得効果が見込まれるマルウェアサイトの警告メッセージを作成して参加者に提示したところ，統制条件として用いた Google Chrome の既存の警告メッセージに比べて，メッセージの受け手が危険なサイトへのアクセスを継続する割合を低減できる可能性を示しています。

　この方法を StP-II-JP の成果に当てはめれば，たとえば，「インターネットバンキングやクレジットカード情報の盗難」について，認知欲求と負の関連が示されたことから，フィッシングサイトにアクセスした疑いのあるユーザーには，専門性の高い送り手が多くの論拠を示してアクセスを中断するよう促す，「周辺的ルート」のメッセージを提示することで，アクセスを継続する割合を低減できるかもしれません。

　StP-II-JP について得られた成果は，ネット詐欺以外の詐欺犯罪防止に応用できる可能性もあります。日本では，不特定多数の人々を対象として電話等を利用し，現金を詐取しようとする特殊詐欺が大きな問題となっており，その予防施策に警察，銀行，郵便局といった関係機関が取り組んでいます。特殊詐欺では高齢者が被害者となるケースが多く，各機関では，対策を行う時期に流行している詐欺手口（メッセージの典型的な内容など）を周知して注意を促すなど，特定の手口に特化した施策に取り組んでいます。

　しかし，詐欺は社会情勢やテクノロジーの発展にともない，次々と新たな手口が現れる犯罪であり，そうした手口の変化に依存しないアプローチが求められます。この観点から，説得されやすさに関連する特性を多面的に評価する StP-II-JP を活用して，特殊詐欺被害についても被害経験者に特有の心理特性や，将来の被害予防につながる知見を見出せる可能性があります。

　本章では，著者らが行った詐欺に関わる基礎的な研究を紹介しました。詐欺の心理学研究にはこれまで多くの研究者が取り組んでいますが，現状では

予防に貢献するために十分な研究が行われているとは言い難い状況です。今後も被害に至るプロセスの解明や，予防への示唆を提供する研究を積み重ねることで，詐欺被害の抑止に具体的に寄与する知見の提供を目指すことが重要です。

【引用文献】

Andrews, C. J. (1989). The dimensionality of beliefs toward advertising in general. *Journal of Advertising*, **18**, 26-35.

Bauer, R. A., Greyser, S. A., Kanter, D. L., Weilbacher, W. M., American Association of Advertising Agencies., & Harvard University (1968). *Advertising in America: The consumer view*. Division of Research, Graduate School of Business Administration, Harvard University.

Bond, R. M., Fariss, C. J., Jones, J. J., Kramer, A. I., Marlow, C., Settle, J. E., et al. (2012). A 61-million-person experiment in social influence and political mobilization. *Nature*, **489**, 295-298.

Buchanan, T., & Whitty, M. T. (2014). The online dating romance scam: Causes and consequences of victimhood. *Psychology, Crime & Law*, **20**, 261-283.

Cacioppo, J. T., & Petty, R. E. (1982). The need for cognition. *Journal of Personality and Social Psychology*, **42**, 116-131.

Cacioppo, J. T., Petty, R. E., Kao, C. F., & Rodriguez, R. (1986). Central and peripheral routes to persuasion: An individual difference perspective. *Journal of Personality and Social Psychology*, **42**, 116-131.

Cacioppo, J. T., Petty, R. E., & Morris, K. (1983). Effects of need for cognition on message evaluation, recall, and persuasion. *Journal of Personality and Social Psychology*, **45**, 805-818.

Cialdini, R. B. (2001). *Influence: Science and practice* (4th ed). Allyn and Bacon.

Fischer, P., Lea, S., & Evans, K. (2009). *The psychology of scams: Provoking and commiting errors of judgement*. Research for the Office of Fair Trading. Exeter, UK: University of Exeter.

Fischer, P., Lea, S. E. G., & Evans, K. M. (2013). Why do Individuals respond to fraudulent scam communication and lose money? The psychological determinants of scam compliance. *Journal of Applied Social Psychology*, **43**, 2060-2072.

Folkes, V. S., Martin, I. M., & Gupta, K. (1993). When to say when: Effects of supply on usage. *The Journal of Consumer Research*, **20**, 467-477.

Holtfreter, K., Reisig, M. D., Piquero, N. L., & Piquero, A. R. (2010). Low self-control and fraud: Offending, victimization and their overlap. *Criminal Justice and Behavior*, **37**, 188-203.

Holtfreter, K., Reisig, M. D., & Pratt, T. C. (2008). Low self-control, routine activities and, fraud victimization. *Criminology*, **46**, 189-220.

Hosmer, Jr. D. W., Lemeshow, S., & Sturdivant, R. X. (2013). *Applied logistic regression*. Wiley.

井上美沙・有光興記 (2008). 日本語版未来結果熟慮尺度の作成と信頼性・妥当性の検討. パーソナリティ研究, **16**, 256-258.

情報処理推進機構 (2023). 情報セキュリティ 10 大脅威 2023 Retrieved from. [https://www.ipa.go.jp/security/10threats/10threats2023.html] (2023 年 12 月 24 日閲覧)

神山貴弥・藤原武弘 (1991). 認知欲求尺度に関する基礎的研究 社会心理学研究, **6**, 184-192.

Keinan, R., & Bereby-Meyer, Y. (2012). Leaving it to chance: Passive risk taking in everyday life. *Judgment and Decision Making*, **7**, 705-715.

Knowles E. S., & Linn J. A. (2004). *Resistance and persuasion*. Lawrence Erlbaum Associates.

Kramer, T., & Carroll, R. (2009). The effect of incidental out-of-stock options on preferences. *Marketing Letters*, **20**, 197-208.

Longenderfer, J., & Shimp, T. A. (2001). Consumer vulnerability to scums, swindles, and fraud: A new theory of visceral influences on persuasion. *Psychology & Marketing*, **18**(7), 763-783.

Markus, H. R., & Kitayama, S. (1991). Culture and the self: Implications for cognition, emotion, and motivation. *Psychological Review*, **98**, 224.

Modic, D., & Anderson, R. (2014). Reading this may harm your computer: The psychology of malware warnings. *Computers in Human Behavior*, **41**, 71-79.

Modic, D., Anderson, R., & Palomäki, J. (2018). We will make you like our research: The development of a susceptibility-to-persuasion scale. *PLoS ONE*, **13**, 1-21.

Modic, D., & Lea, S. E. G. (2011). How neurotic are scam victims, really? The big five and internet scams. Conference of the International Confederation for the Advancement of Behavioral Economics and Economic Psychology, Exeter, UK. the Washington Singer Press.

Modic, D., & Lca, S. E. G. (2013). Scam compliance and the psychology of persuasion [pre-print]. Social Sciences Research Network. Retrieved from SSRN. [http://ssrn.com/abstr act = 2364464]

尾崎由佳・後藤崇志・小林麻衣・沓澤岳 (2016). セルフコントロール尺度短縮版の邦訳および信頼性・妥当性の検討. 心理学研究, **87**, 144-154.

Schreck, C. J. (1999). Criminal victimization and low self-control: An extension and test of a general theory of crime. *Justice Quarterly*, **16**, 633-654.

Sprecher, S., & Metts, S. (1989). Development of the 'romantic beliefs scale' and examination of the effects of gender and gender-role orientation. *Journal of Social and Personal Relationships*, **6**, 387-411.

Suri, R., Kohli, C., & Monroe, K. (2007). The effects of perceived scarcity on consumers' processing of price information. *Journal of the Academy of Marketing Science*, **35**, 89-

100.

鈴木護（2010）．振り込め詐欺の理解と予防に向けて．予防時報，**241**，8-14.

Whiteside, S. P., & Lynam, D. R. (2001). The five factor model and impulsivity: Using a structural model of personality to understand impulsivity. *Personality and Individual Differences*, **30**, 669-89.

Whiteside, S. P., Lynam, D. R., Miller, J. D., & Reynolds, S. K. (2005). Validation of the UPPS impulsive behaviour scale: A four-factor model of impulsivity. *European Journal of Personality*, **19**, 559-574.

COLUMN II

詐欺や悪質商法被害に対する
「リスキーな心理傾向チェックシート」の作成

[西田公昭]

　西田（2018）が示すように，詐欺被害者の心理過程が明らかになっていく一方で，被害に遭いやすい個人の特徴を明らかにする期待が生まれていました。先駆的には，西田（2009）が，さまざまな詐欺被害者の実例分析から，自己脆弱性の非認知，ストレス攻撃不耐性，非科学的思考性，虚栄心，権威の影響性，集団的合意の影響性，という6要因を取り上げ，それらの個人的なレベルを測定する25項目5件法の「詐欺被害にあう危険度チェック」を作成しました。しかしながら，詐欺を仕掛けられても，被害から免れた者と被害に遭ってしまった者との両方のデータ収集を得る機会が少なく，妥当性や信頼性について尺度構成の検討は，十分ではないままでした。

　そのような折に，消費者庁において，「若者の消費者被害の心理的要因からの分析に係る検討会」が立ち上げられました（消費者庁，2019）。消費者庁がこの問題に対して心理学的側面から分析するのは初めてであったし，特に大規模な質問紙調査を実施したことは画期的な活動であったといえます。

　具体的にはWEB調査により，「不審感を抱くような勧誘を受けた経験のある全国の18～29歳の若者」を，店外での勧誘，高額すぎる商品，偽装や告知なしの勧誘，説明不足での購入や契約，看板とは異なる商品や契約，不本意・不快な勧誘の，6項目のいずれかに該当した全国11,238名（男性26.5％，女性73.5％）の対象者の実態を収集しました。そのうち，勧誘に対してまったく対応せずに無視した者を除いた8,012名に対して，5件法（ほとんど当てはまらない＝1，あまり当てはまらない＝2，どちらともいえない＝3，やや当てはまる＝4，とても当てはまる＝5）で実施した，詐欺被害に遭いやすい心理傾向を測定する35項目に因子分析を行った結果，6因子を抽出しました。

　次に，各項目において，契約や購入をした群（N = 3,218）としなかった群（N = 4,794）との間で平均値の差を検定し，5％水準で有意となる項目であり，かつ因子負荷量が高い上位5項目を選びました。その結果，勧誘者への一般受容傾向（a = .749），権威性・希少性への被影響（a = .792），内的衝動の傾向（a = .668）という3因子構造の15項目が，「不審感を抱くような勧誘を受け

120　第Ⅱ部　詐欺脆弱性とその測定：ひっかかりやすさの心理学

表1　不審感を抱くような勧誘を受けて購入・契約しやすい心理傾向チェックシート

項　　目	分類の名称
拝まれるようにお願いされると弱い	勧誘者への一般受容傾向
おだてに乗りやすい	
自信たっぷりに言われると納得してしまう	
見かけの良い人だとつい信じてしまう	
素敵な異性からの誘いだと断れない	
マスコミで取り上げられた商品はすぐ試したくなる	権威性・希少性の被影響の傾向
好きな有名人が勧める商品は買いたくなってしまう	
新しいダイエット法や美容法にはすぐにとびつく	
専門家や肩書きがすごい人の意見には従ってしまう	
無料だったり返金保証があるならいろいろ試してみたい	
資格や能力アップにはお金を惜しまない	内的衝動の重視傾向
良いと思った募金にはすぐ応じている	
欲しいものは多少のリスクがあっても手に入れる	
どんな相手からの電話でも最後まで聞く	
試着や試飲をしたために，つい買ってしまったことがある	

て購入・契約しやすい心理傾向チェックシート」として採用されました（表1）。これらの3因子は，すなわち，勧誘者の不審さに気づかない傾向，勧誘話の不審さに気づかない傾向，自己制御不可能性の傾向とも解釈でき，消費者の被害心理過程における全側面をカバーしているため，今後も詐欺脆弱性の測定についての研究発展の基盤となると思われます。

　さらにこの研究では，15〜75点に分布するこれら15項目の合計点を「30点未満ゾーン」，それ以上を10点間隔で「60点以上ゾーン」まで5分割し，それぞれのゾーンに入っている人のうち，「購入・契約した人」と「購入・契約しなかった人」の割合を整理しました（図1）。その結果，この得点が60点以上のゾーンに入る若者は，不審感を抱くような勧誘を受けた場合，70％程度は購入・契約してしまう可能性があると予測できました。同様に，50点代のゾーンに入る若者であれば50％強，40点代では約40％，30点代では30％強の確率で購入・契約し，他方で，30点未満のゾーンに入る若者であっても20％強

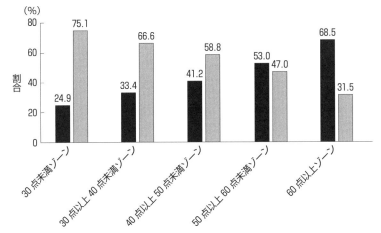

図1 リスキーな心理傾向と購入・契約の有無（点数ゾーンごとの分布）

が購入・契約してしまう可能性があることを示しました。

なお，消費者庁（2023）は，インターネット通販における表示内容と，それを見て購入・契約し，トラブルにつながる消費者の内面的傾向との間にある関係性を明らかにすることを目的にして，その利用者の成人 5,278 名に WEB 調査を実施しました。その結果，この心理傾向チェックシートの点数の高い者が，購入後の後悔，被害やトラブルに遭いやすい関係が見出され，この尺度の妥当性は，若者のみならず成人全体におけるネット利用者に確認できたとしています。

【文献】
西田公昭（2009）．だましの手口——知らないと損する心の法則．PHP 研究所
西田公昭（2018）．高齢者のなりすまし電話詐欺の被害心理．越智啓太（編著）　高齢者の犯罪心理学．誠信書房，pp.138-151．
消費者庁（2019）．若者の消費者被害の心理的要因からの分析に係る検討会報告書．消費者庁．[https://www.caa.go.jp/future/project/project_001/pdf/project_001_180831_0001.pdf]
消費者庁（2023）．インターネット通販における表示内容と消費者の心理的特性等に関する調査報告書．消費者庁．[https://www.caa.go.jp/policies/future/project/project_013/assets/future_caa_cms201_230919_02.pdf]

第Ⅲ部
特殊詐欺被害を防ぐための
心理学

第7章　世帯レベルでの対策の検討

第8章　社会的環境から詐欺被害を予防する

第9章　特殊詐欺対策における AI と生理心理学
　　　　の活用

第10章　特殊詐欺被害の機会を減らし，
　　　　社会的関わりを増やすことは
　　　　効果的か

COLUMN Ⅲ　高齢化と騙されやすさ

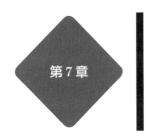

第7章 世帯レベルでの対策の検討

[讃井　知]

1. 被害を防ぐ情報・対策を効果的に届けるために

　現在，特殊詐欺に関する注意喚起のための情報発信や各種対策が，全国で積極的に行われています。特殊詐欺に関する情報はあらゆる媒体で発信されており，目にしない日はないのではないかと思うほどですし，被害を防ぐ対策は市民への注意喚起に加えて，防犯機能付き機器の利用促進，関連事業者による声掛け・通報の促進，ATM利用限度額の引き下げなど，多様な取り組みがとられています。

　では，今後はどのような対策の強化が望まれるのでしょうか。本章では，新しい対策を提案するのではなく，すでに実施されている取り組みを，より多くの人に実行してもらうというところに焦点を当てた考え方を紹介します。そのために必要なこととして，情報発信や教育的介入をする対象を絞って考えることの重要性について述べた後，世帯類型を絞った検討の例として，高齢夫婦のみ世帯の対策を扱った研究を紹介します。

(1) 喚起する行動と介入対象を絞った方策の必要性

　詐欺対策に関する情報発信内容を見ると，犯罪発生状況や犯罪の手口についての内容を，不特定多数に向けて発信しているものがほとんどです。しかし，効果的な対策を考えるためには，促そうとする行動や，その行動主体が置かれている実状への配慮が重要です。ビジネスの分野では，商品を買ってもらうために，消費者調査に基づいて消費者の属性に応じたPR戦略を立てます。そこでは，性別，年齢，居住地域等の個人属性や過去の購買履歴等の

行動から，興味関心を分析し，それに応じたターゲティング広告を出します
が，そのような考え方は犯罪を防ぐうえでも有益だと考えられます。

　特殊詐欺の被害を防ぐことを考えるとき，たとえば，世帯類型によって被
害化のリスクや，とりやすい対策は変わってきます。オレオレ詐欺は，子や
孫と同居している人とそうでない人では，騙される可能性は大きく異なるで
しょう。防犯機器の利用についても，独居で機械に苦手意識のある高齢者は，
興味があっても機器を使いこなすことはできないと考えて，購入に至らない
かもしれません。そうした場合には，機器の初期設定を行い，使い方を教え
てくれる身近な人が必要になるでしょう。

　世帯類型等の個人属性を考えることに加えて，心理的な受け止められ方を
考慮することも大切です。特殊詐欺の対策は多様であり，必要とする時間
的・経済的・身体的・精神的コストの内容や程度に違いが存在します。そう
したコストの見積もりの高さは，たとえ被害予防に対する関心がある人であ
ったとしても，実行を阻むものになるでしょう。防犯機能付き電話の購入は
経済的な支出が必要になりますし，それらの電子機器を使いこなせる自信が
なければ購入には至りません。常時留守番電話設定にしておくことは被害予
防に有効ではありますが，「すぐに電話に出なければ相手に失礼だ」という
気持ちが大きく，心理的障壁が高い場合には，なかなか設定されないでしょ
う。

　このように，世帯類型等の個人の置かれた状況，対策の内容によって考慮
すべき心理要因が異なります。これらのことを踏まえると，喚起する対策の
特性や想定する行動主体の実態を把握し，その特性を考慮した情報発信が効
果的であると考えられます。つまり，「どのような人に，どのような行動を
とってもらうのか」を明確にしたうえで，心理的障壁を取り払うような介入
を行うということです。

(2) 脆弱性のレベルを踏まえた多層的な対策

　加えて，効果的な対策を考えるためには，脆弱性の内容を整理して考える
ことが必要です。本書第Ⅱ部で紹介しているように，これまでの研究で，特
殊詐欺の被害に対する認知・心理的な脆弱性の存在が指摘されています。し
かし，詐欺に対する脆弱性は，そうした個人レベルのものだけでなく，対

表7-1 脆弱性の内容と対策の関係

		脆弱性の内容	対　策
脆弱性のレベル	個人	身体状況，認知・感情特性	意識改善，行動変容，防犯機能付き機器の活用
	対人・集団	コミュニケーションの様態，孤立状況	親密な関係間での危機意識の共有，相談しやすい関係性の構築，孤立の解消，社会的紐帯の強化
	社会	公的機関による対策やその周知の不足	意識改善のための注意喚起，行動変容のための教育的介入，防犯機能付き機器等の配布や購入補助，地域における共助の促進，対策についての情報発信

人・集団レベル，社会レベルでも存在します。たとえば，住民同士の結びつきが強い地域では，詐欺電話がかかってきた際に，本人に代わり近隣住民が詐欺を看破して，被害を未然に防ぐケースがあることが報告されていますが（讃井・雨宮，2020a），こうした地域のつながりがなく，孤立している人が多い地域は，集団レベルの脆弱性が高いといえるでしょう。また，自治体で防犯機能付きの機器の配布やその購入補助，脆弱性の高い個人への戸別訪問等の独自の特殊詐欺対策をしているところがあります。こうした対策制度の有無は，地域・社会レベルの脆弱性に関連してきます。

　表7-1は，特殊詐欺の脆弱性のレベルと各種対策の関係について整理したものです。これまでは，市民に向けた対策は，啓発物配布，防犯教室など，個人に対する介入が主となっています。しかし，個人の脆弱性が特に高い場合には，自助努力だけで被害を防ぐことは困難です。その場合は，他者の介入や環境の改善，制度設計といった，異なるレベルの対策でカバーすることが有効だと考えられます。詐欺被害を個人の問題として捉えるのではなく，脆弱性を多層的に捉えることによって，ほかのレベルの対策でカバーすることができます。実際に，「家族の絆でSTOP！　オレオレ詐欺」作戦として，子・孫世代からのアプローチが推進されていますし，金融機関等の関係事業者と連携した対策によって，多くの被害が未然に予防されています。すべてのレベルの脆弱性に対応する対策を充実させることが重要です。

　しかし，個人に焦点を当てた実証研究に比べて，対人・集団レベルの被害

第7章　世帯レベルでの対策の検討　*127*

防止のメカニズムを検討する研究や，地域・社会レベルでの対策の効果を実証的に明らかにする試みは行われていません。被害防止に役立っていると考えられるものの，それを支える科学的なエビデンスは不足しており，今後の研究が求められます。

2. 他者のサポートによる被害抑止

(1) サポートが期待される他者

　本章では，対人・集団レベルの対策に焦点を当てて，他者のサポートを活用した被害抑止を扱います。では，具体的に他者とは誰を指すのでしょうか。一口に他者といっても，サポートが期待される存在は多様です。特殊詐欺は私的空間で発生する犯罪であるため，属性やそのときの状況によって，実際にできることは異なってきます。

　表7-2は，被害を防ぐための介入として求められる行動と，それを担うことができる可能性がある他者について整理したものになります。これは正解があるものではなく，このようにするのが理想であるというものでもありません。考え方の一例を示したものなので，違う考え方もあるでしょう。ここで重要なことは，対策を検討する際に「いつ・誰が・どのような行動（サポート）を担うことができそうか」ということについて，具体的に考えるということです。

　同居家族であれば普段の日常生活のなかで話題にすることにより，自分たちの防犯意識を高めることや，対策の必要性に対する共通認識を培うことができるでしょう。また，詐欺電話等がかかってきた際には，その内容を共有することにより，看破の可能性が高まります。別居家族の場合は，普段からコミュニケーションをとることにより意識を高めることはできるかもしれませんが，詐欺電話等の加害者からのアクセスがあった際に直接的にサポートすることは，同居家族に比べて難しくなるでしょう。

　知人・友人の場合はどうでしょうか。普段の日常生活場面で意識を高めることには寄与するでしょうが，加害者からの電話やメールは，プライベートな内容と関連していることも多いため，その内容について一緒に考えることは難しいかもしれません。金融機関職員や郵便，宅配業者，コンビニエンス

128　第Ⅲ部　特殊詐欺被害を防ぐための心理学

表7-2　サポートとして求められる行動とそれを担うことが期待される他者

	サポートとして求められる行動	同居家族	別居家族	友人	地域住民	事業者	機器制御	公的機関
日常場面	日常的に詐欺について一緒に考える	○	○	○	○	△	—	△
	自分がとるべき対策について一緒に考える	○	○	△	△	△	—	△
詐欺電話等接触場面	怪しいと思う電話やメールがあったときに一緒に考える	○	△	△	—	—	—	—
	詐欺を疑っていない人に介入する	○	—	△	—	○	○	—
	詐欺じゃないと思い込んでいる人，他者のサポートを拒否する人の被害行動を阻止する	—	—	—	—	△	○	—
被害発生後	被害の回復	—	—	—	—	—	—	○

ストア等の関連事業者は，地域住民と顔見知りの場合以外は，日常場面における注意喚起等に直接的に関与するということは難しいと思われますが，なにより振り込み作業等の水際で介入することにより被害を防ぐことが期待でき，効果も出ています。しかし，対人的なサポートは拒否されることもあり，そのような場合には，振り込みを困難にする機器制御等の強制的な介入が期待されます。

　このように考えると，同居家族が期待される行動は多いことがわかります。実際，「家族の絆でSTOP！　オレオレ詐欺」作戦では，家族のコミュニケーションの重要性が強調されています。しかし，具体的にどのようなメカニズムで被害が防ぐことができるのかについての，科学的な検討は限られています。次節では，同居家族との関わりによって被害を防ぐプロセスに注目した二つの研究について紹介します。

第7章　世帯レベルでの対策の検討　*129*

3.　家族と地域で被害を防ぐ
：高齢夫婦のみ世帯へ注目した調査研究

　犯人からの詐欺の電話があったときに必要な行動は，電話を受けた人が，それを詐欺だと看破しているか否かにより，求められる行動が変わります。まったく詐欺であることに気づいていない，もしくは詐欺であるかの判断に迷いがある場合は，身近な人には一緒に考え看破してあげることが期待されるため，まずは電話を受けた本人がその事実を身近な他者に共有するということが必要です。一方，受けた電話が詐欺であると本人が気づいた場合は，その情報を警察や自治体といった公的機関に提供することで犯人検挙に寄与しますし，地域社会に情報共有されることによって地域社会の防犯意識が高まり，他者の被害を防ぐことにもつながるため，「被害に遭わずに済んでよかった」と終わらせるのではなく，そのような電話があった事実を家族以外の他者に情報提供することが求められます（図7-1）。

(1)　高齢夫婦と特殊詐欺

　今回は，世帯類型として特に積極的な対策行動の喚起が求められる，高齢夫婦のみ世帯に焦点を当てた研究を紹介します。特殊詐欺の被害抑止を考えるうえで，高齢夫婦のみ世帯はどのような位置づけになるのでしょうか。特殊詐欺被害における高齢者の割合は86.6％と高く，なかでも高齢女性の割合は全体の66.2％を占めます（警察庁，2023）。また，特殊詐欺の被害場面では，他者からの指摘を受けて看破して被害を防いだ人のうち，それを指摘してくれた人として，配偶者（37.8％）が第1位に挙げられています（警視庁，2018）。つまり，世帯単位の詐欺の看破を考えた場合，高齢夫婦のみ世帯では，特に妻の被害を防ぐために夫がサポートするということが，重要であると考えられます。

　また，地域への情報提供行動を考えたときにも，高齢夫婦のみ世帯の活躍が期待されます。高齢者のみ世帯に詐欺電話がかかってくるリスクは高いことに加え，夫婦のみ世帯は他の世帯類型に比べてボランティアや社会奉仕活動という向社会的な活動を行う割合や，親しくしている友人・仲間を持って

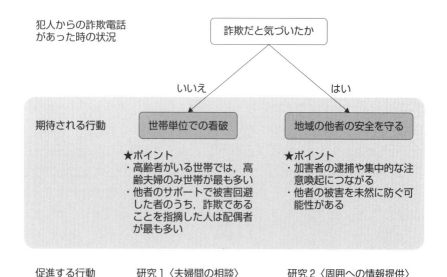

図7-1　高齢夫婦のみ世帯に期待される対策行動

いる割合，人と話をする程度が高い，といった特徴を持っています（内閣府，2019）。つまり，高齢夫婦のみ世帯は，被害リスクが高い一方で，情報提供行動という向社会的行動をとれる可能性が高い属性なのです。さらに，65歳以上の高齢者がいる世帯の世帯構成では，夫婦のみ世帯の割合が最も高いため（内閣府，2023），高齢者が狙われやすい詐欺の対策を考えるうえで，重要な属性であると考えられます。

(2) 研究1：夫婦間の相談を促進して家庭での看破を増やす

　詐欺電話がかかってきたときに，電話の受け手が身近な他者である家族に相談することは，詐欺の看破につながっていることが示されています（警視庁，2018）。しかし，そうした取り組みを支える理論的根拠は不足しています。詐欺電話を受けたときの家族への相談行動に影響を与える要因を明らかにし，犯罪予防行動の一つとしての相談行動を促進することが求められます。

　詐欺電話がかかってきたときの相談の文脈は，その電話の内容により異なると考えられます。「オレオレ詐欺」に代表される子どもや孫を語る電話では，お金がないから貸してほしいという文脈で電話がかかってきます。その場合

図 7-2　相談行動に関連する心理要因

は，子や孫の状況や，お金をどのように用意するか不安な状態になりますので，家族への相談は援助要請の文脈になります。

　一方で，還付金詐欺等の電話の場合は，「お金がもらえる」という文脈で電話がかかってきますので，その時点で困っているというのではなく，「こういうことがあったよ」という自分に起こったことをありのままに伝えるという自己開示の文脈になります。つまり，詐欺電話遭遇時の相談行動は，援助要請と自己開示という側面を持つものと考えられます。

①相談行動に関連する心理要因

　夫婦間で行う相談行動を，援助要請，自己開示の二つの側面で捉えた際に，相談行動に関する既存の心理学分野の研究知見をもとにすると，Ⓐ普段の夫婦関係，Ⓑ相手への信頼，Ⓒ詐欺脆弱性の認知が，相談行動に影響する可能性があります（図7-2）。

　「Ⓐ普段の夫婦関係」については，夫婦の関係満足度が，夫婦間の援助行動に影響することが指摘されていることから，相談行動を促すと考えられます。加えて夫婦の関係満足度は，普段のコミュニケーションの程度や，何かしらの問題が起きたときに，夫婦間で積極的に問題に向き合って夫婦内の積極的な対処をするか，それとも気晴らしをするといった消極的な対処をとるかという，問題対処方略によって影響を受けることも指摘されています。

　「Ⓑ相談相手への信頼」は，自己開示に影響するといわれていることから，相談行動を促すと考えられます。また，信頼は，愛情や親密さといった関係性とも関連していると言われており，夫婦の関係満足度とも密接な関係にあると考えられます。

　「Ⓒ詐欺脆弱性の認知」は，自分が被害に遭遇するかどうかについての，主観的な見積もりのことです。従来，注意喚起のための情報提供は，脆弱性の認知を高めるような犯罪発生状況や手口の周知が行われてきましたが，第Ⅱ部で紹介されているとおり，脆弱性の認知は犯罪予防行動を促進するとい

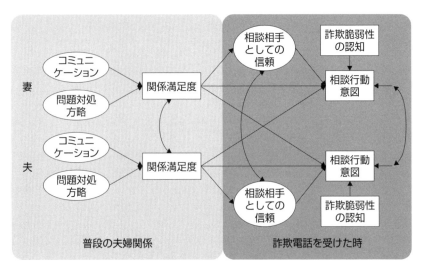

図 7-3 研究 1 の仮説モデル（讃井ら，2021 を著者一部改変）

うことがその背景にあります。

　ここまでの議論をもとに，本研究で検証する仮説をまとめると，図7-3となります。既存研究に基づき，相談行動を援助要請の文脈で捉えた場合，コミュニケーションや問題対処方略が関係満足度を媒介し，相談行動意図を促進すると考えられます。次に，相談行動を自己開示の一種と捉え，相談相手としての信頼が，相談行動意図に影響すると仮定します。さらに，詐欺脆弱性の認知が犯罪予防行動を促進する，というプロセスを仮定します。

　なお，夫婦関係の研究では，夫婦の関係満足度が，パートナーである相手の心理や行動に影響を与えることが明らかになっています。つまり，今回の場合は，たとえば夫の関係満足度が，妻の相談意図に影響する可能性があるということになります。夫婦のペア関係が特定できる場合には，行為者 − パートナー相互依存性モデル（Actor-Partner Interdependence Model：APIM, Kenny et al., 2006）を用いて，本人の心理要因の影響だけでなく，パートナーの要因が持つ影響力を検証することができます。

②調査の概要

　2019 年 12 月から 2020 年 1 月にかけて，都内の自治体と共同で調査を行いました。住民基本台帳を用いて，妻と夫の双方が 65〜75 歳の高齢夫婦の

みで居住する 1,488 世帯の男女 2,976 名を対象として，質問紙を郵送しました。1 世帯に対し 2 部（妻票・夫票）の質問紙，依頼状，謝礼品，返信用封筒を同封し，妻と夫それぞれに回答を求めました。回答後は 2 部の質問紙をまとめて返信用封筒に入れ，返送するように求めました。

その結果，921 世帯からの返送があり，妻票は 902 通，夫票は 894 通を回収しました（回収率は妻票が 60.8%，夫票が 60.2%）。そのうち，夫婦の回答がそろっていた 874 世帯合計 1,748 名を，分析の対象としました。

③結果と考察

仮説モデルを分析した結果が図 7-4 になります。妻側の結果を見ると，夫婦の関係満足度や脆弱性の認知は，直接的には相談行動意図に影響を与えておらず，関係満足度が相手に対する信頼を媒介して相談につながるというプロセスのみ，有意な結果となりました。

夫側の結果では，想定した要因間の関係はすべて有意な結果となり，夫婦の関係満足度や信頼，脆弱性の認知が，相談行動意図に影響を与える可能性があることが示唆されました。さらに，夫の関係満足度が，妻の相談行動意図に影響を与える効果も確認されました。これはつまり，夫が夫婦の関係性に満足していると，家庭内で相談しやすい雰囲気が作られるということを示していると考えられます。

加えて，妻・夫ともに，普段のコミュニケーションの程度や，夫婦内での問題解決を考える問題対処方略が，夫婦の関係満足度と有意に関連していました。

④研究 1 を踏まえた実務への含意

本研究は，普段の夫婦関係や信頼が，詐欺電話遭遇時の相談行動に影響するのかということを検討したものでした。前述したように，特殊詐欺の被害リスクは男性に比べて女性が高いことを踏まえて，ここでは特に妻の相談行動を促す方法について，本研究の結果をもとに対策を考えます。

まず，脆弱性の認知や夫婦の関係満足度が，相談行動に直接影響を与えていなかったため，従来型の被害の手口の周知や注意喚起といった，脆弱性の認知を高めるような介入だけでは相談行動を促すことはできず，さらに夫婦の関係が良好であったとしても，相談にはつながらない可能性があるといえます。一方で，関係満足度が相手に対する信頼を媒介して相談につながると

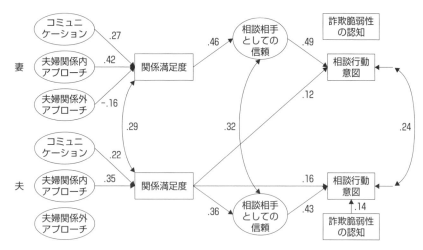

図 7-4　夫婦間の相談行動意図に関連する心理要因

(讃井ら，2021 を著者一部改変)

いうプロセスが確認されていることから，妻が詐欺被害の抑止の文脈で，夫を相談相手として認めていることが重要であるといえます。

　普段の夫婦関係に公的機関が何かしらの介入を行うことは難しいですが，詐欺電話を受けた場合の相談相手として，配偶者をどう認識するかについては，教育的介入によって変化することが可能だと考えられます。たとえば，夫婦を対象とする防犯教室で相談行動のリハーサルを行い，夫に相談することで解決するという行動プロセスを体験させ，詐欺電話を受けたときの有力な相談相手として，夫を認識するきっかけをつくることなどが考えられます。

　また，夫婦の関係満足度には，コミュニケーションや夫婦関係内での問題解決アプローチが影響していました。普段から夫婦間のコミュニケーションを促すような取り組みを行っておくことで，防犯の文脈にも波及効果が期待できるかもしれません。

(3)　研究 2：詐欺電話に関する情報提供を促進して地域の被害を抑止する

　特殊詐欺の抑止策の一つに，「騙されたふり作戦」に代表される情報提供行動があります。これは，詐欺と思われる事案に遭遇した場合にその事実を

警察に伝えることで，犯行に使われる口座の使用停止や犯人の検挙につなげる取り組みです。このように迅速な情報提供は，将来の詐欺被害の発生を抑制することにつながります。また，詐欺被害は，短期的に近距離圏で集中して発生する傾向があるため（大山・雨宮，2019），地域社会に迅速に情報が提供されることで，地域住民全体の将来の被害を防げる可能性があります。

　しかし，犯人からの接触があっても損失がない場合や，「たいしたことではない」と感じられた場合には，犯罪被害が申告されないことも指摘されており（法務省，2020），詐欺を看破し被害に至らなかった場合にも，情報提供してもらうためには工夫が求められます。

①情報提供行動に関連する心理要因

　本研究では，かかってきた電話を詐欺だと看破した際，その内容を警察や自治体といった公的機関や，地域社会へ情報提供するという行動の促進を考えます。今回のような被害に至っていない事案の情報提供は，自身のためではなく，他者の被害を防ぐための行動であるため，向社会的な動機が必要です。そこで，普段の地域との関わりや夫婦関係が，詐欺電話遭遇時の情報提供にどのように関係するのかについて検討するために，既存の情報提供や向社会的行動の研究知見をもとに仮説を立てました（図7-5）。

　仮説は，Ⓐ普段のまちづくりへの参加意識が情報提供意図を高めることを仮定する部分と，Ⓑ夫婦関係がまちづくりの参加意識を高めることを仮定する部分から構成されます。

　Ⓐについては，向社会的行動の促進要因として，普段の地域との関わりといったソーシャルキャピタルに関する要因が，既存研究で指摘されていることを踏まえています。統制変数は，情報提供の効果性とコストの認知を設定しています。これは，行動から予測される効果やコストの見積もりが行動意図に影響するという，社会心理学分野の知見に基づきます。さらに，普段からまちづくりへの参加をしている人は，自身が及ぼす社会への効果を認識する機会があるため，情報提供行動の効果性を認知しやすいことも仮定しました。

　Ⓑについては，身近な他者との関係性が，個人の意識や行動に影響を及ぼすという既往研究に基づきます。夫婦関係はコミュニケーションや共行動の程度によって規定されるため，本研究では夫婦間のコミュニケーションと共

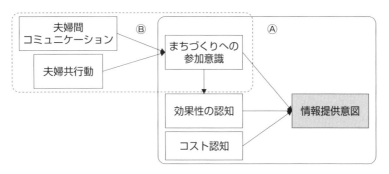

図 7-5　研究 2 の仮説モデル（讃井ら，2020 を著者一部改変）

行動の多さが，まちづくりへの参加意識に影響することを仮定しました。これらの仮説をもとに，警察，行政，地縁組織（町内会やサークルなど），近隣住民（近所の人，友人など）の，情報提供が期待される対象ごとにモデルを作成し分析を行います。

　分析にあたっては，今回の調査データは夫婦のみ世帯を対象に，夫婦両方の回答を求めているため（研究 1 と同時に収集），得られるデータは，個人レベルと世帯レベルという階層性を持っています。階層性のあるデータは，世帯内（夫婦）の回答が似る可能性があり，この類似性を無視して分析を行うと解釈に誤りが生じる可能性が高くなります。そのため，今回は夫婦の回答の類似性を評価したうえで，似ている場合には個人レベルと世帯レベルの効果を分けて解釈する，マルチレベル分析を用います。

　②結果と考察

　まず，夫婦の回答の類似性の評価を行ったところ，すべて統計的に有意であり，夫婦の回答は似ているということがわかりました。仮説をマルチレベル分析で検証した結果が，図 7-6 になります。今回は高齢夫婦のみ世帯の対策を考えるということで，世帯レベルの結果を解釈します。

　まちづくりへの参加意識が高い夫婦は，行政，地縁組織，近隣住民といった，地域社会への情報提供を行うということがわかりました。一方で，警察に対する情報提供とは，有意に関連していませんでした。これは，警察は，市民とともにまちづくり全般を一緒に行う主体ではないため，「まちづくりへの参加意識」の影響は見られなかったのだと考えられます。

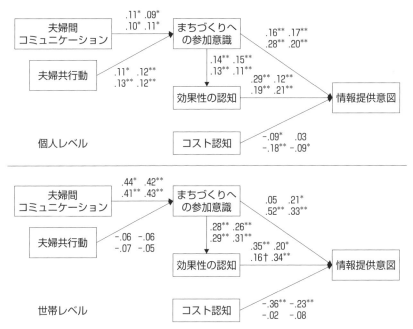

図 7-6　情報提供行動意図に関連する心理要因

(讃井ら，2020 を著者一部改変)

　統制変数については，情報提供の効果を高く認識しているとすべての対象に情報提供を行うということ，情報提供のコスト（手間）を高く認識していると，特に警察や行政といった公的機関への情報提供は控えられる傾向にあるということがわかりました。さらに，まちづくりへの参加意識は，情報提供の効果性の認知にも関係していました。これらからは，夫婦レベルのまちづくりへの参加意識は，詐欺に関する情報提供行動を促進するうえで重要な要因であると考えられます。

　普段の夫婦関係とまちづくりの参加意識の関係について見ると，普段の夫婦間のコミュニケーションの程度が関連しているということがわかりました。コミュニケーションは夫婦の共通認識を作るといわれています。社会心理学

の分野では，「共有現実（shared reality）」という言葉で表現されますが（Higgins, 2019），このように他者と共有する現実感は，さまざまな行動の動機づけになることが指摘されています。現在の高齢世帯の夫は妻に比べて，働いているときに地域と関わる機会が少なく，退職後も地域との関係を深めることが難しい傾向にあることが指摘されていますが，たとえ自分はあまり地域に関わっていない人であっても，夫婦のコミュニケーションによって，まちとのつながりを意識することになり，地域社会への向社会的な行動に影響する可能性があることが示唆されました。

③研究2を踏まえた実務への含意

　本研究の結果からは，地域社会への情報提供には，普段からまちづくりへの参加意識を高めておくこと，警察への情報提供には，情報提供の効果性の認知やコスト認知を高めることが重要であると示唆されました。これらをもとに具体的な対策を考えると，犯罪予防の文脈では，詐欺被害の抑止における情報提供の効果性の認知を高め，コスト（手間）認知を下げるような広報活動が考えられます。まちづくりへの参加意識を高めるためには，防犯に関する部署だけでなく，都市計画や，福祉，生涯学習に関する部局等との連携による市民参加の促進も，有益であると考えられます。

　また，まちづくりへの参加意識には，夫婦のコミュニケーションの程度が関連していることが示されました。夫婦の家庭でのコミュニケーションはプライベートなものであるため，公的機関が直接介入することは難しいですが，たとえば，夫婦単位での参加を促す地域イベントの開催や，夫婦で自分たちの生活のことについて考える場の提供等を行うことは，夫婦間のコミュニケーションのきっかけとなることから，有効であると考えられます。これらの企画は，必ずしも詐欺の予防の内容を扱う必要はないため，これまで防犯やまちづくりに関心の低かった個人の参加も，期待することができます。

4. 本章のまとめ

　本章ではまず，特殊詐欺の被害を防ぐ情報や対策を市民に効果的に届けるために，介入しようとする対象や置かれた状況を理解し，配慮するという考え方について述べました。さらに，個人の脆弱性が高い場合には，自助努力

だけで被害を防ぐことは難しいですが，他者のサポートによる集団レベル，社会レベルの対策で，カバーすることができる可能性もあります。介入しようとする対象の世帯類型や，脆弱性の程度や内容（レベル）の違いは，対策の実行可能性や効果，動機づけに関わってきます。それらを踏まえて，どのような対策を喚起するのがよいのかを考えることが重要です。

　後半では，夫婦のみ世帯に焦点を絞って検討した二つの研究を紹介しました。これらからは，詐欺電話遭遇時の相談相手としての信頼や，詐欺電話についての情報提供の効果性やコストの認知といった詐欺対策の文脈の要因に加え，普段の夫婦のコミュニケーションや関係満足度，まちづくりへの参加といった詐欺対策以外の「普段」の要因の両方の重要性が示されました。これは，防犯に関する文脈以外の介入であっても，犯罪予防にも寄与する可能性があるということを示しています。

　詐欺対策への関心は人によって異なりますし，日常のなかで常に詐欺対策のことを考えていられるわけでもありません。夫婦関係やまちづくりといった，一見すると詐欺対策とは関係しないように感じられる分野での介入も活用していくことで，無関心層へのアプローチや，いざというときに有効な防犯に資する行動習慣の定着が可能になるでしょう。

【引用文献】

Higgins, E. T. (2019). Shared reality: What makes us strong and tears us apart shared-reality theory. *Handbook of Theories of Social Psychology, 2*, 180-199.

法務省（2020）．第5回犯罪被害実態（案）調査──安全・安心な社会づくりのための基礎調査.

警視庁（2018）．特殊詐欺被害防止対策に関する調査分析報告書.

警察庁（2023）．令和4年度における特殊詐欺認知・検挙状況等について（確定値版）.

Kenny, D. A., Kashy, D. A., & Cook, W. L. (2006). *Dyadic data analysis*. Guilford Press.

内閣府（2019）．平成30年度 高齢者の住宅と生活環境に関する調査結果（全体版）.

内閣府（2023）．令和5年版高齢社会白書（全体版）.

大山智也・雨宮護（2019）．「ATMにおける還付金等詐欺の発生予測」，都市計画論文集，**54** (3), 780-787.

讃井知・雨宮護（2020a）．高齢者の犯罪被害を防ぐ共助を促進する情報の活用方策──住民に対するニーズ調査の結果と展望．犯罪心理学研究，**57**，186-187.

讃井知・雨宮護（2020b）．特殊詐欺抑止のための情報提供行動の促進──平時の地域および夫婦の関わりに焦点をあてて．都市計画論文集，**55** (3), 858-863.

讃井知・島田貴仁・雨宮護（2021）．詐欺電話接触時の夫婦間における相談行動意図の規定因．心理学研究，**92**（3），167-177.

第8章 社会的環境から詐欺被害を予防する

[原田知佳]

　特殊詐欺は，人の社会性を巧みに悪用し，コストをかけずに実行することができます。コストがかからないので次から次へと多様な詐欺手口が生まれ，人のポジティブな側面である社会性が悪用されるがゆえに，その被害は止まる気配すら見えません。こうした甚大な被害をもたらす特殊詐欺の問題は，加害者側への介入だけでは限界があるがゆえに，潜在的な被害者への働きかけも重要となってきます。第Ⅱ部では，楽観バイアス，詐欺脆弱性，説得されやすさといった，個人特性が詐欺被害のリスク要因となり得ることが紹介されました。ここでは，社会的孤立や孤独といった社会的環境と関わりのあるリスク要因や，ATM 前に設置した特殊詐欺被害防止のための錯視シートの効果検証に焦点を当てて，社会的環境から特殊詐欺を防ぐために何ができるかを考えていきます。

1. 高齢者の詐欺被害に影響を与える七つの要因

　詐欺被害は，日本だけでなく全世界的にも問題となっています。ただし，被害の遭いやすさを含めた心理プロセスについては未解明な点も多いことが指摘されています（Hanoch & Wood, 2021）。とりわけ，高齢者は詐欺の標的になりやすく（e.g. Burnes et al., 2017），日本においても特殊詐欺被害者の 86.6％が 65 歳以上の高齢者です（警察庁，2023）。

　では，高齢者の詐欺被害には，どういったリスク要因が関わっているのでしょうか。シャオ（Shao et al., 2019b）は，高齢者の詐欺被害に影響を与える要因を概観し，①認知機能の低下，②感情制御と動機づけの変化，③過度

の信頼，④心理的脆弱性，⑤社会的孤立，⑥リスクテイク，⑦詐欺防止に関する知識や情報の不足といった，七つを主要な要因として挙げています。

日本人を対象とした研究においても，軽度の認知機能低下（①）が，詐欺脆弱性の高さと関連することが報告されています（Ueno et al., 2021）。詐欺を見破るためには，現在の状況や情報を的確に理解・把握し，虚偽を察知して，状況から逃れるための戦略を立てたり，適切に判断したりすることが求められます。最近の特殊詐欺はとても巧妙であるため，詐欺行為の見極めや判断は年齢に関係なく非常に難しいものですが，加齢にともなって記憶力・思考力・理解力・判断力などの認知機能が低下していくと，その見極めはさらに難しくなります。そのため，軽度の認知機能低下は安易な判断に結びつきやすく，詐欺被害に遭うリスクを高めます。ただし，中程度から重度の認知機能低下は，詐欺内容の理解自体が困難となるため，詐欺脆弱性との関連は示されないようです。

人は人生の残り時間が少なくなると，情動的に満足できるような目標や活動に従事するよう動機づけられます。こうした動機づけの変化に付随して，高齢者は，感情的にネガティブな情報よりもポジティブな情報により注意を向け，記憶し，ネガティブな情報はポジティブな情報よりも深く処理しないことが報告されています（Carstensen, 2006）。高齢者における感情制御と動機づけの変化（②）は，認知的・身体的に衰え，ネガティブな経験が増えても，幸せに生きることができるように適応的な機能を果たしています。その一方で，ポジティブ情報への優先的な関心，ネガティブ情報の浅い処理は，質の低い意思決定につながるため，詐欺に対する脆弱性にもなり得ます。

日本人を対象とした研究でも，「うまい話に興味がある」「相手の話を怪しいと思っても良い方向に考える」「自分だけ褒められたり，特別な待遇を受けると嬉しくなる」など，ポジティブ情報への注目しやすさに関わる項目に自分がどれくらい当てはまるかを回答させた得点は，詐欺脆弱性（特殊詐欺シナリオ課題での行動選択で測定される。第Ⅱ部第4，5章も参照のこと）が高い人のほうが得点が高い，すなわち，ポジティブ情報への注目しやすさが，詐欺被害のリスクにつながる可能性が確認されています（澁谷，2020）。

他者への信頼は，加齢とともに上昇します（Putnam, 2000）。高齢者は若い人たちよりも他者を信頼し，一般的に見知らぬ人に対しても過度に信頼す

る傾向があります（Poulin & Haase, 2015）。神経画像研究からも，信頼に関わる脳の神経基盤には年齢差があることが報告されており，若年成人は信頼できない手がかりを持つ顔に前部島皮質のより強い活性化が示されるのに対して，高齢者は信頼できない顔を見ても前部島皮質の活性化はほとんど見られません（Castle et al., 2012）。島皮質の活性は，予想されるリスクを踏まえて，リスク回避行動につながる直観の基礎となる働きがあるとされており，高齢者における島皮質の不活化は信頼できない手がかりに対する直観的反応が低下していることを意味します。こうした他者に対する過度の信頼（③）は，詐欺被害に遭うリスクを高めると考えられます。

　④心理的脆弱性と，⑥リスクテイクについては，第Ⅱ部で紹介された詐欺脆弱性や，説得されやすさに含まれるリスク選好と重複している部分があります。ただし，心理的脆弱性としてシャオらがより強調して紹介していたのは，うつ病と社会的欲求の充足度の低さの組み合わせです。社会的欲求の充足度とは，愛情（他者からのサポートがあるか，愛されているかなど），行動確認（他の人の役に立っているか，他者から自分の役割が評価されているか，信頼されているか），社会的地位（影響力，業績など）が満たされていることを意味します。米国で行われた4年間の大規模縦断データを用いた研究では，うつ病と社会的欲求の充足度の低さの組み合わせを持つ人は，詐欺の被害者になる可能性が2倍になることを報告しています（Lichtenberg et al., 2016）。また，リスクテイクに関しては，高齢者は予想される損失に対する負の感情を抱きにくいことが神経画像研究で報告されており（Samanez-Larkin et al., 2007），詐欺被害を含めたリスクの高い意思決定につながる可能性が指摘されています。

　⑤社会的孤立（social isolation）とは，「家族や友人，地域コミュニティなど，他者との交流がほとんどない客観的な状態」を指すことが多く，「親密さや社会的な欲求が満たされていないことに関連する，望ましくない主観的体験」として定義される孤独（loneliness）とは，区別されることが多いです（Courtin & Knapp, 2017）。一人暮らしの高齢者は，家族からの監視の目がないため，詐欺犯に狙われやすくなります。実際に，日本においても，特殊詐欺被害に遭った高齢者は，詐欺に遭ったことのない高齢者と比べて，一人暮らしで外出の頻度が少ない女性の割合が高いこと（Ueno et al., 2022），特

殊詐欺被害者と詐欺を見破った看破者とを比較すると，単身世帯のリスクが高く（島田，2019），自宅外活動の少なさ，離死別・未婚，離れた親族との交流の少なさが，詐欺被害のリスク要因となり得ること（斎藤・山根，2021）が報告されています。

　最後に，⑦詐欺防止に関する知識や情報の不足についてです。シャオらは，高齢者が詐欺に遭いやすいのは，詐欺に対する意識が低い結果，金融知識や情報リテラシーを含めた詐欺知識が不足しており，情報を効果的に選別できないことに起因すると指摘しています。日本では，金融知識や情報リテラシーに関する影響を詳細に調べた研究はまだありませんが，詐欺手口の知識や，詐欺手口の知識を人に説明できるほど知っていたか否かという点について，いずれも詐欺被害者より看破者の方が知識を持っていることが報告されています（上野ら，2023）。

2. 詐欺被害者と看破者を切り分ける要因は何か

　先に紹介した高齢者の詐欺被害に影響を与える七つの要因のうち，③過度の信頼，⑤社会的孤立に関しては，日本人を対象とした研究が十分ではありませんでした。前者については，不特定の他者一般に対する一般的信頼には，文化差があることが指摘されており，日本人は米国人や中国人と比べて，一般的信頼が低いことが報告されています（Yamagishi, 1988；林，2021）。こうした文化差がある他者への信頼は，日本人でも同じく詐欺被害の要因となりうるのでしょうか。

　また，後者については，近年，社会的孤立と孤独に同時に着目し，両者の差異について議論する研究が増えてきています（Courtin & Knapp, 2017）。社会的孤立と孤独は関連はあるものの，社会的に孤立していても孤独を感じていない人もいるなど，両概念は部分的にしか重ならないことが報告されています（Tilvis et al., 2012）。人は孤独を感じると，他者と接触したいという欲求が強まったり，他者を好意的に評価したりなど，社会的なつながりを再構築しようと動機づけられます（Maner et al., 2007）。また，他者の信頼性判断には孤独が影響する可能性が報告されており，孤独を感じる状況では，一般的信頼の個人差の影響（一般的信頼が高い個人は低い個人よりも，多く

相手に金額を提供する）が消失し，信頼ゲーム[*1]において，持ち分の半額を相手に提供するよう動機づけられる可能性があること，女性は孤独を感じる状況で提供金額が増えることが報告されています（原田，2017）。

　日本人を対象とした研究では，居住形態（島田，2019；Ueno et al., 2022）や，自宅外活動の多寡，親族以外との交流頻度（斎藤・山根，2021）といった，客観的指標を用いた社会的孤立の観点からしか検討がなされていませんでしたが，原田（2017）の結果も踏まえると，客観的な指標とともに，孤独といった主観的な感情も同時に測定する必要があると考えられます。社会的孤立と孤独，どちらがより詐欺被害のリスク要因となりうるのでしょうか。

　こうした問いに答えるべく，著者ら（原田，2022；土屋・原田，2021；原田・土屋，under review）では，2020（令和2）年度の愛知県で生起した特殊詐欺のうち，看破者からの被害報告が多かったオレオレ詐欺に焦点を当て，オレオレ詐欺被害者65名と看破者71名を対象に，被害者と看破者を切り分ける要因を検証しています。表8-1に測定内容の詳細を記しますが，一般的信頼，社会的孤立，孤独感に加えて，詐欺手口の認知度を測定しています。

3. 他者への信頼，孤独，そして地域の行事や会合に行く人の多寡

　ロジスティック回帰分析（複数の要因から，看破者0・被害者1といった2値の結果が生起する確率を予測する分析）の結果（表8-2）からは，一般的信頼が低いほど，また孤独感が低いほど，さらに居住地域で行事や会合に行く人が多いほど，看破者になる確率が上がることが確認されました。

　まず，他国と比べて一般的な他者への信頼が低い日本においても，一般的信頼が詐欺被害のリスクを高めることが確認されました。一般的信頼は社会関係資本[*2]の指標として扱われることもあり，他者との協力行動を促進したり（Putnam, 2000），幸福などの適応指標とも関連する，ポジティブな心

---

*1　自分が相手に提供した金額を，相手が独り占めするか，平等に自分と分配してくれるかわからない状況で，相手にいくらお金を提供するかを調べるゲーム。相手への提供金額が，相手をどれだけ信頼するのかという指標として捉えることができる。

*2　人々の関係性やつながりを資源として捉える概念。

146　第Ⅲ部　特殊詐欺被害を防ぐための心理学

表8-1　測定内容の詳細

測定変数	内　　容
一般的信頼	高木ら（2010）をもとに，「私は人を信頼する」「ほとんどの人は信頼できる」「人は基本的に善良で親切である」の3項目について，自分にどれくらい当てはまるかを5件法で尋ねた。得点が高いほど，一般的信頼感が高いことを意味する。
社会的孤立	居住地域でのパーソナル・ネットワークを測定する項目として，高木ら（2010）をもとに，同じ町内の付き合いのある人で，「挨拶や立ち話をする人」「行事や会合へ一緒に行く人」「手助けや手伝いをしてくれる人」がそれぞれ何人くらいいるかを5件法（0人，1－2人，3－4人，5－9人，10人以上）で尋ねた。
孤独感	UCLA孤独感尺度第3版短縮版（豊島・佐藤，2013）をもとに，「他人から孤立している」「自分を理解してくれる人がいる（逆転項目）」「人と親密だ（逆転項目）」「友人はいるが心は通じていない」の4項目について，自分にどれくらい当てはまるかを4件法で尋ねた。得点が高いほど孤独を感じていることを意味する。
詐欺手口の認知	息子などをかたり現金を手渡しさせる手口（オレオレ詐欺），キャッシュカードを新しいものに交換すると言い手渡しさせる手口（カード交換），キャッシュカードを保管するようにと封筒に入れさせ隙を見て別の封筒とすり替える手口（カード保管），有料サイト未納料金等の名目として電子マネーの購入やコンビニ決済をさせる手口（未納決済），訴訟関係費用を名目としたはがきや封筒が届き現金を送付させる手口（訴訟費用），役所をかたり還付金があるなどと言ってATMで振込操作をさせる手口（還付金）の6つの手口について，「1．知っていた」「2．知らなかった」の2択で尋ねた。

理変数でもあります（Poulin & Haase, 2015）。

　近年では詐欺被害者が，身内から責められたり，見捨てられると思い込んだりなど，自責や苦悩を抱えて自殺をしてしまうケースもたびたび報告されています（e.g. 産経新聞，2015）。詐欺は，社会関係資本を支える重要な心理的基盤に付け込んだ極めて悪質なものであり（永峯ら，2009），社会的に孤立する高齢者のわずかに残された身内との関係も断ち切ってしまうがゆえに，被害者の心理的ダメージの大きさと結びついてしまうのかもしれません。ただし，一般的信頼（trust）よりも軽信性（credulity）[*3]が問題であることを

＊3　合理的な証拠がない場合でも，誰かや何かを信じようとする傾向のこと。

第8章　社会的環境から詐欺被害を予防する　　*147*

表8-2　ロジスティック回帰分析結果

変数名	被害者1・看破者0 オッズ比	95% 下限	95% 上限	VIF	*M*	*SD*
年齢	1.03	0.96	1.10	1.28	77.41	8.04
性別（男性1・女性2）	3.94*	1.19	13.00	1.22	—	—
手口認知：オレオレ	8.11+	0.97	67.93	1.15	1.07	0.25
手口認知：カード交換	0.26	0.05	1.33	1.70	1.28	0.45
手口認知：カード保管	2.57	0.58	11.33	1.86	1.33	0.47
手口認知：未納決済	0.22*	0.05	0.92	1.78	1.49	0.50
手口認知：訴訟費用	27.57**	4.06	187.40	1.43	1.28	0.45
手口認知：還付金	4.53	0.58	35.67	1.40	1.14	0.35
一般的信頼	1.35*	1.03	1.77	1.17	4.11	0.99
PN：挨拶・立ち話をする人	1.12	0.53	2.37	2.49	2.94	1.14
PN：行事会合に行く人	0.39*	0.17	0.92	2.01	2.29	1.09
PN：手助け・手伝い	2.03	0.76	5.40	2.14	2.23	0.99
孤独感	1.44*	1.05	1.97	1.45	1.92	0.56
R^2	.30**					

$** p < .01, * p < .05, + p < .10$

※オッズ比が1よりも小さければ看破者になる確率が，1よりも大きければ被害者になる確率が上がることを意味する（ただし，手口認知については，「1．知っていた」「2．知らなかった」の2択で尋ねている点に留意）。アスタリスクなどの記号がついているものは，統計的に意味のある影響力があることを意味する。PN = Personal Network。

指摘する研究（Shao et al., 2019a）も出てきたことから，今後は両者を弁別した検討も必要であると考えられます。

　表8-2で示された結果として興味深いのは，人とのつながりがほとんどない状態を意味する社会的孤立だけではなく，主観的に本人が感じている孤独感も独自の影響力が確認された点，また，居住地域のパーソナルネットワークのうち，挨拶や立ち話程度の付き合いや，手助け・手伝いをしてくれる人の多寡ではなく，行事や会合へ一緒に行く人が町内でいるか否かが，被害者と看破者を切り分ける要因として確認された点です。孤独感の独自の影響が確認された点については，詐欺被害者の多くは孤独を感じているがゆえに，電話や知らない訪問者に迅速に対応してしまうといった行動とつながってい

る可能性が推測できます（Ueno et al., 2022）。

　孤独は，他者との接触願望を強めたり，他者を好意的に評価したりなど，社会的なつながりの再構築を動機づけます（Maner et al., 2007）。現在，特殊詐欺対策の一つとして，固定電話の留守番電話機能を利用して，相手を確認してから電話に出るといった対策が推奨されています（木村ら，2023）。しかし，孤独を感じている高齢者にとっては，かかってきた電話に迅速に対応したいという気持ちが強く働き，在宅中の留守番電話機能の利用，すなわち，居留守を装うことに抵抗を持ちやすい可能性が考えられます。そのため，留守番電話機能よりも，録音機能付きの固定電話を使用することで，加害者側が録音されていることを嫌がり，電話を切ることを意図したかたちの対策のほうが実行しやすい可能性があります。

　行事や会合へ一緒に行く人が町内でいるか否かが，独自の影響力を持っていた点については，斎藤・山根（2021）でも，地域組織（自治会・町内会）やボランティア，趣味やスポーツクラブ等の活動や行事への参加の少なさといった，自宅外活動の少なさが詐欺被害と関連することを報告しています。ただし，彼らの研究ではそれらの指標を，犯罪機会が生起しやすい自宅にいる時間にさらされている程度を表す暴露指標として扱っています（第Ⅲ部10章参照）。これらの点を踏まえると，行事や会合に参加することで犯罪に遭う機会を減らすというプロセスと，行事や会合に一緒に行く人がいるという社会的つながりが，被害抑止につながるといった二つのプロセスが想定できます。後者については，行事や会合に一緒に行く人の存在が，どんな他者でもつながりたいという欲求を抑えることで詐欺への抵抗力につながったり，特殊詐欺の手口情報を入手する機会になったり，詐欺行為に遭った際の相談相手になったりする可能性が想定できます。

　社会的孤立指標における行事や会合へ一緒に行く人の有無，孤独感は，いずれも被害者と看破者を切り分ける要因であったという結果は，社会的孤立や孤独を防ぐ取り組みが詐欺被害予防にもつながり得ることを意味します。斎藤（2018）は，日本における高齢者の社会的孤立・孤独に対する取り組みは，海外と比べて大きく遅れているわけではなく，社会福祉協議会などの団体により，住民参加のボランティア，高齢者の見守り活動，孤立者への食事サービス，高齢者同士の仲間づくりを意図した会など，多様な取り組みがな

第8章　社会的環境から詐欺被害を予防する　　*149*

されていることを報告しています。ただし，それら取り組みが社会的孤立・孤独にどれくらいの効果があるかを検証したものは少なく，効果検証の必要性も併せて指摘しています。

クリネンバーグ（Klinenberg, 2018）は，図書館や公園，遊び場，学校，運動場，市民農園など，集団生活を条件づける物理的な場のことを社会的インフラと呼び，高齢者を外出させる仕組みづくりとして，社会的インフラの効果的な活用の重要性を主張しています。こうした指摘も踏まえながら，2024年4月より施行される孤独・孤立対策推進法のもとに，これまで以上に社会的孤立・孤独対策が進むことが期待されます。

4. 詐欺手口を周知することに意味はあるのか

オレオレ詐欺という言葉を知らない人のほうが少なくなってきた今日でも，オレオレ詐欺被害はゼロにはなりません。こうした現状は，詐欺手口の周知自体に意味があるのかまで疑いたくなります。実際に，島田（2019）では，詐欺被害者のほとんどが詐欺手口を知っていることを報告しており，知っていても騙されてしまうという現状が見えてきます。

しかし，表8-2の結果を見ると，オレオレ詐欺や訴訟費用詐欺の手口を知っていることで，看破者になる確率が上がることが確認できます。一方で，未納決済詐欺については，看破者よりも被害者のほうが認知しているという結果になりました。表8-2の調査対象者は，オレオレ詐欺被害者と看破者であるため，オレオレ詐欺の手口を知っているか否かが鍵となるのは，ある意味当然といえます。それと同時に，調査時あまり周知されていなかった，訴訟費用に関する架空請求詐欺をはじめ新たな詐欺手口についても，引き続き広報を行うことによって，詐欺被害を看破できる確率を高めることができる可能性が示唆されました。

オレオレ詐欺は広く周知されているのに被害がゼロにならないという現状，また，詐欺手口の知識を人に説明できるほど知っていたか否かという点で，被害者と看破者に差が示されたという報告（上野ら，2023）を踏まえると，大雑把な手口認知ではなく，手口の詳細をしっかり把握していることが重要であるかもしれません。

150　第Ⅲ部　特殊詐欺被害を防ぐための心理学

　未納決済に関する手口は被害者のほうが認知していましたが，この手口は有料サイトの閲覧を名目に，未納料金を電子マネー購入やコンビニ決裁で支払わせるといったものであり，PC や携帯電話等で web ページを頻繁に見ることのない高齢者にとっては，あまりなじみのない手口といえるかもしれません。実際に他の手口と比べると，被害者に平均年齢は低く，こうした他の手口と異質である点が，この手口を知っていたとしても看破につながらないといった結果に結びついた可能性が考えられます。

　あるいは，この調査の看破者・被害者に偏りがあったために示された結果である可能性も考えられます。この調査は，愛知県という限られた地域での被害者と看破者のデータである点，とりわけ看破者については，詐欺を看破したことを報告してくれた人のみが対象になっています。警察に届け出をしていない看破者は，多数いると考えられます。とりわけ，詐欺は犯罪のなかでも被害報告率が低いことが指摘されており（Cross, 2018），日本における暗数調査においても，クレジットカード情報詐欺や振り込み詐欺の過去5年間の被害申告率は非常に低く，5～9割近くが被害届けを出していないことが報告されています（法務総合研究所，2020）。暗数の大きさも踏まえると，看破者だけでなく被害者にも偏りがある可能性があるため，研究知見の蓄積が必須といえます。

5.　ATM 設置の錯視シートは効果があるのか

　今日，金融機関の ATM 前には，水際対策の一環として，特殊詐欺に関する掲示が必ずといっていいほど掲示されています。こうした光景に私たちは見慣れてしまったといってもいいかもしれません。長期的な掲示の設置は，その効果を減じさせる可能性が示唆されており（Sparks & Barclay, 2013），掲示方法にも工夫が必要となってきます。

　そうしたなか，愛知県警，愛知信用金庫，南山大学の学生団体（SDGs 普及啓発団体 CLOVER, Nanzan AID）と，著者ら（南山大学准教授・土屋耕治氏との共同取り組み）は，産官学連携の取り組みとして特殊詐欺予防のための錯視シート（図 8-1）を作成し，ATM 前に設置しました（朝日新聞デジタル，2022）。ATM 経由で被害に遭う還付金詐欺と，未払金（架空料金請

第 8 章　社会的環境から詐欺被害を予防する　　151

図 8-1　特殊詐欺予防のための錯視シート

求）詐欺の被害者をターゲットに，錯視で浮かび上がるマットで足を止めてもらい，急いでいる被害者本人に当事者意識を持ってもらえるよう「お急ぎの方へ！！」と呼びかける錯視シートになっています。

　携帯電話で話をしながら ATM を操作する人をピクトグラムで描き，そうした行為は詐欺に騙される可能性があるため禁止されていること，隣にいるマスコット（愛知県警コノハ警部・愛知信用金庫あいちゃん・しんくん）とともに，「電話を切って！」と記すことで，携帯を利用しながら ATM 操作をする人を目撃した第三者が声かけしやすくなるよう，ミラーリング[*4]の効果を期待して作成されました。さて，こうした錯視シートの設置は，はたして本当に効果があるのでしょうか。

　錯視シート設置から約 3 カ月後に，シートを設置した 10 店舗と，設置していない 10 店舗の利用客（男性 98 名，女性 135 名）を対象に，アンケート調査を行いました（原田，2023；土屋・原田，2023）。設置店舗と非設置店舗とで，利用客の年齢・性別に偏りはありませんでした。分析の結果，設置店舗と非設置店舗とで，携帯を利用しながら ATM 操作をしている人への声かけ経験や，声かけ意図，特殊詐欺手口の認知に差異はなかったのですが，店舗に入って一番目についたものが「錯視シート」であると回答した人と，そ

[*4]　鏡に映っているように真似すること。

※パス解析の結果，当該モデルで携帯を利用しながら ATM を操作している人への声掛け意図を 33％説明するといった結果が示された。モデルの当てはまりも良好だった（GFI = 1.00, AGFI = 1.00, CFI = 1.00, RMSEA = 0.00）。

図 8-2　錯視シート設置の間接的な効果

うでない人とで，差異が示されました。店舗で錯視シートに注目した人は，愛知信用金庫が特殊詐欺防止の取り組みに積極的だという認識が高く，そうした認識が，携帯を利用しながら ATM を操作している人への声かけ意図を高めることが明らかにされました（図 8-2）。

　この調査では，金融機関の詐欺防止取り組みの積極性認知が，なぜ携帯を利用しながらの ATM 操作者への声かけ意図を高めるのかまでは明らかにできませんでしたが，積極性認知は，声かけに失敗したとしても，特殊詐欺防止に積極的に取り組んでいる機関だから大丈夫だという安心感（声かけを行うコストの低下）につながり，結果として声掛け意図を高めることにつながった可能性が推測できます。

　以上のように，錯視シート設置による直接的な効果は示されなかったものの，間接的な効果が確認されました。当該調査では，利用客自身の行動変化指標は測定していませんでした。たとえば，「携帯を利用しながら ATM を利用しない」といった行動意図や，「還付金・未払金詐欺について調べた」といった探索行動，携帯を利用しながらの ATM 操作者を見た際の店員への伝達意図なども併せて測定していれば，直接的な効果が示されたかもしれません。いずれにせよ，錯視シートに注目した人にのみ効果が示された点は，ある意味興味深い結果ともいえます。

　私たちは ATM だけでなく，学校の掲示物でも，街中の広告でも，掲示で溢れる世界に住んでいます。掲示から影響を受けるには，まずはその掲示に気づくことから始まることが多いのかもしれません。もちろん，無意識的な影響過程も存在するため，当該結果だけでは不明な点が多くあります。ただし，設置店舗で最も目を引いた掲示は「錯視シート」だと回答する人が多か

った点を踏まえると，絵そのものが浮かび上がって見える錯視を用いることは，掲示に注目させる一つの手法として活用可能な方法といえるかもしれません。

　錯視シートを用いた特殊詐欺防止のための掲示物は，他府県でも取り入れられていますが，その効果検証を行ったものはまだこの調査しかありません。シートを1枚作るにも費用が発生するため，費用対効果が良い対策を選択するためにも，現場での効果検証の積み重ね（島田，2021；白岩ら，2021）が非常に重要だといえるでしょう。

【引用文献】

朝日新聞デジタル（2022）．飛び出た警告文「その電話はサギ」愛知信金 ATM に「錯覚シート」．[https://digital.asahi.com/articles/ASQDQ73M9QDQOIPE008.html]（Retrieved January 5, 2024）

Burnes, D., Henderson Jr., C. R., Sheppard, C., Zhao, R., Pillemer, K., & Lachs, M. S. (2017). Prevalence of financial fraud and scams among older adults in the United States: A systematic review and meta-analysis. *American Journal of Public Health*, **107** (8), e13-e21.

Carstensen, L. L. (2006). The influence of a sense of time on human development. *Science*, **312** (5782), 1913-1915.

Castle, E., Eisenberger, N. I., Seeman, T. E., Moons, W. G., Boggero, I. A., Grinblatt, M. S., & Taylor, S. E. (2012). Neural and behavioral bases of age differences in perceptions of trust. *Proceedings of the National Academy of Sciences*, **109** (51), 20848-20852.

Courtin, E., & Knapp, M. (2017). Social isolation, loneliness and health in old age: A scoping review. *Health & Social Sare in the Sommunity*, **25** (3), 799-812.

Cross, C. (2018). Victims' motivations for reporting to the 'fraud justice network'. *Police Practice and Research*, **19** (6), 550-564.

Hanoch, Y., & Wood, S. (2021). The scams among us: Who falls prey and why. *Current Directions in Psychological Science*, **30** (3), 260-266.

原田知佳（2017）．他者の信頼性判断に及ぼす孤独の影響——笑顔・真顔の他者に対する高信頼者・低信頼者の評価．応用心理学研究，**42**, 261-262.

原田知佳（2022）．自己看破者との比較から見る特殊詐欺被害者の特徴．日本犯罪心理学会第60回大会　大会企画ミニ・シンポジウム　特殊詐欺の理解と予防に向けて．（企画・司会・話題提供：原田知佳，話題提供：澁谷泰秀・島田貴仁・桐生正幸・越智啓太）

原田知佳（2023）．ATM における特殊詐欺予防錯視シートの効果検証．日本心理学会第87回大会シンポジウム　地域での犯罪予防（5）——現場の取り組みから良質なエビデンスを創出・普及するために．（企画：島田貴仁，司会：新井崇史，話題提供：樋口匡貴・原田知佳・倉石宏樹，指定討論：大杉朱美・木村敦）

原田知佳・土屋耕治（under review）．社会的孤立・孤独と一般的信頼は特殊詐欺のリスク要因となり得るか——オレオレ詐欺被害者と看破者との比較検証．犯罪心理学研究

林萍萍（2021）．日本人の一般的信頼感，内集団・外集団への信頼感の規定要因に関する検討——JGSS-2012データを用いた分析．日本版総合的社会調査共同研究拠点　研究論文集，**19**，11-29.

法務総合研究所（2020）．第5回犯罪被害実態（暗数）調査——安全・安心な社会づくり．

警察庁（2023）．令和4年における特殊詐欺の認知・検挙状況等について（確定値版）Retrieved October 6, 2023.〔https://www.npa.go.jp/bureau/criminal/souni/tokusyusagi/tokushusagi_toukei2022.pdf〕

木村敦・齊藤知範・山根由子・島田貴仁（2023）．楽観バイアスが高齢者の特殊詐欺対策行に及ぼす影響．心理学研究，**94**（2），120-128.

Klinenberg, E. (2018). *Palaces for the people: How social infrastructure can help fight inequality, polarization, and the decline of civic life.* Crown.〔藤原朝子（訳）（2021）．集まる場所が必要だ．英治出版〕

Lichtenberg, P. A., Sugarman, M. A., Paulson, D., Ficker, L. J., & Rahman-Filipiak, A. (2016). Psychological and functional vulnerability predicts fraud cases in older adults: Results of a longitudinal study. *Clinical Gerontologist*, **39**（1），48-63.

Maner, J. K., DeWall, C. N., Baumeister, R. F., & Schaller, M. (2007). Does social exclusion motivate interpersonal reconnection? Resolving the "porcupine problem.". *Journal of Personality and Social Psychology*, **92**（1），42.

永岑光恵・原塑・信原幸弘（2009）．振り込め詐欺への神経科学からのアプローチ．社会技術研究論文集，**6**，177-186.

Poulin, M. J., & Haase, C. M. (2015). Growing to trust: Evidence that trust increases and sustains well-being across the life span. *Social Psychological and Personality Science*, **6**（6），614-621.〔https://do i.org/10.1177/1948550615574301〕

Putnam, R. D. (2000). *Bowling alone: The collapse and revival of American community.* Simon and Schuster.〔柴内康文（訳）（2006）．孤独なボウリング——米国コミュニティの崩壊と再生．柏書房〕

斎藤雅茂（2018）．高齢者の社会的孤立と地域福祉——計量的アプローチによる測定・評価・予防策．明石書店

齊藤知範・山根由子（2021）．高齢者の詐欺被害を規定する要因は何か——機会構造/選択モデルにおける危険因子の実証分析．現代の社会病理，**36**，51-66.

Samanez-Larkin, G. R., Gibbs, S. E., Khanna, K., Nielsen, L., Carstensen, L. L., & Knutson, B. (2007). Anticipation of monetary gain but not loss in healthy older adults. *Nature Neuroscience*, **10**（6），787-791.

産経新聞（2015）．自ら命を絶つオレオレ詐欺被害者のもう一つの悲劇「なぜだまされた」家族から責められ自責，孤独，苦悩．Retrieved October 26, 2023.〔https://www.sankei.com/article/20150413-73MYRGZFYBIETNM2MY5J4V33XQ/4/〕

Shao, J., Du, W., Lin, T., Li, X., Li, J., & Lei, H. (2019a). Credulity rather than general trust may increase vulnerability to fraud in older adults: A moderated mediation model. *Journal of Elder Abuse & Neglect*, **31**（2）, 146-162.

Shao, J., Zhang, Q., Ren, Y., Li, X., & Lin, T. (2019b). Why are older adults victims of fraud? Current knowledge and prospects regarding older adults' vulnerability to fraud. *Journal of Elder Abuse & Neglect*, **31**（3）, 225-243.

澁谷泰秀（2020）．「高齢者の詐欺被害を防ぐしなやかな地域連携モデルの研究開発」の取組内容について．国民生活研究，**60**（1），29-51.

島田貴仁（2019）．特殊詐欺の阻止機会――被害過程から考える．警察学論集，**12**，1-12.

島田貴仁（2021）．犯罪予防の社会心理学――被害リスクの分析とフィールド実験による介入．ナカニシヤ出版

白岩裕子・池本忠弘・荒川歩・森祐介（2021）．ナッジ・行動インサイト ガイドブック――エビデンスを踏まえた公共政策．勁草書房

Sparks, A., & Barclay, P. (2013). Eye images increase generosity, but not for long: The limited effect of a false cue. *Evolution and Human Behavior*, **34**（5）, 317-322.

高木大資・辻竜平・池田謙一（2010）．地域コミュニティによる犯罪抑制――地域内の社会関係資本および協力行動に焦点を当てて．社会心理学研究，**26**（1），36-45.

Tilvis, R. S., Routasalo, P., Karppinen, H., Strandberg, T. E., Kautiainen, H., & Pitkala, K. H. (2012). Social isolation, social activity and loneliness as survival indicators in old age: A nationwide survey with a 7-year follow-up. *European Geriatric Medicine*, **3**（1）, 18-22.

豊島彩・佐藤眞一（2013）．UCLA孤独感尺度第3版の短縮版の検討．日本発達心理学会第24回大会発表論文集

土屋耕治・原田知佳（2021）．自己看破者との比較から見る特殊詐欺被害者の特性――愛知県警察本部のデータから．日本心理学会第85回大会

土屋耕治・原田知佳（2023）．ATMにおける特殊詐欺予防錯視シートの効果検証．日本犯罪心理学会第61回大会

Ueno, D., Arakawa, M., Fujii, Y., Amano, S., Kato, Y., Matsuoka, T., & Narumoto, J. (2022). Psychosocial characteristics of victims of special fraud among Japanese older adults: A cross-sectional study using scam vulnerability scale. *Frontiers in Psychology*, **13**, 960442.

Ueno, D., Daiku, Y., Eguchi, Y., Iwata, M., Amano, S., Ayani, N., Nakamura, K., Kato, Y., Matsuoka, T., & Narumoto, J. (2021). Mild cognitive decline is a risk factor for scam vulnerability in older adults. *Frontiers in Psychiatry*, **12**, 685451.

上野大介・徳永美和子・山本純太・石川達雄・市原健一・久保慧・宮本麗子・神原有加・栄礼司（2023）．特殊詐欺等の消費者被害における心理・行動特性．消費者庁新未来創造戦略本部国際消費者政策研究センター．Retrieved December 28, 2023.［https://www.caa.go.jp/policies/future/icprc/research_007/assets/future_caa_cms201_230621_02.pdf］

Yamagishi, T. (1988). The provision of a sanctioning system in the United States and Japan. *Social Psychology Quarterly*, **51**(3), 265-271.

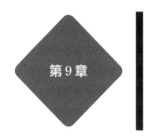

第9章 特殊詐欺対策におけるAIと生理心理学の活用

[桐生正幸]

1. はじめに

　特殊詐欺は、「被害者に電話をかけるなどして対面することなく信頼させ、指定した預貯金口座への振込みその他の方法により、不特定多数の者から現金等をだまし取る犯罪」と警察庁にて定義され、各手口については、「オレオレ詐欺」「還付金詐欺」など多様な手口があります。それら手口は常に変化し続けており、最近（本章を執筆現在）では、実在する企業をかたった自動音声ガイダンスにて、「未納料金がある」などを伝えオペレーター役に誘導し金銭を要求する、「自動音声による詐欺」などが増えています。このように、特殊詐欺の加害者らは新たな騙しの方法を考え続け、警察の対策より先んじて犯行を繰り返してるものと考えられます。

　これまで、特殊詐欺の予防に関する心理学研究では、被害者の心理特性や社会的な位置づけに着目し、検討がなされています。その理由として、心理尺度による質問紙調査などを用いると、シニア世代の一般的な傾向のデータが取りやすく、また特殊詐欺予防に関わる取り組みや催しにも参加しやすいことが、潜在的な被害者中心の研究を後押ししているものといえます。

　一方、特殊詐欺の犯行形態の分析や加害者の特性などの研究は、それほど進んでいません。詳細な犯行データを入手し分析できるのは、警察など特定の機関に限られていることがその要因となっています。そのため、特殊詐欺を研究するにあたり、騙す側と騙される側の関係性や相互作用を捉えることは重要なのですが、日本では、なかなかその研究環境までたどり着くのが難しいものと考えられます。

第9章　特殊詐欺対策におけるAIと生理心理学の活用　　*157*

このような心理学的研究の状況を踏まえ，本章では，被害者と加害者との関係性を考慮し，生成系AIや生理心理学の知見を活用しながら，特殊詐欺被害予防のシステム構築に関わる，我々の一連の研究を紹介したいと思います。一つは，加害者側の騙しのテクニックや実態の分析，被害者側の騙されやすさの心理的側面，といった従来の研究から，騙されているときの被害者の心理的変化の推定から騙される直前に，本人や知り合いに警告を示すシステム開発の研究です。

また，潜在的な被害者であるシニア世代の具体的な予防対策を実施するための教育プログラム時に，AIによる疑似加害者を用いて臨場感のある体験をしてもらう研究です。本物の特殊詐欺加害者に会えないならば，AIによる疑似加害者を作ってしまえばよいのではないか，そのAI加害者と潜在的なシニア世代の被害者との会話や心理的変化をリアルタイムで分析し，効果的な特殊詐欺予防を行ってみてはどうか，といった発想からこれらの研究を進めています。

本章では，まず特殊詐欺加害者や被害者の実態などを紹介し，このような特殊詐欺対策におけるAIと心理学の組み合わせた研究を紹介していきたいと思います。

2.　詐欺犯罪における加害者研究

特殊詐欺の犯人像に関する社会心理学や犯罪心理学の研究は，それほど多くはありません。騙しや欺瞞の心理といった実験室研究や，質問紙調査などは行われていますが，具体的な特殊詐欺犯に言及するまでには，まだ至っていません。そこで，ここでは詐欺犯罪全般の加害者に関する他分野の研究を，まず外観していきたいと思います。

詐欺に関する犯罪は，刑法第246条に規定されている「詐欺罪」に示されている定義に従います。すなわち，「人を欺いて財物を交付させた」場合，たとえば，他人から金品などを騙し取った場合に，この詐欺罪が成立することとなります。その種類は，「結婚詐欺」「架空請求詐欺」「キセル乗車」などの一般的なものから，お客が釣銭を間違えて多く渡されたと気づいたのに黙って立ち去ると，「釣銭詐欺」になるといったものもあります。その他，「売り

つけ詐欺」「買い受け詐欺」「借用詐欺（俗称・借り逃げ）」「寸借詐欺」「不動産利用詐欺」「有価証券等利用詐欺」「無銭詐欺」「募集詐欺」「職権詐欺」「替・釣銭詐欺」「留守宅詐欺」「保険金詐欺」「横取り詐欺」「受託詐欺」など，多様な種類があります。

これら多くの詐欺のなかでは，保険金詐欺に関するモラルリスクに関する法律系の研究が多く見受けられます（桐生，2023）。このモラルリスクとは，生命保険や損害保険などの業界用語であり，保険金や給付金の不正取得を目的とした犯罪行為などのことを意味します。研究は，主にそれら事案の実態や加害者の特性について，実際の事例を取り上げながら言及するものが見られます。たとえば，生命保険（板東，2019），入院保険金（宮根，2008），火災保険（日野，2020），自動車保険（日野，2018）などの論文です。これら論文から，保険金詐欺の加害行為などが，どのような実態であるかを知ることができます。

篠原（2017）は，このような保険詐欺の行為，すなわち不正請求の類型を提唱しています（表9-1参照）。これらは，まず保険事故が存在しないのに偽装するタイプと，実際に発生した保険事故に上乗せするタイプに大別しています。そして，偽装するタイプには，故意に保険事故を作るタイプと，保険事故ではないものを保険事故とするタイプに分かれます。一方，上乗せするタイプには，保険事故において実際に損害が無かったことも損害を被ったとするタイプと，損害があった価値よりも過大に評価させるタイプに分かれます。

次に海外における研究です。それらには，公的な統計結果を用いて，社会心理学の理論で説明したものなどが散見されます。たとえば，モディックら（Modic et al., 2018）は，仮想のオンライン保険金請求実験にて，保険金の過大請求の心理的要因を検討しています。実験参加者に個別のシナリオを与え，過大請求がシナリオ場面と性格特性（非倫理的，欺瞞，自己中心的など）との関連によって，説明を試みています。その結果，使用した心理尺度である「ダーク・トライアド（Dark Triad）」における反社会的行動，衝動性，利己主義といった心理的要因に基づく「ささいな嘘（fibbing）」の特性が，過大請求に関わっていたことを指摘しています。このモディックらが想定した保険金請求は，先の篠原モデルにおいては「過大請求型」となり，悪質性は低

第9章　特殊詐欺対策におけるAIと生理心理学の活用　　*159*

表9-1　保険金の不正請求に関するタイプ

事故偽装型		事故便乗型	
事実は保険事故は存在しないにもかかわらず，これがあったように偽装すること。		実際に発生した保険事故を利用して，実際の損害額以上の利得を不正に取得すること。	
事故作出型	偶然ではなく，故意に保険事故に相当する事故を作出する場合。①故意に家を燃やしたり，交通事故を起こす。②当たり屋。	捏造請求型	実際には存在しなかった損害によって保険金を請求する場合。①保険事故となる火災の損害をこうむった際に，実際には置いていなかった商品や家財の損害を請求する。
架空事故型	保険事故に相当する事故自体が存在しない場合，あるいは，保険事故ではない事故が存在し，これを保険事故と偽る場合。①遊興中に負ったケガを自動車事故によるものとみせかける。②別の場所における盗難事故を被保険場所における盗難と偽る。③保険契約開始前の事故を契約後の事故と偽る（アフロス）。	過大請求型	保険事故の発生を悪用して保険会社に保険金を過大に請求する場合。①保険事故によって破損した物品の価値を過大に請求する。②休業損害証明書を偽造して実際よりも高額の補償を受ける。

(篠原，2017；桐生，2023)

いタイプと考えられます。

　ハッター（Hutterer, 2017）はドイツの研究を概観し，保険金詐欺の被害額が高額であっても，それが犯罪行為とは認識しない顧客が約15％いることを報告しています。また，詐欺行為であっても，自身を倫理的な人間であると表現し，「保険金詐欺は悪くない」「みんながやっていることは間違っているはずがない」「それは普通のことだ」「保険金詐欺を犯すのは大したことではない」といった，自己弁護を行う傾向を指摘しています。

3.　特殊詐欺に加担する背景

　次に，特殊詐欺件に安易に関与する闇バイトなどの心理的背景を，少し考えてみたいと思います。

まず，特殊詐欺の加害側の特徴として，他の犯罪と比べ，組織化，分業化が徹底しているといった点が指摘されています。主犯格以外に，電話をかける「かけ子」，被害者から振り込まれた現金を引き出す「出し子」，被害者に直接接触し現金を受け取る「受け子」などの役割分担体制が徹底しており，お互いに見知らぬ同士である場合が多いといわれています。たとえば，X（旧 Twitter）などで募集される「闇バイト」に応じた者同士です。末端の存在にすぎない闇バイトの彼らが検挙されても，主犯格にはなかなかたどり着かないことが，特殊詐欺の大きな問題となっています。

また，楽をしてお金儲けがしたい者や借金を返せない者が，インターネットを検索し，高額を即金でもらえる「違法ではないグレーな仕事」としての闇バイトに飛び付いてしまう心理的要因は，田崎（2022）が紹介するルポタージュの事例などが参考となるでしょう。

闇バイトに安易に手を染めてしまう心理的要因として，情報リテラシーの未成熟や，不正行為に対する規範や遵法意識などモラルに対する意識の低下があることが予測されます。詐欺行為への加担であると気づいていても，この程度なら大丈夫だと思い，つい，うまい話に乗って闇バイトへ加担してしまう大きな心理的要因と考えられます。特殊詐欺を検討するうえで，現代人の規範意識や遵法意識がどの程度なのかを知ることは，重要なテーマであると考えられます。

桐生（2023）は，現代社会における規範意識や遵法意識について，インターネットによる質問紙調査を行いました。2,623 名（男性 129 名，女性 1,331 名，平均年齢 46.8 歳，SD = 16.6）に対して，次の質問を行っています。

日常生活における不正行為や違法行為を示して，「もし，あなたの家族や身近な人が，以下の行為を行ったとしたならば，あなたはどの程度許せますか？」（不正行為の許容程度）の質問に対して，「許せない」「あまり許せない」「少し許せる」「許せる」の４件法にて回答してもらいました。また，不正行為について，「もし，あなた自身が，次の行為を行ってしまったとき，その行為はどの程度，バレる（発覚する）と思いますか？」（不正行為の発覚程度）の質問に対しても，「バレる」「ややバレる」「あまりバレない」「バレない」の４件法にて回答してもらいました。

その結果，不正行為の許容程度においては，「少し許せる」「許せる」の回

答を合わせた割合は，すべて50％以下でした。そのなかで最も多かったものは，「歩行中に横断歩道の信号を無視したこと」が46.0％，次が「分別しないままゴミ収集に出したこと」が26.5％でした。また，不正行為の発覚程度においても，「あまりバレない」「バレない」の回答を合わせた割合も，すべて50％以下でした。そのなかで最も多かったものは，「路上や空き地などに，ゴミのポイ捨てをしたこと」が46.6％，次が「分別しないままゴミ収集に出したこと」が45.6％，「歩行中に横断歩道の信号を無視したこと」は38.7％でした。信号無視は許せるがバレると思うものの，分別しないで出すゴミは許せないがバレないと考える，といった傾向がうかがわれました。

これらの質問のなかで，インターネットに関する不正行為の回答を見ると，「インターネットから不正ダウンロードをしたこと」において，不正行為の許容程度は26.1％，不正行為の発覚程度は29.9％でした。「インターネットのオークションや販売サイトに，事実とは異なる情報を書いて出品したこと」において，不正行為の許容程度は9.7％，不正行為の発覚程度は14.1％でした。「インターネットにおいて，SNSやWebサイトなどに，保険金の不正請求の手口を書いたこと」において，不正行為の許容程度は5.9％，不正行為の発覚程度は10.7％でした。これらの結果から，インターネットを介した不正行為は許せないものの，バレる程度をやや甘く判断する傾向がうかがわれました。

このことは，間接的ではありますが，闇バイトの募集においてインターネットが多用されている実情より，闇バイトは不正と感じつつも，発覚を低く見積もる傾向があるよう推測されます。

4. 特殊詐欺の被害者

特殊詐欺の被害者への研究として，性格や騙されやすさ（Ueno et al., 2022）などの分析が，主たる領域となっています。たとえば，滝口（2019）は，高齢者99名（男性38名，女性61名，平均年齢81.95歳）に対して質問紙調査を行っています。その結果，「オレオレ詐欺」の認知度は高かったものの，他の特殊詐欺についてはあまり知られていませんでした。また，脆弱性の認知（被害の遭いやすさの見積もり）に関し，8割が被害に遭わないだ

ろうと思っていることも指摘しています。

　このような研究は少なくないのですが，大工ら（2018）は，アメリカでは NPO や警察機関と協力し，大規模な研究が行われ有意義な知見が得られていることを示し，日本においても司法機関との協力体制を整えることが，これからの研究においては必要であることを述べています。実際の詐欺事件において，心理学者が被害者や加害者のデータに対し直接的に関わっていく研究の必要性です。

　では，実際に特殊詐欺に遭った被害者の現状は，一体どのようなものでしょうか。桐生（2022）は，60 歳代，70 歳代の高齢者 10,000 名（男性 4,733 名，女性 5,267 名）を対象とし，特殊詐欺被害に関する質問紙調査を行っています。

　まず，「あなた自身やあなたの身の回りの人で，今までに詐欺犯罪にあった，もしくはあいかけた経験が有りますか」の設問に対し，「ある」と回答した人は 1,107 名（男性 553 名，女性 554 名）でした。回答者の属性としては，未婚（離別・死別含む）者は 269 名であり，既婚者 838 名でした。職業は，公務員が 8 名，経営者・役員が 26 名，会社員（事務系）が 57 名，会社員（技術系）が 31 名，会社員（その他）が 49 名，自営業が 86 名，自由業が 25 名，専業主婦（主夫）が 323 名，パート・アルバイトが 137 名，その他が 14 名，無職が 351 名でした。世帯年収は，200 万円未満が 128 名，200〜400 万円未満が 335 名，400〜600 万円未満が 220 名，600〜800 万円未満が 107 名，800〜1000 万円未満が 65 名，1000〜1200 万円未満が 42 名，1200〜1500 万円未満が 26 名，1500〜2000 万円未満が 5 名，2000 万円以上 9 名，わからないと回答した者は 170 名でした。

　この調査において，本人や本人の周辺の知り合いで特殊詐欺に遭遇したシニア世代の方々は，1 割ほどいたことが見えてきました。そして，それらの方々の約 8 割は配偶者を有し，6 割程度が有職であり，7 割弱の世帯年収が 600 万円未満であることも示されました。

　次に，被害の実際とその延べ人数を検討してみます（表 9-2）。「被害にあった」ないしは「被害にあいかけた」経験の延べ人数は，オレオレ詐欺などの電話による詐欺は 411 名，架空請求通知などの郵便物による詐欺は 460 名，ワンクリック詐欺などのインターネットによる詐欺は 668 名，なりすま_しな

第 9 章　特殊詐欺対策における AI と生理心理学の活用　　*163*

表 9-2　特殊詐欺における高齢者の被害経験の内容と延べ人数

		60 歳代男性	60 歳代女性	70 歳代男性	70 歳代女性	合計
電話による詐欺（オレオレ詐欺・還付金詐欺・キャッシュカード詐欺盗など）	被害にあったことがある	12	12	11	27	62
	被害にあいかけた（未然に防いだ）ことがある	51	62	86	153	352
	遭遇したことはない	186	146	207	157	696
郵送物による詐欺（架空請求通知が届く詐欺など）	被害にあったことがある	7	6	3	5	21
	被害にあいかけた（未然に防いだ）ことがある	68	112	110	150	440
	遭遇したことはない	174	102	191	180	647
インターネットによる詐欺（ワンクリック詐欺など）	被害にあったことがある	37	17	36	23	113
	被害にあいかけた（未然に防いだ）ことがある	154	110	179	116	559
	遭遇したことはない	62	92	89	196	439
SNS による詐欺（なりすまし詐欺など）	被害にあったことがある	7	4	7	6	24
	被害にあいかけた（未然に防いだ）ことがある	73	56	59	44	232
	遭遇したことはない	169	159	239	285	852
自宅訪問による詐欺（訪問販売詐欺など）	被害にあったことがある	15	7	19	22	63
	被害にあいかけた（未然に防いだ）ことがある	25	35	35	45	140
	遭遇したことはない	209	262	166	268	905

どの SNS による詐欺は 255 名，自宅訪問による詐欺は 202 名との回答結果が得られました。

　そのなかで，各特殊詐欺で実際にお金などを騙し取られた経験があると答えた人の延べ人数を見ると，オレオレ詐欺などの電話による詐欺は 62 名，架空請求通知などの郵便物による詐欺は 21 名，ワンクリック詐欺などのインターネットによる詐欺は 113 名，なりすましなどの SNS による詐欺は 24 名，自宅訪問による詐欺は 202 名との回答結果が得られました。

　これより，インターネットが介する詐欺被害が多い傾向がうかがわれまし

164　第Ⅲ部　特殊詐欺被害を防ぐための心理学

た。次に多かったのが，電話による詐欺被害と訪問販売詐欺被害であり，郵便物による詐欺被害は，少ない傾向がうかがわれました。スマートフォンの普及により，「悪質商法」「フィッシング詐欺」「国際ロマンス詐欺」などが，大きな社会問題となっている現状を反映した結果と考えられます。

5. 特殊詐欺被害者の心身の変化

　特殊詐欺の加害者が犯行を実施するうえで重要視する点は，潜在的な被害者の感情をいかにコントロールすることができるか，にあると考えられます。加害者は，会話の冒頭に損得に関わる要件を述べ，猜疑心や驚きを被害者に喚起させます。そして間髪入れず，信頼と安心感をもたらす状況を示し，被害者の利益に関する情報をより多く言及します。そして被害者の欲求をくすぐるような，冷静に考えれば不審に思える提案を提示します。このように，加害者が被害者の認知と感情の変化を巧みにコントローして，犯行を遂行しようとしています。

　桐生（2022）は，高齢者 10,000 名を対象とした特殊詐欺被害の先の調査では，オレオレ詐欺などの電話による特殊詐欺経験者 411 名に対し，被害時の心身の変化を思い起こしてもらい回答を求めてました。電話を受けたときから中頃までと，中頃から話が終わるあたりまでの感情や身体の状態について，それらを表す複数の言葉から，該当するものすべてを選択したもらいました。

　その結果，前半では，「驚き」「不安」「混乱」「落ち着き」の選択が多く，後半では，「怒り」「落ち着き」「嫌悪」の選択が多くありました（図9-1）。また，その際の身体の変化や状態についての質問では，「心拍（鼓動）が高鳴った」や「心拍（鼓動）がゆっくりとなった」の回答数が前半と後半とで大きく異なりました（図9-2）。これより，前半では心拍（鼓動）が高鳴り，後半は心拍（鼓動）ゆっくりとなったことが示唆されました。

　井出ら（2023）は同じデータを用いて，被害に遭いお金を取られた人と被害を未然に防いだ人との2値変数を目的変数として，主観的感情評価と主観的身体変化を説明変数とした，ロジスティック回帰分析を行いました。その結果，被害に遭いお金を取られた人は，前半に罪悪感を持ち落ち着きを失う傾向が，後半は信頼や幸せ，焦りを感じる傾向が示されました。また，前半

第 9 章　特殊詐欺対策における AI と生理心理学の活用　　*165*

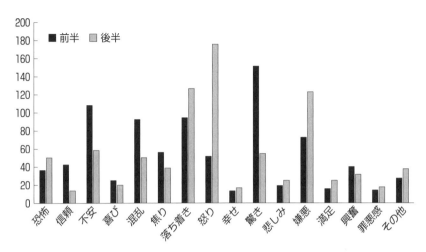

図 9-1　「電話による詐欺」における前半と後半の主観的感情評価

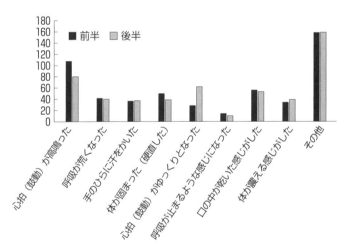

図 9-2　「電話による詐欺」における前半と後半の主観的な身体変化

は呼吸が荒くなったと感じ，後半は体が震える感じがある傾向が示されました。

166　第Ⅲ部　特殊詐欺被害を防ぐための心理学

6. 生理反応から推定する特殊詐欺被害者の心理状態

　以上の調査結果などに基づき，現在，心理学とAIテクノロジーを融合させた，特殊詐欺検知システムの構築を検討しています。これは，電話で通話中の高齢者に対して，カメラやミリ波センサーなどの非接触センサーで心拍数や呼吸数などの生理反応を測定し，それらのデータから騙されているかどうかAIを用いて検知し，本人や家族などの関係者にアラートにて知らせ，特殊詐欺を未然に防止するシステムとなっています（図9-3を参照）。

　これまで，自宅の固定電話の通話内容のワードを分析することで，詐欺被害を未然に防ごうとするシステムが提案されています。しかしながら，警察などが現在の手口を周知し，注意喚起を行う頃には，特殊詐欺の加害者らは新たな手口を生み出して，犯行を遂行し始めています。そのため，加害者側のワード分析だけでは，その蓄積されたデータの古さから十分な予防ができなくなってしまう可能性が生じています。そこで，加害者側の情報だけではなく，本研究では被害者の騙されている心理状態のパターンに着目したシステムの構築を検討しているところです。

　実験は，株式会社富士通との共同研究であり，兵庫県尼崎市などの高齢者の方々から実験参加の協力を得て，模擬的な特殊詐欺の場面を設定したものになっています。第一実験は，特殊詐欺の被害時における生理反応と感情や不安などの心理状態の測定と分析，第二実験は，先の実験から作成された特殊詐欺推定のAIモデルの実証実験です。

　まず，第一実験（近野ら，2023a）では，68〜84歳の男女12名に対して実施しました。これまでの還付金詐欺の記録音声を参考にした仮想詐欺シナリオを，市役所職員や警察官が確認した後に，特殊詐欺対応の担当者が犯人役となり音声録音しました。この音声録音は，導入部（市役所職員からの払戻金発生のお知らせ），中間部（市役所職員からの払戻金の受領に対する至急対応の必要），後半部（銀行員からの現金自動預払機の操作方法の説明）の，三つのブロックに分かれています。

　実験に参加する直前に，猜疑心尺度（滝口，2019）や，STAI特性不安尺度に回答を求めました。実験室では，実験参加者は身体に生理反応の測定セ

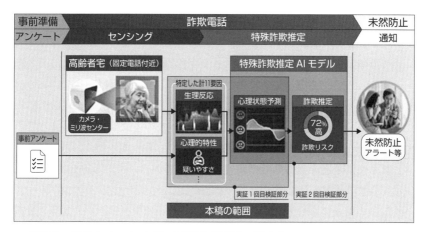

図9-3 AIテクノロジーを用いた特殊詐欺実験の概要図（株式会社富士通より提供）

ンサーを装着し，仮想詐欺の音声を聞いてもらいながら，心拍数と呼吸数のデータを取得しています。

これらの実験結果から，仮想の還付金詐欺音声を聞いているときに，緊張や混乱が高まると，心拍数平均や呼吸数の変化量も増加していることが明らかになりました。また，猜疑心の高い人のほうが緊張や混乱が高まりやすいこと，女性のほうが緊張や混乱が高まりやすこと，なども明らかになりました。そして，特殊詐欺における高齢者の心理状態推定モデルの検討においては，生理反応と心理特性の多因子が関与していることが指摘されました。

7. 騙され程度の推定と特殊詐欺被害防止システムの構築

次に，第二実験（近野ら，2023b；紺野ら，2023）では，67～84歳の男女28名が実験に参加しました。この実験では，より現実的な特殊詐欺を再現する方法を用い，非接触型センサーであるミリ波による生理変化の判定，特殊詐欺推定のAIモデルの実証を行いました。なお，ミリ波とは，波長が1～10mm（周波数帯が30～300GHz）の電波であり，物体を検知するセンサーなどに用いられているものです。

まず，実験前に「日常会話に関する実験」を行うと内容を伝え，ヘッドフォンを装着して日常会話に関する録音音声を聞いてもらいました。その間，

実験参加者の前にミリ波などの非接触センサーを置き，そこから得られたデータから心拍数や呼吸数を推定しています。

　その直後，別の担当者による録音音声が流れ，「あなたの生理反応の記録が良かったので，活用させてもらいたい。了承していただけるなら，別の部屋で身分証明書と口座番号を教えてください。その際，あなただけ特別に追加報酬として2,000円を提供します。ただし，他の人には内緒にしてください」といった，詐欺の内容の録音音声を聞いてもらいました。この間にも，ミリ波による心拍数と呼吸数の測定が行われており，またPOMS2（緊張，混乱に関する項目）への回答を求めました。

　実験後の面談で，身分証明書と口座に関する情報を提供した約半数の実験参加者を，「騙された」と評価しました。そして，騙されなかった実験参加者との比較を行いました。なお，全員にこの実験の本当の目的を伝え，デブリーフィングを実施しています。

　以上の実験手続きと分析により，騙された人は詐欺内容の音声を聞いているときに，平均心拍数が高くなっていました。これは心的負荷が高まり，動揺が喚起されているものと解釈できました。また，その後は平均心拍数が低くなっていたことから，その虚偽内容を信用して，落ち着いていたものと解釈できました。

　これらの結果と，第一実験にて検討された特殊詐欺における高齢者の心理状態推定モデルを加味して，「特殊詐欺推定AIの開発」を試みました。本実験における騙されたかの有無を目的変数とし，属性（年齢など），心理特性（疑いやすさ），心理状態（緊張・混乱），生理反応（心拍・呼吸）を説明変数とした，AIモデルの学習です。それにより，ミリ波による非接触センサーで得られた生理反応を用いて，「騙されそうな状態」を75％の精度で推定可能なモデルを設計することができました。加えて，この特殊詐欺推定AIにて閾値以上の騙されそうなリスクが推定された場合，事前に登録した家族や知人などに対して，スマートフォンへの通知機能も開発したところです。

8. 生成AIによる特殊詐欺予防の教育システム

　第一実験，第二実験より，ミリ波による非接触型センサーや特殊詐欺推定

第9章　特殊詐欺対策におけるAIと生理心理学の活用

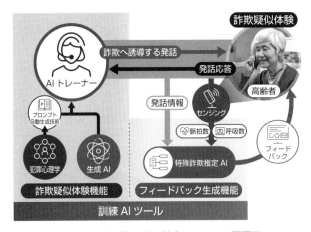

図9-4　特殊詐欺予防の教育システムの概要図
（株式会社富士通より提供）

のAIモデルを用いて，スマートフォンへの通知機能を加えた被害防止システムの開発を行い，現在，このシステムの社会実装を進めています。

さて，特殊詐欺を予防するための対策として，日ごろの教育的な取り組みも重要であると考えられています。そこで，本研究のシステムを有効に活用したツールの検討も始めています。潜在的な被害者であるシニア世代に対して，具体的な特殊詐欺への対策をトレーニングするための生成AIトレーナーによる実験を行いました。

通常，生成AIに，AIトレーナーのような特定の振る舞いをさせるには，特殊詐欺の各手口による詐欺被害の詳細データを分析する必要がありました。ただ，常に新たな手口を生み出している現実の詐欺形態に対応するには，そのデータを収集するまで作業が困難となっていました。そこで，犯罪心理学の知見を用いた詐欺手口の汎用シナリオや，被害者の感情をコントロールするパターン，詐欺被害情報サイトなどで配信されている最新の特徴的キーワードなどで，断片的な情報からでも適切なプロンプトを自動生成する技術を開発しました。

このプロンプト自動生成技術と生成AIを連携させることで，最新の特殊詐欺の手口を模倣するAIトレーナーが再現可能となったところです。警察や自治体などで特殊詐欺への予防教育を行う際に，最新の特殊詐欺の手口を模倣したAIトレーナーと一般の高齢者が，電話にてやり取りできるリアリ

ティのある訓練の可能性が示されたことになります。加えて，この教育システムには，第二研究にて開発したミリ波などを用いた特殊詐欺被害防止システムにより，AIトレーナーとの対話中の生理反応の変動をフィードバックし，自身の詐欺被害の危険性を客観的に把握することができるようにしています。

　この生成AIによる特殊詐欺予防の教育システムに関する実験も行い，データを解析中ですが，これからの特殊詐欺予防において，大いに期待がもたれるものと考えています。

【引用文献】

板東大介（2019）．第三者によるモラルリスクと実質的当事者の確定．保険学雑誌，**645**，157-186.

大工泰裕・渡部諭・岩田美奈子・成本迅瑈・江口洋子・上野大介・澁谷泰秀（2018）．詐欺被害防止のための取り組みの変遷と心理学の貢献可能性――米国における詐欺研究との比較を通して．対人社会心理学研究，**18**，179-188.［https://doi.org/10.18910/70556］（2024年5月31日閲覧）

近野恵・井手健太・紺野剛史・桐生正幸（2023b）．特殊詐欺防止研究1――特殊詐欺被害者の騙された状態を判定する特殊詐欺推定．日本応用心理学会大会発表論文集，**89**，104.

近野恵・紺野剛史・吉岡隆宏・井手健太・白石壮大・桐生正幸（2023a）．特殊詐欺検知AI――特殊詐欺における高齢者の心理状態予測．人工知能学会全国大会論文集，3Xin402-3Xin402.

日野一成（2018）．対人・対物賠償責任保険における事故の偶然性の立証責任．鹿児島経済論集，**59**（2），155-187.

日野一成（2020）．火災保険における被保険者関与の放火の推認．鹿児島経済論集，**60**（4），739-786.

Hutterer, C. (2017). *Psychological drivers of insurance Fraud, master's thesis*. Munich, GRIN Verlag.［https://www.grin.com/document/419067］（2024年2月5日閲覧）

井手健太・近野恵・紺野剛史・桐生正幸（2023）．特殊詐欺被害者の心理状態及び生理反応に関する分析．日本心理学会第87回大会．［https://confit.atlas.jp/guide/event/jpa2023/subject/1P140-146-04/detail?lang＝ja］（2024年2月5日閲覧）

桐生正幸（2022）．特殊詐欺被害者に関する基礎分析．東洋大学社会学部紀要，**60**（2），103-112.

桐生正幸（2023）．ネット詐欺・騙す心理，騙される心理――インターネット上の犯罪心理学．BAN November 2023，23-29.

紺野剛史・井手健太・近野恵・桐生正幸（2023）．特殊詐欺防止研究2――ディセプション型心理実験と特殊詐欺被害者が騙されるメカニズムの検討．日本応用心理学会大会発表論文集，**89**，105.

宮根宏一（2008）．モラルリスクに対する法的な対応手段の要件等の研究――累積的な保

険加入を伴う不正入院の事案との関係を中心として．保険学雑誌，**602**，89-108.

Modic, D., Palomäki, J., Drosinou, M., & Laakasuo, M. (2018). The dark triad and willingness to commit insurance fraud. *Cogent Psychology*, **5**（1），1469579.［DOI: 10.1080/23311908.2018.1469579］．［https://www.tandfonline.com/doi/pdf/10.1080/23311908.2018.1469579］（2024 年 2 月 5 日閲覧）

篠原拓也（2017）．保険金詐欺の発生状況——日本と比べて，欧米では保険金詐欺はどうなっているか？．ニッセイ基礎研究所「保険・年金フォーカス」2017-06-13.［https://www.nli-research.co.jp/report/detail/id ＝ 55950?pno ＝ 2 ＆site ＝ nli］（2024 年 2 月 5 日閲覧）

滝口雄太（2019）．疑わしい人は特殊詐欺に遭わないのか？——高齢者に対する意識調査からの検討．東洋大学大学院紀要，**55**，31-49.

田崎基（2022）．ルポ特殊詐欺．筑摩書房

Ueno, D., Arakawa, M., Fujii, Y., Amano, S., Kato, Y., Matsuoka, T., & Narumoto, J. (2022). Psychosocial characteristics of victims of special fraud among Japanese older adults: A cross-sectional study using scam vulnerability scale. *Frontiers in Psychology*, **13**，960442.［DOI: 10.3389/fpsyg.2022.960442］（2024 年 2 月 5 日閲覧）

【参考文献】

富士通　AI と犯罪心理学を活用し特殊詐欺を未然に防ぐ日本初の共同研究を尼崎市で開始．［https://pr.fujitsu.com/jp/news/2022/03/24.html］（2024 年 2 月 5 日閲覧）

富士通　AI と犯罪心理学を活用した特殊詐欺実証を基に被害者の心理状態に関係する要素を分析．［https://pr.fujitsu.com/jp/news/updatesfj/2022/09/16-1.html］（2024 年 2 月 5 日閲覧）

富士通　犯罪心理学と生成 AI を融合し，特殊詐欺防止訓練 AI ツールを開発．［https://pr.fujitsu.com/jp/news/updatesfj/2023/11/30-1.html］（2024 年 2 月 5 日閲覧）

警察庁　SOS47 特殊詐欺対策ページ——特殊詐欺の手口と対策．［https://www.npa.go.jp/bureau/safetylife/sos47/case/］（2024 年 2 月 5 日閲覧）

高橋和之・伊藤眞・小早川光郎・能見善久・山口厚（編）(2016)．法律学小辞典（第 5 版）．有斐閣

第10章 特殊詐欺被害の機会を減らし，社会的関わりを増やすことは効果的か

[齊藤知範]

1. はじめに

　本章では，特殊詐欺を防ぐうえで，環境要因，社会的要因という二つを主に取り上げます。また，環境要因，社会的要因という特殊詐欺被害予防のための要因に介入するうえで，ナッジという情報伝達手段についても紹介します。

　特殊詐欺被害予防のための要因として，具体的には，特殊詐欺の犯人からの犯罪の機会を左右する環境要因（機会を減らすための要素）と，犯罪の機会が生じた場合に防御力を強めるための家族や地域社会との関わりといった社会的要因の二つに着目し，関係する研究成果を紹介していきます。

2. 特殊詐欺を防ぐうえでの環境要因，社会的要因

　環境要因，社会的要因の二つについて分析した論文（齊藤・山根，2021）の研究紹介から始めたいと思います。ここでは，ごく簡単に解説します。

　警察庁では，オレオレ詐欺被害の既遂の方，警察に自ら通報し被害に遭わなかった未遂の方への調査を，各都道府県警察を通じて，全国で2018年に実施しました。なお，同居のご家族や遠方の親族などが通報し被害に遭わなかった未遂の方，銀行などの事業者の窓口やATMで事業者が通報し被害に遭わなかった未遂の方への調査も，このときの全国調査では同時に実施されましたが，論文のなかでの分析では，家族や事業者など周囲の方が見破って警察に届け出たデータを含めていません。つまり，高齢者がご自身でオレオ

第 10 章　特殊詐欺被害の機会を減らし，社会的関わりを増やすことは効果的か

レ詐欺を見破って警察に届け出たことで未遂に終わったケースと，オレオレ詐欺だと気がつかずに既遂になったケースとの比較を軸に，論文では分析しました。

分析に用いた回答は，既遂の高齢者の方が 343 件，未遂の高齢者の方が 387 件で合計 730 件となっていて，統計的な分析に際して複数の要因を用いるうえで，充分な数でした。

図 10-1 には，分析に使った機会構造/選択モデルと呼ばれる犯罪学理論と，機会構造/選択モデルに即した分析から得られた結果の要点を，記載しています。機会構造/選択モデルという犯罪学理論は，1990 年代に確立された比較的新しい理論です（Miethe & Meier, 1990）。機会構造/選択モデルを活用して，暴力被害や性的被害，窃盗などの財産犯被害について，海外や日本で研究が進められてきました（Miethe & Meier, 1990；Kennedy & Forde, 1990；Fisher et al., 1998；齊藤・山根，2018）。図 10-1 の中では，環境要因が犯罪者への近接性と曝露に分かれていますが，大きく見ると，犯罪者への近接性と曝露を合わせた環境要因，防護手段の不在という社会的要因の二つとなります。

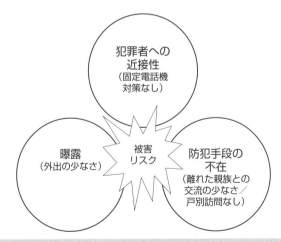

図 10-1　日本のオレオレ詐欺に，機会構造／選択モデルを適用して明らかになった，環境要因，社会的要因

174　第Ⅲ部　特殊詐欺被害を防ぐための心理学

　図 10-1 の中にある，犯罪者への近接性と曝露，それぞれの環境要因から見ていきましょう。機会構造/選択モデルという用語の前半の「機会構造」とは，犯罪の機会を増やす要因構造のことです。機会構造は，近接性や曝露と密接に関係していて，近接性と曝露は機会構造と呼ばれる犯罪の機会を増やす原因だとされています。

　環境要因である近接性とは，犯罪者が用いる犯行手段に対する潜在的被害者の不安全な状況のことで，犯罪被害の機会を増やす要因になり得ます。海外の場合，高齢者をターゲットにした詐欺では電話による通話を用いて，犯罪者がターゲットとなる高齢者に対して，非対面状態で連絡をとる手段がしばしば用いられることがわかっています（Policastro & Payne, 2015）。日本の場合も，犯罪者が用いる犯行手段は，オレオレ詐欺の場合には固定電話機での音声通話にほかなりませんので，固定電話機での音声通話に対して，潜在的被害者である高齢者が不安全な状況にあるほど，近接性が大きいことを意味しています。具体的には，オレオレ詐欺の場合については，固定電話機という犯行手段の通信回線にかかってくる詐欺の電話を受けてしまう機会を左右する環境要因として，防犯機能（通話前に警告メッセージが流れ，通話内容を録音する機能や，迷惑電話をブロックする機能）を備えた固定電話機の使用や，非通知電話拒否の設定等の，固定電話機対策が行われていないことが該当します。

　環境要因である曝露とは，犯罪の機会が生まれやすい空間・時間に対して，潜在的被害者である高齢者がさらされている（曝露されている）状況のことで，これも犯罪被害の機会を増やす要因です。インターネット等のバーチャル空間での詐欺やサイバー犯罪では，動機づけられた犯罪者が，被害者とは対面のないなかで，適した犯行対象を探すことになります。そこで，インターネット等のバーチャル空間での詐欺やサイバー犯罪では，家に長時間いて，ネットショッピングを長時間するといった行動が，犯罪者との接点を増やすことが明らかになっています（Pratt et al., 2010）。

　主に固定電話機にかかってくる詐欺の電話がきっかけとなるオレオレ詐欺の場合も，バーチャル空間での詐欺やサイバー犯罪と状況が似ている面もあって，オレオレ詐欺の犯人グループのなかでかけ子の役割を末端で担う犯罪者は，多数の固定電話機に電話をかける作業を担当しているわけです。頻繁

に不在にしているお宅の高齢者の方であれば，そもそも，かけ子からの電話を受ける接点が少なくなります。逆に，家に長時間いる高齢者の方であれば，かけ子からの電話を受ける接点が増えると考えられます。

図 10-1 の中にある防護性というのは，機会構造／選択モデルという用語の後半の，「選択」と密接に関係しています。ここでいう選択とは，被害対象が，犯罪者によって選択される，ということです。たとえば，街での自転車盗の犯罪であれば，鍵がかかっていない自転車は，鍵がかかっている自転車よりも，犯罪者によって選択されやすくなります。他の通行人から見えにくい細い路地に駐輪された自転車は，大通りの見えやすい駐輪スペースに駐輪された自転車よりも，犯罪者によって選択されやすくなります。鍵がかかっていない状態は，防護性が低い状態といえますし，周囲から見えにくい場所への駐輪も防護性が低い状態といえます。

とはいえ，こうしたその場のその瞬間での防護性だけが，防護性というわけではありません。防護性という概念は，かなり広い意味合いで定義されています。たとえば，犯罪被害予防を目的とする教育や広報啓発，複数人が集まって行う諸活動に加え，犯罪被害予防を必ずしも目的としない普段からの人間関係も含む概念だとされています。このため，防護性の不在とは，犯罪被害予防を目的とする教育や諸活動や広報啓発に接していないこと，普段からの人間関係が弱いことを意味しています。

自転車盗の例でいえば，自転車の鍵をかけましょうという防犯教育を受ける機会がなかったり，駐輪場での鍵かけのキャンペーンの形での広報啓発に接していなかったりする場合に，防護性が低いといえます。また，少し遠い要因に感じられるかもしれませんが，友人や親との関係が密接な中学生がいるとしましょう。その中学生が自転車を自宅の駐輪場に駐めるシーンに，友人あるいは親が一緒にいるような状況であれば，無施錠のまま自転車を放置する中学生に対して，自転車には鍵をかけるように友人あるいは親が促してくれると考えられます。ですので，普段からの人間関係が防犯にも役立つだろう，という想定がなされているわけなのです。

具体的には，オレオレ詐欺の場合については，警察による戸別訪問を通じてオレオレ詐欺の被害に遭わないための防犯教育をすでに受けた経験により，詐欺の犯人が現金をレターパックで郵送してほしいといったときに詐欺だと

176 第Ⅲ部 特殊詐欺被害を防ぐための心理学

気がつくことが，防護性の高さによる被害抑止の例です。また，離れた親族との交流が活発なことにより，いざ不審な電話がかかってきたときに，詐欺の犯人がなりすます息子や娘の近況を高齢者がすでに知っていて騙されにくい，といったことが，防護性の高さによる被害抑止の例です。

　以上の近接性，曝露，防護性について，さまざまな観点から分析しました。結論の要点を述べると，固定電話機にかかってくる詐欺の電話を受けてしまう機会を左右する環境要因としては，防犯機能（通話前に警告メッセージが流れ，通話内容を録音する機能や迷惑電話をブロックする機能）を備えた固定電話機の使用や，非通知電話拒否の設定等の固定電話機対策が行われていないという近接性により，被害が既遂になる危険性が高まることが明らかになりました。

　また，地縁組織（自治会・町内会など）や行事のための外出の少なさのために，自宅に居続けること（自宅への曝露）により，被害が既遂になる危険性が高まることが明らかになりました。さらに，防護性の低さを示す社会的要因として，次の要因が判明しました。すなわち，離れた親族との交流が少ないこと，配偶者と離別・死別しているか未婚であること，警察による戸別訪問を受けなかったことで，被害が既遂になる危険性が高まることが明らかになりました。

　これらの防護性が低い状況の場合には，固定電話機に詐欺の電話がかかってきた後で，離れた親族や配偶者などの他者に相談することが困難であったり，戸別訪問してくる警察官からの防犯対策の知識を得られなかったことで，被害が既遂になりやすいと考えられます。これらの防護性の低さについては，高齢者個人の力ではどうすることもできませんし，周囲の他者や警察が支援の力を充分に発揮することができていないことが，防護性の低さという問題の背景にあるといえます。

　上記で特定された近接性，曝露，防護性について確認したうえで，同じ研究のなかで，変容させることが困難な要因をしっかり想定したうえで，介入や支援により変容させることが現実的に可能な要因について，さらに掘り下げて分析しました（齊藤・山根，2021）。その分析結果から，次のことが明らかになっています。

　まず，変容させることが困難な要因として，防護性の低さ（離死別を経験

している高齢者や，未婚の高齢者）を想定しました。分析の結果，防護性の低さ（高齢者が離死別を経験しているか未婚の場合）が，該当ありの場合であっても，近接性指標である固定電話の不安全（機器対策なし）が，機器対策ありに改善されれば，詐欺被害のリスクは低減されることが明らかになりました。つまり，高齢者が離死別を経験しているか未婚の場合には，家庭内で配偶者によるサポートはないわけなのですが，防犯機能（通話前に警告メッセージが流れ，通話内容を録音する機能や迷惑電話をブロックする機能）を備えた固定電話機の使用や，非通知電話拒否の設定等の固定電話機対策が実行されるように，行政や警察が支援や推奨を行うことが有益だとわかったのです。

次に，変容させることが困難な要因として，地縁組織（自治会・町内会など）や行事のための外出の少なさといった事情で，自宅に居続けている（自宅への曝露）高齢者の場合を想定しました。この場合も，防犯機能（通話前に警告メッセージが流れ通話内容を録音する機能や，迷惑電話をブロックする機能）を備えた固定電話機の使用や，非通知電話拒否の設定等の固定電話機対策が実行されるように，行政や警察が支援や推奨を行うことで，詐欺被害が既遂になりにくいことがわかりました。さらに，このような事情で自宅に居続けている（自宅への曝露）高齢者の場合，制服を着た地域警察官などの担当係官が戸別訪問で自宅を訪れてくれていると，詐欺被害が既遂になりにくいことがわかりました。

以上で見てきたように，高齢者が離死別を経験しているか未婚の場合や，地縁組織（自治会・町内会など）や行事のための外出の少なさといった事情のある場合に，これらの状況を変容させること自体は困難ですが，防犯機能（通話前に警告メッセージが流れ，通話内容を録音する機能や，迷惑電話をブロックする機能）を備えた固定電話機の使用や，非通知電話拒否の設定等の固定電話機対策の実行につなげることが，共通して，詐欺被害の抑止に役立つことが示されているといえます。

海外の研究からも，高齢者を対象とする詐欺では，電話が犯行手段として多数を占めることがわかっていて（Policastro & Payne, 2015），高齢者の詐欺被害を防ぐために防護性を高めるための防犯知識を伝える必要性が指摘されています（Mears et al., 2016））。オレオレ詐欺の被害抑止のために，固定

電話機対策の実行が明らかに重要であることが，全国規模の研究によって裏付けられているのです。

こうした，防犯機能（通話前に警告メッセージが流れ通話内容を録音する機能や，迷惑電話をブロックする機能）を備えた固定電話機の使用や，非通知電話拒否の設定等の固定電話機対策については，二通りのパターンに分けて，対策を講じる必要があると考えます。

一つ目のパターンは，防犯機能を備えた固定電話機がそもそも，高齢者の自宅にすでに備わっているというパターンです。この場合には，防犯機能を備えた固定電話機をいかにフル活用するかということだけが，残りの課題だといえるでしょう。こうした場合，警察官が戸別訪問する際に，非通知電話拒否の設定も含め，固定電話機の防犯機能の使い方を教えることが近道です。警察官だけでは全戸を訪問することに限界がある地域もありますので，行政や警察署の窓口や，電話相談のなかで，防犯機能を備えた固定電話機の活用方法について，高齢者の相談に親身に応じることが有益でしょう。

3. 防犯機能を備えた固定電話機への買い替え推奨のための金銭的インセンティブ

二つ目のパターンは，防犯機能を備えた固定電話機を高齢者は自宅にまだ持っておらず，少し古い世代の固定電話機を使い続けているというパターンです。この場合には，防犯機能を備えた固定電話機へとまずは買い替える気になってもらえるかどうか，そして実際に買い替えてくれるかが，やや難しい課題になってきます。二つ目のパターンでは，防犯機能を備えた固定電話機への買い替えが必要となり，買い替えをする際には高齢者の方が身銭を切るコストが発生するため，一つ目のパターンに比べて，難易度が少々上がります。

ただ，こうした買い替えの場合も，これまでの研究事例から得られている知恵を手がかりとして，参考にできる面や，今後さらに工夫できる面がいくつかありそうですので，実例や今後の案をいくつかご紹介したいと思います。一つ目のパターンは，行政のマンパワー次第なのですが，二つ目のパターンについては，以降を読んでいただくことで，アイデア次第でマンパワーを割

第10章　特殊詐欺被害の機会を減らし，社会的関わりを増やすことは効果的か　　*179*

かずとも実現できる面もあると気づいていただけるはずです。

　次にご紹介する研究（島田ら，2020）では，固定電話機の買い替えへの補助金制度を実施している自治体の協力を得て，市内の高齢者を対象として実施した調査のデータを分析しました。家電量販店等では，防犯機能を備えた固定電話機のいろいろな機種が展示されて販売されています。だいたいは，2万円前後から購入できるようです。

　2万円という金額の価値観は，人によってさまざまだと思います。家族で外食するときの支払いの予算額が2万円というのは，かなり高額なご馳走の部類に入るでしょう。定期的に毎月1回，2万円の外食をするのは，富裕層の家庭でないと難しいと思います。ところが，子どもの就職祝いや結婚の節目のお祝い事ならば，1回に2万円以上を奮発できるという方は，少なからずいるでしょう。

　このように，金額が高いか安いかどうかの判断は，消費する対象の価値観にもよることがわかります。そこで，補助金やクーポンなどにより支払う金額の負担を減らすことで，消費行動を促す施策について考えてみたいと思います。

　コロナ禍の最中に，苦境にあった全国各地の旅行業界や観光業界を活性化させる意味合いもあって，ホテルや旅館での宿泊料金を軸に，個人や家族の旅行を金銭面で支援するために，GoToトラベルや宿泊先の地域限定で使える商品券クーポンが付与された時期がありました。こうした補助金やクーポンを活用した人たちは相当に多いと思いますし，補助金やクーポンがあったからこそ，宿泊や宿泊地までの移動費用を出してもいい，と乗り気になった市民は多かったことでしょう。つまり，仮に補助金やクーポンがなかったなら，高額な出費や贅沢な行動だったものが，補助金やクーポンが出るから，出費の敷居が下がったといえるのです。これらは，金銭的インセンティブにより，行動変容を促進した施策でした。

　同様のことが，防犯機能を備えた固定電話機についても，あり得るのではないでしょうか。スマートフォンならば，電話機を動かす基本ソフトのOSというものが古くなったり，性能が古びて動作が重たくなったりすることで，買い替えざるを得ないといったことになりますが，固定電話機の場合には事情がスマートフォンとは違います。というのも，少し古い世代の固定電話機

であっても，電話の通話機能には何も支障はないわけです。少し古い世代の固定電話機を，防犯機能を備えた固定電話機へと買い替えするとしたら，動機は特殊詐欺の被害防止ぐらいしかないと思います。戸別訪問にくる警察官や離れた親族，同居家族といった周囲の他者から，「そろそろ防犯機能を備えた固定電話機へ買い替えたらどうですか？」と言われたとしたら，どうなのでしょうか。

　２万円という金額をもったいないと感じる高齢者を想定すべきかどうなのか，いくらまでならば自腹を切ってもよいという金額（支払い意思額）が高齢者の頭の中にあるのかを，知りたいと考えました。そこでまず，補助金制度の効果が実際にあるのかを確認するために，高齢者を対象として実施した調査では，調査用紙の中で，架空のシナリオを含む補助金の金額の条件を複数設定したうえで，検証することにしました。

　固定電話の買い替えに対する支払い意思額について分析した結果は，興味深いものでした。補助金なし条件（１万円全額を自己負担する条件）の場合は，19.8％の回答者が固定電話の買い替え意図を持っていました。これに対して，補助金あり条件（１万円のうち７千円が補助金によってキャッシュバックされ，３千円を自己負担する条件）の場合は，27.1％の回答者が固定電話の買い替え意図を有していました。つまり，補助金により固定電話の買い替え意図が促進されることが，この研究からはっきりとわかりました。

　実際は，この自治体では補助金制度がすでに実施されていたのですが，補助金制度の効果が明らかになったことで，補助金の利用によって買い替えしてみたいとする意図が高まることが裏付けられたのです。補助金制度がすでに導入されているこの自治体であれば，補助金制度に関する広報啓発を強化し，補助金制度の利用促進を図ることが課題になるでしょうし，補助金制度の導入を迷っている自治体であれば，補助金の効果があることを知っていただいたうえで，補助金制度の導入を判断いただきたいところです。

4. 電話機の買い替えを促進するためのナッジの活用

　同じ研究のなかで，金銭的なコストや手間のコストを，どの程度大きなものとして感じているかが，固定電話の買い替え意図に対する支障になってい

第 10 章　特殊詐欺被害の機会を減らし，社会的関わりを増やすことは効果的か　　　*181*

ないかについて分析しました（島田ら，2020）。「電話機を買い替えるお金が
もったいない」「電話機を買いに行ったり設置するのは面倒だ」と，それぞれ
のコスト（金銭的なコスト，手間のコスト）を大きく認知している人では，
買い替え意図が低い傾向にありました。

　興味深かったこととしては，金銭的なコストについてさらに分析していく
と，現状維持バイアスや，先延ばしバイアスも，どうやら関係している様子
がわかってきました。どういうことかというと，金銭的なコストへの負担感
が買い替え意図の支障になっている面は多少あるにしても，「今の電話機の
機能で困っていない」（現状維持バイアス），「今買い替えなくても電話機が
壊れたときに買い替えればよい」（先延ばしバイアス）という，今の状態から
の変容を嫌がる気持ちも，買い替え意図の低い方の内心では錯綜している状
況にありました。詳しく分析してみると，現状維持バイアスや，先延ばしバ
イアスによる買い替え意図への支障が，金銭的なコストによる買い替え意図
への支障を上回っている様子でした。

　「電話機を買い替えるお金がもったいない」という金銭的なコストの尋ね
方は，かなり漠然としたものです。具体的にどの程度の金額をもったいない
と感じるのかなど，金銭的な支障の程度についてはわからないように思いま
す。このため，先ほどこの研究についてご紹介した，7千円が補助金によっ
てキャッシュバックされるという効果のほうが，より信頼を置けると考える
のが妥当だと思います。

　また，GoTo トラベルや宿泊地でのクーポンのときに判明したように，数
万円の消費については，公共部門が値下げ分を負担し，宿泊料金の値下げが
行われることで，宿泊を伴う旅行を決断する人は一気に増えました。数万円
の宿泊・旅行代金の一部の値下げであっても，効果があったわけです。です
から，2万円前後の固定電話機に対して，最大7千円（補助金の上限額は自
治体によって多少異なりますが）の補助額であれば，充分だと考えられます。

　以上では，金銭的インセンティブに着目した補助金やクーポンについて，
主に述べてきました。これまでに明らかになった分析結果から，行動経済学
分野で研究されてきたナッジにより，高齢者に対して固定電話機買い替えの
キャンペーンを広報や宣伝で広めることができれば，買い替えがさらに推進
されるのではないかと考えています。ナッジとは，人や社会にとってより望

ナレッジ設計のプロセスフロー：OESD の「BASIC」

人々の行動を見る	行動経済学的に分析する	ナッジの戦略を考える	ナッジによる介入をして効果検証	変化させる
Behavior	Analysis	Strategy	Intervention	Change

図10-2　ナッジにおける BASIC（大竹，2022，p. 33 を著者一部改変）

ましい行動を自発的に選択するよう促す手法のことですが（Thaler & Sunstein, 2008），メッセージ内容や視覚的なデザインなど，ナッジの実装の仕方にはいろいろな形式が存在していて，防災分野や感染症対策，各種のマーケティング分野での購買行動促進などのために用いられています（大竹，2022）。

　ナッジをデザインするうえで，図 10-2 の BASIC，表 10-1 の EAST という考え方の図式が整理されています。図 10-2 の BASIC から取り上げます。

　BASIC というのは，人々の行動（Behavior）を見る，行動経済学的に分析（Analysis）する，ナッジの戦略（Strategy）を考える，ナッジによる介入（Intervention）をして効果検証する，変化（Change）させる，を意味する英単語の頭文字をつなげたものです（大竹，2022）。効果検証まで含む大きめの取り組み全体につなげるかどうかの判断も含め，BASIC で考えてみるとよいでしょう。

　先ほどの分析結果の事例（島田ら，2020）で見ると，B と A と S に関しては，買い替え意図を持つ人よりも，買い替えをためらう人のほうが，「電話機を買い替えるお金がもったいない」という，漠然とした金銭的なコストを感じている傾向がありました。そして，「今の電話機の機能で困っていない」という現状維持バイアス，「今買い替えなくても電話機が壊れたときに買い替えればよい」という先延ばしバイアスも，買い替えをためらう人のほうがより感じている様子でした。漠然とした金銭的なコストについては，実験的に見ていくと，7 千円が補助金によってキャッシュバックされるという補助金の条件設定で，固定電話の買い替え意図が充分に促進されることがわかりました。この研究協力自治体では，補助金制度をすでに実施したうえで，効果検証までを筆者らが行いましたので，高齢者の固定電話機買い替えについ

第 10 章　特殊詐欺被害の機会を減らし，社会的関わりを増やすことは効果的か　　*183*

て，ⅠとⅭについても基礎的な部分は対応済みです。

　BASIC については，このように，望ましい行動を促進する，あるいは望ましい行動にとっての支障になっている要因を明らかにしたうえで，そうした要因を用いた効果検証までを行えば，一通りの完了です。エビデンス（科学的根拠）に基づいた政策形成の一例として，ご紹介しました。

　一方で，警察や研究協力自治体と協働するなかで，筆者らが取り扱う施策の効果検証については，施策の実施の時期的な短さや予算が限られているなどの制約がある場合もあります。その場合には，ⒷとⒶとⓈがなくて，あるいは従来の研究結果から予想される要因を想定して，ⅠとⅭからいきなり入る場合などもあります。

　ⅠとⅭだけを行うこと自体も認められます。たとえば，防犯カメラは，車両関係の窃盗の被害を減少させる効果があることが，いろいろな研究結果から明らかになっています。また，防犯カメラがない場合よりもある場合のほうが，犯人の映像が記録されますので，捜査に役立つことも明らかです。そうした知識は，世の中にもすでに広まっていますので，防犯カメラを設置する際に，ⒷとⒶとⓈが毎回必要だと考える人はほとんどいないでしょう。行政や研究にはコストの考慮も必要ですので，防犯カメラについては，ⅠとⅭから入ることでも合理的です。

　個別のテーマについて，どの場合にⒷとⒶとⓈを省いてよいかどうかについて，決められた基準があるわけではないのですが，防犯カメラの例を念頭に置いていただければ幸いです。ただし，ⒷとⒶとⓈを省く場合にしても，ⒷとⒶとⓈについての調査結果や分析結果をリサーチして，考え方をまとめておいて，説明がつくようにしておいていただきたいです。実際に，BASICを試す際には，効果検証の前の介入要因を定める分析を含む大きめの取り組み（BASIC 全体を一通り回すサイクル），ⒷとⒶとⓈは考え方を整理したうえで省いて，ⅠとⅭに注力する取り組み（BASIC の後半を回すサイクル）に，大きく分けて考えるとよいでしょう。もっともこの分け方は，行動経済学的に定まっているわけではなく，犯罪学分野の筆者が，犯罪被害予防の対策行動について実務家との協働経験から整理した私見です。

　表 10-1 の EAST というのは，ナッジが簡単な（Easy）ものになっているか，魅力的（Attractive）なものになっているか，社会（Social）規範を利用

表 10-1　ナッジにおける EAST

E	Easy	簡単なものになっているか 情報量は多すぎないか 手間はかからないか
A	Attractive	魅力的なものになっているか 人の注目を集めるか
S	Social	社会規範を利用しているか 多数派の行動を強調しているか 互恵性に訴えかけているか
T	Timely	意思決定をするベストのタイミングか。フィードバックは速いか

(大竹, 2022, p.38 を著者一部改変)

しているか, 意思決定をするベストのタイミング（Timely）かフィードバックは速いか, を意味する頭文字をつなげたものです（大竹, 2022）。EAST は, ナッジの内容や, 見た目をデザインするうえでのチェックポイントや, 判断材料を示したものです。

　EAST の活用の仕方についても補足しておきたいと思います。図 10-2 でご紹介した BASIC では, BASIC の全体を一通り回す場合には, 効果検証の前の介入要因を定める分析が先にあって, その後で介入や効果検証を行うという時間的な順序関係が明確でした。こういった BASIC とは異なり, EAST には時間的な順序関係があるわけではありません。EAST は, ナッジの内容や見た目をデザインするうえでのチェックポイントあるいはルールで, 可能な場合には一つでも多く満たすとよいですし, 一つも満たさない場合にはナッジとは称しにくいように考えられます。

　とはいっても, EAST の全部の要素を満たす必要もないです。たとえば, 感染症防止対策に, 手を消毒する消毒器の場所を, 市役所の床に大きな矢印マークで誘導するというナッジがあり, 消毒への自主的な協力行動が促進されています。この場合は, Social の一つである社会規範は関係しません。単純に, 矢印という直感的な記号が目を引いて, 看板やデジタル掲示などのテキストメッセージ（文字）でくどくどと解説しなくても, 矢印で誘導される仕組みです。このように, ナッジは, 理性や情緒に訴えかけるものでなくて直感的なものでもよく, さまざまなナッジがあり得るのです。

EAST のうち，Social の一つである，社会規範の要素を用いた研究を行いました。若年女性を対象にして，周りの人がどれくらい性犯罪被害予防の防犯動画を視聴したか，という社会規範の提示の仕方が異なる 3 条件（①規範なし条件〈統制条件〉，②規範弱条件「19.9%が動画を視聴した」というメッセージを提示，③規範強条件「79.9%が動画を視聴した」というメッセージを提示）を設定して，ウェブ画面での模擬実験を行いました（金子ら，2023）。強い社会規範を提示した条件では顕著に，女性のための防犯動画を視聴することが明らかになりました。

社会規範のナッジを提示することによって防犯行動を促進できることを示した結果ですが，この研究事例の場合は E と S を満たしていますが，A と T は満たしていないと思います。S を満たしていますが，数値は淡々とした冷静な情報ですので，この研究事例では A を満たしていません。また，模擬実験であって，T のタイミングについて条件を大きく変更することは困難ですので，T は実際の研究フィールドで実験をしないと，満たされない場合も多いようにも考えています。

EAST について説明する前に，BASIC を試す際には，効果検証の前の介入要因を定める分析を含む大きめの取り組み（BASIC 全体を一通り回すサイクル），B と A と S は考え方を整理したうえで省いて，I と C に注力する取り組み（BASIC の後半を回すサイクル）の二つに分けてはどうか，と述べました。第三の道としては，効果検証は必ずしもセットにしない試行（トライアル）も，あってよいのではないかと筆者は考えています。言ってしまえば，BASIC を回さずに EAST から入るのです。

というのも，効果検証まで含む大きめの取り組みが全体像である BASIC では，分析や効果検証がともない，研究や数量的分析の要素がどうしても入ってしまいます。全国のあらゆる自治体や防犯団体などで，研究や数量的分析の要素を取り込むのは，あまり現実的だとは思えません。特殊詐欺の被害を予防したいという人たちが，高齢者ご本人であれ，周囲の人や金融機関，コンビニの人であれ，現におられるのですから，スピード感を持って他の地域で効果検証や分析された取り組みを導入すればよいと思うのです。

もちろん，そのためにも，大規模なプロジェクトが時期や予算的に可能な地域（自治体や防犯団体などが，大学や研究所などの研究者と連携して，進

めるプロジェクトが考えられます）で，率先してナッジのメッセージやコンテンツを有効なものに作り上げるために，BASIC で問題の本質を手順に沿って分析し，効果検証を行い，他の近隣地域や全国へ広めることが有益だと考えます。そのうえで，BASIC に取り組んだ地域が研究と連携・協働して，EAST を手がかりにしつつ望ましい行動を促進する，ナッジのメッセージ内容や，視覚的なデザインなどを実験によって明らかにすれば完璧だといえます。

　以上が BASIC，EAST についての解説となりますが，アイデアに加えて，多少の予算はかかるかもしれませんが，アイデア好きの行政職員の方であれば，いくつかアイデアが浮かぶのではないでしょうか。

　最後にもう一つだけ，重要なことを付け加えておきたいと思います。社会的要因については，ナッジとは異なるアプローチが必要になります。それは，人と人とのつながりによる支援を重視するアプローチです。従来型の手法と大きく変わるものではありませんが，防犯を担当する部署が主体の取り組みであれば，福祉や介護など他部門からの協力を求めたり，他部門との間の多機関連携を強化することで，無理なく実現することが可能です。

　冒頭で紹介した論文では，固定電話機対策なしという不安全な状態（近接性）を変容させる必要性が，明らかになりました（齊藤・山根，2021）。さらに，固定電話機対策なしという不安全な状態を変容させるうえでは，補助金制度のような金銭的インセンティブが有効であることも明らかになりました（島田ら，2020）。一方，地域行事などでの外出不足に対して必要となる対策については，閉じこもり軽減のためにこれまでに推進されてきた福祉的なアプローチと，何ら変わることはありません。

　特殊詐欺を担当する部署と福祉担当部署は，別の部署である場合が多いため，福祉や介護など他部門からの協力を求めたり，他部門との間の多機関連携を強化するアプローチが，こういった場合に重要となります。後期高齢者の医療制度や介護保険の周知の際に，「特殊詐欺対策のための電話機買い替えに対する補助金制度を利用しませんか」という案内文を封入した事例も，報告されています。役所も会社も，ともすれば，担当する専門分野での縦割りになりがちだと言われますが，このくらいの連携ならば，縦割りの垣根を越えて連携するのは比較的容易なはずです。

以上のように，高齢者が置かれた孤立化しやすい状況への目配りは，福祉や介護のためにも重要ですので，行政の既存部門（介護や福祉部門）が培っているノウハウが大いに役立つ局面は多く，ナッジとは異なる，人と人とのつながりによる支援を重視するアプローチについても，継続性が求められるところです。

【謝辞】

本章の研究成果の一部は，JSPS 科研費 20H05632（基盤研究（S），課題名：「行動経済学の政策応用──医療，防災，防犯，労働，教育──」，研究代表者：大竹 文雄）の助成を受けたものです。

【付記】

本章は，以下で研究発表した内容をもとに，大幅に加筆修正のうえで再構成しました。

齊藤知範・山根由子（2021）．高齢者の詐欺被害を規定する要因は何か──機会構造/選択モデルにおける危険因子の実証分析．現代の社会病理，**36**，51-66．

島田貴仁・齊藤知範・山根由子（2020）．犯罪予防行動を妨げる現状維持バイアス──高齢者の特殊詐欺対策を例にして．日本心理学会第 84 回大会発表論文集，PE-030．

【文　献】

Fisher, B. S., Sloan, J. J., & Lu, C. (1998). Crime in the ivory tower: The level and sources of student victimization. *Criminology*, **36**, 671-710.

金子侑生・荒井崇史・齊藤知範（2023）．犯罪予防に関する情報探索行動の促進要因──ナッジ理論に基づいた検討．日本心理学会第 87 回大会発表論文集，1C-047-PE．

Kennedy, L. W., & Forde, D. R. (1990). Routine activities and crime: An analysis of victimization in Canada. *Criminology*, **28**, 137-152.

Mears, D. P., Reisig, M. D., Scaggs, S., & Holtfreter, K. (2016). Efforts to reduce consumer fraud victimization among the elderly: The effect of information access on program awareness and contact. *Crime & Delinquency*, **62**, 1235-1259.

Miethe, T. D., & Meier, R. F. (1990). Opportunity, choice, and criminal victimization: A test of a theoretical model. *Journal of Research in Crime and Delinquency*, **27**, 243-266.

大竹文雄（2022）．行動経済学の処方箋──働き方から日常生活の悩みまで．中央公論新社

Policastro, C., & Payne, B. K. (2015). Can you hear me now? Telemarketing fraud victimization and lifestyles. *American Journal of Criminal Justice*, **40**, 620-638.

Pratt, T. C., Holtfreter, K., & Reisig, M. D. (2010). Routine online activity and internet fraud targeting: Extending the generality of routine activity theory. *Journal of*

Research in Crime and Delinquency, **47**, 267-296.

齊藤知範・山根由子（2018）．若年者の被害に対する機会構造/選択モデルの適用可能性の検証——日常活動に焦点を当てた犯罪予防は有効か？．安全教育学研究，**17**（2），3-24.

齊藤知範・山根由子（2021）．高齢者の詐欺被害を規定する要因は何か——機会構造/選択モデルにおける危険因子の実証分析．現代の社会病理，**36**，51-66.

齊藤知範・山根由子・島田貴仁（2023）．高齢者の特殊詐欺被害予防行動に影響する要因の検討——行動経済学的要因と留守番電話常時使用行動の関係を中心に．日本行動計量学会大会抄録集，**51**，130-133.

島田貴仁・大山智也（2019）．日常活動 - ライフスタイルと犯罪予防行動が犯罪被害に与える影響——構造的選択モデルの検証．犯罪社会学研究，**44**，98-116.

島田貴仁・齊藤知範・山根由子（2020）．犯罪予防行動を妨げる現状維持バイアス——高齢者の特殊詐欺対策を例にして．日本心理学会第 84 回大会発表論文集，PE-030.

島田貴仁・齊藤知範・山根由子・倉石宏樹・春田悠佳・大竹文雄（2022）．高齢者の特殊詐欺被害防止のための固定電話着信時の確認行動の促進——社会規範アプローチと行動変容アプローチ．行動経済学会第 16 回大会報告論文予稿集，**2C03**，1-6.

Thaler, R. H., & Sunstein, C. R. (2008). *Nudge: Improving decisions about health, wealth, and happiness*. Yale University Press.［遠藤真美（訳）（2009）．実践行動経済学——健康・富・幸福への聡明な選択．日経 BP］

山根由子・齊藤知範・島田貴仁（2022）．電話機購入費補助金制度利用者における迷惑電話防止機能の利用状況の分析．地域安全学会論文集，**40**，1-7。

高齢化と騙されやすさ

[大庭　輝]

　特殊詐欺被害の多くは高齢者です。なぜ高齢者は詐欺を見抜けず騙されてしまう，すなわち誤った意思決定をしてしまうのでしょうか。この点について，シャオら（Shao et al., 2019）は認知，情動調整および動機づけなど，多様な視点から高齢者が詐欺被害に遭う原因について考察しています。

　認知的側面からは，詐欺を認識し被害から逃れるためには高度で複雑な認知機能を用いた情報処理を必要とするため，加齢により認知機能が低下した高齢者は，被害に遭うリスクが高まると考えられています。

　情動的側面からは，加齢にともなう情動調整機能の変化により，ネガティブな刺激よりもポジティブな刺激に反応しやすくなるポジティビティ効果が，詐欺の脆弱性に関連すると考えられています。ポジティビティ効果は高齢者の感情の安定に寄与する心理的機能ですが，皮肉なことにその特徴は，詐欺師から提供される偽りのポジティブな情報に注意が向いてしまうことで，結果として誤った意思決定をしてしまうリスクを高めてしまうことがあるのです。

　認知と感情の相互作用が誤った意思決定に影響している可能性も考えられます。目の前に提示された情報が正しいか，正しくないかといった判断に至るまでの情報処理には，ワーキングメモリが重要な役割を果たしています。一方，ワーキングメモリの容量は不安により減少することが知られており（Moran, 2016），そのことは騙されやすさにも影響していると考えられます。

　曽雌（Soshi et al., 2019）が33名の大学生を対象に行ったギャンブル課題の実験では，自分のペースで判断できる状況と判断を急かされる状況では，不安が意思決定に異なる影響を及ぼすことがわかりました。特に，金銭的に損をした後での意思決定を急かされる場面においては，状態不安の高さが低すぎず高すぎない，中程度のリスク選好と関連することが示されています。

　特殊詐欺被害の場面では，何らかの損失（例：お宅の息子が会社のお金を使い込んでしまった）について強調し不安を煽ると同時に，熟慮する時間を奪う手段がとられます。こうした状況において，払えなくはない程度の金額や，負担の大きくない手ごろな解決策，すなわち中程度のリスク選好となる詐欺師側の提案は，騙されやすさを促進しているかもしれません。

ただ，高齢者は若年者に比べて本当に騙されやすいのか，という点については反論もあります。警察庁（2023）が発表している2022（令和4）年度特殊詐欺被害状況を見ると，被害者に占める65歳以上の割合は，融資保証金詐欺（9.9％）や金融商品詐欺（35.5％），交際あっせん詐欺（25.0％）などでは低いことが示されています。ミューラーら（Mueller et al., 2020）が高齢者147名と若年者134名の計281名を対象に行った調査では，高齢者は若年者よりもむしろ経済的なリスクに対して慎重であり，詐欺の可能性に対しても敏感であることが示されました。これらと年齢を媒介する要因として，情動知能（emotional intelligence）の影響が示唆されています。

また，騙されるという体験は，生きてきた時間が長いほど遭遇する確率は高くなります。しかし，中年期と高齢期の参加者を対象に，騙された経験があるか，よく騙されるか，という質問の回答について比較した八田ら（2015）の調査では，年齢による違いは見られませんでした。

こうした点を考慮すると，「高齢者は騙されやすい」というのは，私たちが持つ高齢者に対するネガティブな認識（ステレオタイプ）も影響しているのかもしれません。

個人的側面から見ると，高齢者が騙されやすいかについてはさらなる検証が必要ですが，一方，社会的側面から見ると，高齢者は特殊詐欺などの被害に遭いやすい環境にあります。齋藤・山根（2021）は，固定電話にナンバーディスプレイ等の対策をしないことによる犯罪機会に対する近接性，自宅外での日常活動の少なさによる犯罪被害に遭いやすい環境への曝露，離れた親族との交流の少なさといった防護性の不在が，高齢者の詐欺被害の危険因子であることを報告しました。

固定電話の保有率は高齢になるほど高いですし，高齢者は身体機能や精神機能，関係性の喪失により，自宅外での日常活動が少なくなりがちです。さらには，日本の高齢者の人口は総人口の3割近くを占め，平均的に見れば高齢者は他の世代と比べて金融資産が多い年齢層です。つまり，加害者側からすれば高齢者はターゲットも多く，成功した場合には多額の利益が期待できる魅力的な対象となります。こうした社会的状況も高齢者の騙されやすさに影響しているのかもしれません。

高齢者の特殊詐欺被害を防ぐためには，個人の特性と環境の相互作用を考慮した対策が必要だと考えられます。

【引用文献】

八田武俊・八田武志・岩原昭彦・八田純子・永原直子・伊藤恵美・藤原和美・堀田千絵 (2015). 中高年者における高次脳機能，信頼感と騙されやすさの関連. 心理学研究, **85**, 540-548.

警察庁 (2023). 特殊詐欺認知・検挙状況等について. [https://www.npa.go.jp/publications/statistics/sousa/sagi.html]（2023年12月19日閲覧）

Moran, T. P. (2016). Anxiety and working memory capacity: A meta-analysis and narrative review. *Psychological Bulletin*, **142** (8), 831-864. [https://doi.org/10.1037/bul0000051]

Mueller, E. A., Wood, S. A., Hanoch, Y., Huang, Y., & Reed, C. L. (2020). Older and wiser: Age differences in susceptibility to investment fraud: the protective role of emotional intelligence. *Journal of Elder Abuse and Neglect*, **32** (2), 152-172.

齊藤知範・山根由子 (2021). 高齢者の詐欺被害を規定する要因は何か. 現代の社会病理, **36**, 51-66.

Shao, J., Zhang, Q., Ren, Y., Li, X., & Lin, T. (2019). Why are older adults victims of fraud? Current knowledge and prospects regarding older adults' vulnerability to fraud. *Journal of Elder Abuse and Neglect*, **31** (3), 225-243. [https://doi.org/10.1080/08946566.2019.1625842]

Soshi, T., Nagamine, M., Fukuda, E., & Takeuchi, A. (2019). Pre-specified anxiety predicts future decision-making performances under different temporally constrained conditions. *Frontiers in Psychology*, **10**, 1544. [https://doi.org/10.3389/fpsyg.2019.01544]

第Ⅳ部
特殊詐欺をめぐる
さまざまな問題

第 11 章　SNS，アウトソーシング，分散化
　　　　　：ニセ電話詐欺組織の戦略を読み解く
第 12 章　特殊詐欺被害者へのスティグマ付与から
　　　　　考える啓発活動の留意点
　　　　　：「被害者は悪くない」
COLUMN Ⅳ　特殊詐欺犯人は実刑になるのか，
　　　　　　何年くらいの懲役になるのか

第 11 章 SNS, アウトソーシング, 分散化
: ニセ電話詐欺組織の戦略を読み解く

[大上　渉]

1. はじめに

　現代のビジネス戦略として,「SNS の活用」「アウトソーシング」「拠点の分散化」といった手法があります。これらを活用し, 企業は生産性や収益性を高め, 競争力を強化しています。しかし, 驚くべきことに, これらの戦略は裏社会に蠢く非合法的な犯罪組織にも恩恵をもたらしています。特にニセ電話詐欺組織は, 企業と同様に SNS の活用やアウトソーシング, 海外への拠点の分散化などを行い, 違法な収益を効率的に得ています。さらに国際的テロ組織である「アルカイダ」やイスラム系テロ組織「イスラム国」も, 同じ手法を取り入れて, 組織の維持・存続を図っています。

　本章では, これらの戦略が企業, ニセ電話詐欺組織, テロ組織にどのように利用されているかを解説し, その背景に迫ります。

2. 企業による SNS の活用, アウトソーシング, 拠点の分散化

(1) 企業による SNS の活用：SNS マーケティング

　2021 年末の時点で, 日本のインターネット利用者数は, 1 億人を超えています (ICT 総研, 2022)。この数値は, インターネットが私たちの社会活動の基盤になっていることを物語っています (総務省, 2012)。この膨大な利用者数を背景に, 多くの企業が商品やサービスの認知度向上と販売促進のために, Web マーケティングに力を入れています。特に, 大きな注目を集めて

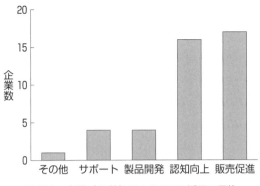

図11-1 企業（42社）によるSNS活用の目的

いるのが「SNSマーケティング」です（清水，2021）。SNS利用者は2021年末時点で8,149万人と推定されており（ICT総研，2022），企業にとって非常に重要なターゲットとなっています（清水，2021）。

企業はX（旧Twitter）やInstagramなどのSNSを積極的に活用し，情報の共有・拡散機能（「いいね」「リポスト（リツイート）」「ハッシュタグ」など）を使って，多くのユーザーに対し，自社の商品やサービスの情報を広めています。これにより，集客・購買・売り上げなどの向上に結びつけているのです。NTTコムリサーチ（2015）の調査によると，企業がSNSマーケティングで重視しているのは，「企業全体のブランディング」「特定製品やサービスのブランディング」「キャンペーン利用」「広報活動」などであり，主としてブランド認知と商品の売り上げ向上です。経済産業省（2016）の調査でも（図11-1参照），SNSの主な活用目的として，製品開発やサポートよりも販売促進や認知向上が主流となっています（清水，2021）。

SNSマーケティングの成果は目覚ましく，「自社サイト・ブログへのアクセス数増」「検索エンジンでの自社サイトの順位向上」「新規顧客数増」「既存顧客リピート向上」「ネット上での自社の評判向上」「顧客満足度向上」「商品開発力向上」など，多方面で成果をもたらしています。これらはすべて，SNSマーケティングによる売上や営業効果の向上を示しています（NTTコムリサーチ，2014）。

(2) 企業によるアウトソーシング

　「アウトソーシング」とは，組織の機能やサービスの全部または一部を他の組織に委託することであり（島田・原田，1998），総務や経理，営業，物流，人事など，多岐にわたる業務分野で活用されています。

　島田・原田（1998）によると，市場が成熟し，不確実性が高い経営環境にある企業にとって，アウトソーシングは俊敏性や機動性を高めるための重要な手段となっています。アウトソーシングの対義語に「インソーシング」があります。これは，経営に必要なすべての業務を自社内で行う戦略のことで，たとえば，自社で工場や物流，人材の育成・教育の制度などを整備します。しかし，インソーシングは経営の自由度を制限し，俊敏性や機動性を低下させるリスクをともないます。

　現在の企業は，日々刻々と変化する市場環境に置かれており，自社の資源だけでは対応が困難になることが多く，そうした状況下では，他社の能力を活用するアウトソーシングの必要性が高まっています（樋口，2012）。実際にIDC Japan（2021）によると，2021年の日本国内におけるBPO（ビジネス・プロセス・アウトソーシング）市場は前年比で5.1％増の8,856億円となり，2026年には1兆717億円に達すると予測されています。米国でもアウトソーシングの市場は急速に拡大しており，その成長率は米国経済の成長率を上回るペースで成長しています。このように，アウトソーシングは世界的なトレンドとなっているのです（二神，2001）。

(3) 企業の拠点分散化

　企業の拠点分散化の流れは，1971年のニクソン・ショックを契機に始まり，1990年代以降，グローバル競争力の確保のために，海外への工場や販売拠点の設置が本格化しました（中川，2012）。

　中川（2012）によれば，企業が拠点を世界中に配置する理由は，地域ごとの市場特性への対応力の強化と，自然災害や紛争など，さまざまなリスクに対する損失回避のためです。たとえば，前者については，地域ごとに相違する経済水準や市場特性，労働市場，法律，文化・慣習，宗教などに合わせて，拠点の役割や生産プロセス，販売方法などを最適化することで，企業は変化

第 11 章　SNS，アウトソーシング，分散化　*197*

に柔軟に対応できるようになります。また，後者については，複数地域に拠点を置くことで，一つの地域に限定されるリスクを分散し，自然災害やテロ，紛争，感染症，大規模システム障害などが発生した際にも，事業の継続が可能となります。

　中川（2012）は，日本の大手製造企業 359 社を対象に，製造エリアや販売エリアの数，売上高，営業利益額などのデータを分析しました。その結果，製造・販売拠点を世界各国に広く分散させている企業ほど，売上高や営業利益が高いことを明らかにしました。これは，拠点の分散が経営業績の向上に，直接的に貢献していることを示しています。また，最近では，新型コロナウイルスの影響でリモートワークが普及し，多くの企業がオフィスや拠点を郊外や地方に設けることで，災害や紛争，システムの障害などによる影響を最小限に抑えています。

　このような分散戦略は，企業のレジリエンス（回復力）の強化やリスクの分散，賃料や光熱費などのコストの削減，従業員の柔軟な働き方や生産性の向上にもつながっています。

3.　ニセ電話詐欺組織によるSNSの活用，アウトソーシング，拠点の分散化

　これまで説明した企業の三つの戦略，つまり SNS の活用，アウトソーシング，拠点の分散化は，近年，ニセ電話詐欺組織にも取り入れられています。ここでは，これらの戦略をニセ電話詐欺組織がどのように利用しているかを解説します。

(1) ニセ電話詐欺組織による SNS の利用

　ニセ電話詐欺組織は，逮捕リスクが高い「受け子」や「出し子」といった犯行実行役の募集に，SNS や通信アプリケーションを巧みに利用しています。彼らは「闇バイト」「裏バイト」「ハンドキャリー」などの隠語や，「高額報酬」「即日即金」「案件多数」といった魅力的なフレーズを駆使して，若者を中心に多くの者を誘い込んでいます。ニセ電話組織は応募者に対して，「Telegram」や「Signal」といった匿名性の高い通信アプリケーションを介

198 第Ⅳ部 特殊詐欺をめぐるさまざまな問題

してのやり取りを求めることにより，実行役が逮捕されても，組織本体に累が及ぶことを回避しようとしています（警察庁，2023a）。

　警視庁の分析では，出し子として取り調べられた620人のうち約46％が，X上の「闇バイト」募集に応じていました（Reutres, 2023）。最近では「Indeed（インディード）」や「エンゲージ」といった大手求人掲載サイトにも，同様の募集が行われていることが報告されています（読売新聞，2023a）。このように，ニセ電話詐欺組織がSNSに留まらず，大手求人サイトを利用してまで犯行実行役を募集している実態は，受け子や出し子が逮捕されることを前提とした「切り捨て要員」（警察庁，2023a）であり，ニセ電話詐欺組織が応募してきた若者を捨て駒として利用していることを示唆しています。

(2) ニセ電話詐欺組織によるアウトソーシング

　ニセ電話詐欺組織は，メンバーの役割を細分化しています。主な役割には指示役をトップに，架け子，受け子，出し子，そして犯行準備役など，さまざまな役割が存在します（法務総合研究所，2023）。各役割の内容を表11-1に示します。これらのなかでも直接被害者と接触する受け子と，ATMコーナーに設置された防犯カメラの前に立つ出し子は，逮捕されるリスクが極めて高い役割であることが知られています（吉野，2020）。実際に，全国の地方裁判所において，特殊詐欺に関連する有罪判決を受けた者の45％が，この受け子と出し子の役割を担っていたことが報告されています（表11-2参照）。

　このことを踏まえ，ニセ電話詐欺組織は一網打尽による組織の壊滅を防ぐために，役割を明確に区分するとともに，メンバー間では，お互いの身元を秘匿して偽名で呼び合い，また秘匿性の高い通信アプリなどを用いるなどして連絡の痕跡を残さないようにしています（警察庁，2021）。特に，組織の末端である受け子や出し子には，組織上層部の情報が漏れないように厳重な秘匿措置が取られています（法務総合研究所，2023）。

　前述のとおり，ニセ電話詐欺組織は，受け子や出し子が最終的に逮捕される可能性を前提にした組織運営が行われており，上述のとおり，SNSなどを利用して絶えず新しいメンバーを募集しています。また，ニセ電話詐欺組織に受け子を派遣する人材紹介業者も存在し，キャバクラのボーイやホスト，飲食店のキャッチセールをしていた大学生などをリクルートしています（吉

表 11-1　ニセ電話詐欺組織のメンバーの役割

役割名称	役割内容
「架け子」	電話を繰り返しかけて被害者をだます役割
「受け子」	被害者の自宅等に現金等を受け取りに行く役割
「出し子」	被害者からだまし取った金銭を ATM 等から引き出す役割
「犯行準備役」	犯行拠点をあっせんしたり，架空・他人名義の携帯電話や預貯金口座等を調達したりする役割

（法務総合研究所，2023）

表 11-2　全国の地方裁判所で特殊詐欺で有罪判決を言い渡された者の割合

有罪判決を言い渡された者の役割	件数	割合
主犯・指示役	19	9.4%
架け子	55	27.2%
犯行準備役	31	15.3%
受け子・出し子	91	45.0%

※平成 28 年 1 月 1 日から 3 月 31 日までの間　　（警察庁，2021 を元に著者作成）

野，2020)。これらのことは，逮捕リスクの高い犯行実行役を外部に委ねる，ニセ電話詐欺組織のアウトソーシング戦略の一環といえます。

　なお，SNS や求人サイト等を利用して実行犯を募集したり，匿名性の高い通信手段などを活用しながら役割を細分化して，ニセ電話詐欺や強盗などを行う集団を，警察庁（2023b）は「匿名・流動型犯罪グループ」と位置づけ，その実態解明や取り締まりを強化しています。

(3)　ニセ電話詐欺組織の拠点分散化

　ニセ電話詐欺組織の犯行拠点を「架け場」といい，そこから詐欺のための電話や，犯行実行役への指示が出されます（警察庁，2022）。架け場は，大きく分けて三つに分類されます（懲役・草下，2022）。

　各架け場の特徴を表 11-3 に示します。最も一般的な拠点は「国内箱」といわれるタイプであり，賃貸のマンションやオフィスが使用されています。あるニセ電話詐欺組織では，架け子は 1 日に 400〜500 箇所に電話を掛けるとされています（吉野，2020）。そのため，選ばれる物件は，音漏れが少なく，

表 11-3　ニセ電話詐欺組織の拠点の種類

拠点の種類	拠点の特徴	備　考
「国内箱」	賃貸マンションや賃貸アパート，賃貸オフィスなど	従来からあるオーソドックスな拠点。警察に捕捉・摘発されるリスクが高く，最近は減少。
「車箱」	車輌を使用する移動型のアジト。走行中の車内から架電	最近頻繁に見られる形態。発信元が特定されにくい。アジトに踏み込まれるリスク避ける。しかし，犯行に使用する車両の調達が難しい。
「海外箱」	海外のアジト。架け子が架電。受け子と出し子は国内	警察に摘発されるリスクが低い。発覚しても逮捕されにくい。また携帯電話は現地の SIM カードを使用しているため証拠が残りにくい。

(懲役・草下，2022 を元に著者作成)

またセキュリティが整っており，駅からのアクセスが良いことが重視されます（埼玉県警察本部，2017）。特に，音漏れについては細心の注意を払っているといわれ，物件のなかでも特に角部屋が好まれ，また窓などには目張りが施され，日中はカーテンを閉めた状態で活動しているとされています（吉野，2020）。しかしながら，国内箱は，賃貸契約が必要であることや，近隣住民から「怪しい男たちが出入りしている」などの通報により，摘発につながることが多く（日本経済新聞，2018），減少傾向にあります。

　最近では「車箱」と呼ばれる移動型拠点が増加しています（日本経済新聞，2018）。「車箱」は車両を使用し，移動しながら電話を行う移動型の拠点です。発信元の特定が難しく，固定の拠点を設けないため，摘発を回避しやすい利点があります。その反面，犯行に使用する車両の調達が難しいとされています（懲役・草下，2022）。

　さらに，海外に拠点を設ける「海外箱」も登場しています。これらは警察の捜査が難しく，国外であるため摘発されにくいという特徴があります（懲役・草下，2022）。国内での摘発件数が減少している状況から（図 11-2 参照），海外への拠点シフトが加速していると見られています（読売新聞，2023b）。これまでに（2023 年 9 月 1 日現在），海外拠点は中国，タイ，フィリピン，カンボジアなどで確認されています。これらの地域は時差が少なく，物価が安いこと，さらには携帯電話の契約審査や当局の取り締まりが比較的緩いため，選ばれる傾向にあります（産経ニュース，2023）。

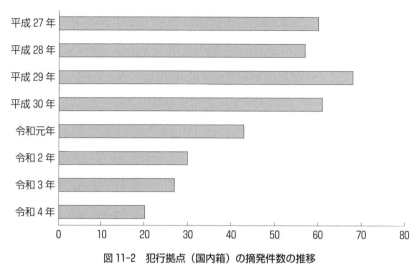

図 11-2 犯行拠点（国内箱）の摘発件数の推移
(警察庁の平成 29 年版から令和 4 年版までの「特殊詐欺認知・検挙状況等について」に基づき著者作成)

4. 国際テロ組織の SNS，アウトソーシング，拠点の分散化

　企業が進める SNS，アウトソーシング，拠点の分散化という戦略を利用しているのは，ニセ電話詐欺組織だけではありません。実は国際テロ組織「アルカイダ」や，イスラム系テロ組織「イスラム国（ISIL：Islamic State in Iraq and the Levant）」にも利用されています。これらの戦略をテロ組織がどのように利用しているのかを以下に解説します。

(1) テロ組織による SNS の利用

　アルカイダなどのイスラム系テロ組織は，インターネットを「電子ジハード（electronic jihad）」の重要なツールとして利用しています（Rudner, 2016）。ジハード（jihard）とは，イスラム国家樹立のための戦いを意味し（松本，2011），また，電子ジハードとは，インターネット上での宣伝，勧誘，訓練，資金調達，作戦活動などの，さまざまな活動のことをいいます（Rudner, 2016）。

　電子ジハードによって引き起こされたテロ事件は，実際に発生しています

（Liang, 2015）。たとえば，2013 年に発生したボストンマラソン爆弾テロ事件や，2016 年に発生したフランス・ニースでのトラック突入テロ事件では，犯人らが，インターネット上の過激なコンテンツ（前者はアルカイダのオンライン機関誌「インスパイア」，後者はイスラム国やアルカイダのウェブサイト）に触れたことで自己過激化し，テロを実行するまでに至りました。これらの事件は，インターネットを介し，過激なイスラム思想に感化された欧米の若者がテロを行う，「ホームグロウン型テロ」の典型的な事例としても知られています（外務省，2023）。

　アルカイダとイスラム国は，どちらも電子ジハードを積極的に展開していますが，その活用方法に違いが見られます（Liang, 2015）。リァンによると，アルカイダは，静的ウェブサイト（企業や官公庁，大学のホームページのように，更新されない限り常に同じ内容が表示されるサイト）や，オンライン機関誌で情報や思想を広める一方，イスラム国は，SNS（たとえば，X〈Twitter〉，Facebook, Instagram, WhatsApp など）を積極的に利用し，外国人戦闘員（FTF：Foreign Terrorist Fighters）のリクルートや，ホームグロウン型テロリストに影響を及ぼすことに成功しています。イスラム国によるSNSの活用は，電子ジハードを新たなレベルへと引き上げたとされています（Liang, 2015）。

(2) テロ組織によるアウトソーシング

　イスラム国は，もともとイラクに拠点を置いていた「イラクのアルカイダ（AQI）」が，アルカイダとの関係を断ち，組織名を変更して誕生した組織です（安部川，2017）。2014 年 6 月に「カリフ国家」（イスラム法で統治された国家）の建国を宣言し，一時はイラクやシリアの広範な地域を支配下に置きましたが，米国やロシア，イランなどの支援を受けたイラク軍やシリア軍の攻勢により，多くの支配地域を失っています（警察庁，2020）。

　イスラム国の特筆すべき戦略の一つは，外国人戦闘員（後述）をリクルートして，テロ作戦の実行を担わせたことです。外国人戦闘員とは，テロ組織に加わる目的で中東やアフリカなどに渡航し，テロ組織に加わり実践を経験した者をいいます（橋本，2018）。2014 年のカリフ国家建国宣言から 2015 年末にかけて，100 カ国以上から毎月約 1,000 人がイスラム国に加わり，最大

で約3万人が流入しました（Schmid & Tinnes, 2015）。しかし，その多くは軍事訓練を受けておらず，武器の扱いや地域の事情にも疎いため，主に後方支援や兵站の任務に従事しているとされています（安部川，2017）。

その一方で，外国人戦闘員が自爆攻撃に利用されていることも報告されています。米国の治安企業であるソファン・グループ（Soufan Group, 2014）によると，2014年の9～10月初めにかけて，イラクで発生した自爆攻撃の80％に，外国人戦闘員が関与していました。地元のイラク人やシリア人の戦闘員は地域社会との結びつきが強いため，自爆テロの実行役には選ばれにくいのですが，外国人戦闘員は地域社会とのつながりが薄く，イスラム国が恣意的に地域を再構築するため，自爆テロを行う役割を担っていると考えられています（Soufan Group, 2014）。

また，自国で育ったホームグロウン型テロリストも，テロ実行のアウトソーシングとして機能しています。彼らは，インターネットやSNSなどを通じてジハード思想に感化され，誰からも命令されることなく，自律的に計画を立てテロを実行します（Brooks, 2011；警察庁，2020；公安調査庁，2022）。そのため，空港や国境などの水際でのテロ対策が難しく，犯罪歴もないため，公安機関の監視対象になりにくいという特徴があります。したがって，事前の摘発は極めて困難であるといわれています（安部川，2011；Wilner & Dubouloz, 2010）。このように，テロ組織はアウトソーシングを通じて，地元戦闘員とは異なる外国人戦闘員やホームグロウン型テロリストを，テロの実行役にしています。

(3) テロ組織の拠点分散化

米国務省は，アルカイダは，各国のテロ対策強化に対応し，拠点を世界各地に分散させ，さらに秘密組織化していることを報告しています（西日本新聞，2018）。アルカイダが拠点の分散化を進めた背景には，以下のような経緯があります。

2001年9月11日の米国同時多発テロ事件を受けて，当時のブッシュ政権は「対テロ世界戦争（GWOT: Global War on Terror）」を宣言し，事件を実行した国際テロ組織「アルカイダ」に対する軍事攻撃を開始しました。アルカイダを庇護していたタリバン政権があるアフガニスタンへの侵攻と軍事作

戦により，タリバン政権は崩壊し，またオサマ・ビン・ラディンをはじめとするアルカイダの多くの指導者も殺害・捕縛されました。しかし，アルカイダは完全には壊滅せず，現在も存続しています（Hutchison & Pyster, 2010；公安調査庁，2022；松本，2011）。

　アルカイダがなおも存続している主な理由の一つは，組織の分散化があると考えられています（Hutchison & Pyster, 2010）。従来のテロ組織は，活動場所や攻撃目標が特定の地域に限定されているのに対し，本拠地を失ったアルカイダは，世界各地に拠点を分散させる戦略を採用しました（Jones, 2006；松本，2011）。現在，アルカイダは，中東，北アフリカ，南アジアなど，さまざまな地域に組織が分散しています。たとえば，イエメンでは「アラビア半島のアルカイダ（AQAP）」や，シリアでは「ヌスラ戦線」，アルジェリアでは「イスラム・マグレブ諸国のアルカイダ（AQIM）」，そしてインド・パキスタンでは「インド亜大陸のアルカイダ（AQIS）」などが活動しています。

　これら各地のアルカイダ組織は，緩やかなネットワークを形成し，中央の直接的な指令なしに自律的に行動しています。そのため，一つの拠点が壊滅してもアルカイダ全体への影響は限定的であり，組織のレジリエンスが高いとされています（Hutchison & Pyster, 2010；松本，2011）。アルカイダは，この拠点の分散化戦略より，常に変化する環境に適応し，活動を継続しています。

5. なぜニセ電話詐欺組織は企業と同様の戦略を用いるのか

　これまで見てきたとおり，SNSの活用，アウトソーシング，拠点の分散化という三つの戦略は，企業だけでなく，ニセ電話詐欺組織や国際テロ組織などの犯罪組織でも，有効な戦略として機能しています。これらの犯罪組織がなぜ企業と同様の戦略を採用するのかについては，以下の理由が考えられます。

(1) SNS を活用する理由

　SNSのユーザーは世界中に広がっており，2023年11月現在で，

Instagram は約 10 億人，X は 3 億 3 千万人と，数億人のユーザーを抱える巨大なプラットフォームになっています（ガイアックス，2023）。SNS を用いれば，情報を迅速かつ広範囲に拡散可能であり，かつ幅広いターゲットに対し，自らの手で簡単に発信できます。ニセ電話詐欺組織やテロ組織にとっても，SNS は非常に強力なツールとなります。なぜならば，SNS は新たなメンバーや支持者を募集するための効果的な手段であり，また特定の思想やプロパガンダを広める際にも重要な役割を果たしているからです。

(2) 人材をアウトソーシングする理由

　アウトソーシングはニセ電話詐欺組織やテロ組織にとって，リスク回避とコスト削減の両面で，重要な役割を果たしています。ニセ電話詐欺組織は，外部の人間に実行役を担わせることで，逮捕や摘発のリスクを外部に転嫁し，組織本体の安全性を確保しています。また，イスラム国は SNS を利用して世界中から外国人戦闘員を募集し，自爆テロ作戦などに従事させています。同様に，アルカイダもインターネットを駆使し，世界各地でホームグロウン型テロを引き起こしています。

　イスラム国やアルカイダは，高リスクのテロ実行を外部に委託することで，組織の安全を確保しながら世界各地でのテロ活動を可能にしています。このように，アウトソーシングは，犯罪活動におけるリスクを分散し，組織全体の安全性を確保する手段となっています。

(3) 拠点を分散化する理由

　拠点の分散化は，ニセ電話詐欺組織とテロ組織ともに，組織の持続性やレジリエンスを高めるために不可欠な戦略となっています。ニセ電話詐欺組織は，警察の捜査や摘発を回避するために，国内外に「架け場」と呼ばれる拠点を分散させています。彼らは，マンションやオフィスなどの固定された拠点ではなく，移動型の「車箱」や国外の「海外箱」を利用することで，摘発を避けています。

　同様に，テロ組織アルカイダも，組織の持続性を保つために世界各地に拠点を分散させています。この戦略により，もし一つの拠点が壊滅しても，他の拠点で活動を継続することができます。これにより，組織全体への影響を

最小限に抑えつつ，その持続可能性を確保しているのです。

(4) 組織の変異と選択：ニセ電話詐欺組織とテロ組織の進化

　これまで述べてきたとおり，ニセ電話詐欺組織とテロ組織は，企業が一般的に採用する SNS の活用，アウトソーシング，拠点の分散化といった戦略を巧みに利用していました。これらの戦略は通常は合法的ビジネスに適したものですが，犯罪組織はそれらを，非合法な活動の効率化やリスク最小化，そして組織の存続のために利用しています。この背景には，組織の変異と選択のプロセスが関与していると考えられます。生物の進化の原動力が変異と選択であるように，組織もまた市場経済のなかで変異と選択を経験し，適応に成功した組織が生き残ります。そうした組織は，試行錯誤を繰り返して，新たな変異を生み出し，最適な選択を行うことで，危機や課題を乗り越えているのです（Harford, 2011）。

　組織の構造や運営などを探求する学問である組織論においても，1960 年代後半に登場したコンティンジェンシー理論によって，組織を取り巻く環境への適応が組織マネジメントの重要な課題であり，組織論の基本的視座とされています（高尾，2019）。

　企業組織の研究者である高尾（2019）は，組織の進化過程を，日々繰り返される意思決定や行動パターンなどのルーティンを通じて説明しています。たとえば，企業のコールセンターでは，顧客対応マニュアルに基づくルーティンが行われています。しかしながら，実際の顧客対応場面では，予期せぬ顧客の対応に直面したり，新しい従業員の加入によりマニュアルの解釈が変わることがあります。このようなルーティンのなかで，例外的な事例が生じ（変異），それへの対応が記録され，他の従業員にも参照されることで，マニュアル自体が見直され，書き換わることがあります（選択）。このような日々のルーティンにおける変異と選択から見ても，組織は学習し，変化し続けていることが理解できます。

　変異と選択の視点から見ると，ニセ電話詐欺組織やテロ組織は，組織の生き残りと勢力拡大を目指して，さまざまな犯行アイデアや手段を試行錯誤し，定着させています。たとえば，ニセ電話詐欺の手口は，当初，息子や孫になりすました架け子一人が登場するシンプルなシナリオが用いられていました

が，近年では息子役（孫役）のほかに，被害者役や警察官役，弁護士役など複数の架け子が代わる代わる登場する劇団型のシナリオが，主流になりつつあります。劇団型では複数の架け子が必要になる反面，息子役（孫役）が話す時間が極力短くなるために，被害者に嘘が発覚するリスクが低下すると考えられています（吉野，2020）。

　また，テロ組織は，インターネットやSNSが存在しなかった時代には，自らの犯行声明やメッセージを，テレビや新聞などのマスメディアに報道させる必要がありました（福田，2023）。しかし，今日では，SNSの普及やデジタル技術の進展といった社会的・技術的環境の変化に適応して，情報の発信・拡散方法を変え，インターネットやSNSを使って直接的に自分たちのプロパガンダを拡散し，人材を獲得しています。また，ニセ電話詐欺組織もテロ組織も，厳しい取り締まりに対応してリスクを分散させるために，国外に複数の拠点を設けたり，アウトソーシングした「使い捨て」要員に危険な役割を担わせたりしています。

　ニセ電話詐欺組織やテロ組織は，組織の存続とさらなる発展を目指して，可能な手段を試行錯誤し，最適な戦略を選択してます。SNSの活用やアウトソーシング，拠点の分散化は，厳しい取り締まりや法執行に対応するための最適な選択肢だったと考えられます。これらの戦略は，環境に適応し，組織を存続させる過程の一部として機能しています。

　結論として，ニセ電話詐欺組織や国際テロ組織が一般企業と同様の戦略を採用する背景には，これらの戦略が変化する環境に適応し，組織を存続させるうえで，最適な選択肢であったためと考えられます。このように，企業も犯罪組織も環境に応じて戦略を選択し，その活動の継続を図っています。

【謝辞】
　本章は，2022年11月にご逝去された九州大学名誉教授箱田裕司先生を偲ぶ会（2023年3月4日）において，九州大学基幹教育院の山田祐樹先生，並びに関西大学総合情報学部の佐々木恭志郎先生との意義深い対話から着想を得て執筆いたしました。この場を借りて，山田先生，佐々木先生に心から感謝を申し上げます。また，学問の道を照らしてくださった箱田先生のご冥福を，心からお祈りします。

【引用文献】

安部川元伸（2011）．国際テロリズム 101 問（第 2 版）．立花書房

安部川元伸（2017）．国際テロリズム――その戦術と実態から抑止まで．原書房

Brooks, R. A. (2011). Muslim "homegrown" terrorism in the United States: How serious is the threat? *International Security*, **36** (2), 7-47.

懲役太郎・草下シンヤ（2022）．常識として知っておきたい裏社会．彩図社

福田充（2023）．テロリストの大義とプロパガンダ．宮坂直史（編）　テロリズム研究の最前線．法律文化社，pp.24-40.

二神枝保（2001）．人的資源管理のアウトソーシング．組織科学，**35** (1), 63-80.

ガイアックス（2023）．2023 年 10 月更新！性別・年齢別 SNS ユーザー数．［https://gaiax-socialmedialab.jp/socialmedia/435］（2023 年 11 月 11 日閲覧）

外務省（2023）．令和 4 年版外交青書．［https://www.mofa.go.jp/mofaj/gaiko/bluebook/2022/html/index.html］（2023 年 9 月 23 日閲覧）

Harford, T. (2011). *Adapt: Why success always starts with failure*. Farrar, Straus and Giroux.［得重達朗（訳）（2022）Adapt 適応戦略 優秀な組織ではなく，適応する組織が生き残る．ディスカヴァー・トゥエンティワン］

橋本広大（2018）．いわゆる「外国人テロ戦闘員（FTF）」問題への刑法的対応の検討――国連安保理決議第二一七八号の課す犯罪化義務とテロ等準備罪をめぐって．慶應義塾大学法学政治学論究，**117** (6), 171-206.

樋口晴彦（2012）．組織不祥事研究――組織不祥事を引き起こす潜在的原因の解明．白桃書房

法務総合研究所（2023）．特殊詐欺事犯に関する研究．法務総合研究所研究部報告，**64**.

Hutchison, N., & Pyster, A. (2010). Al-Qaeda: Study of decentralized organization. The 8th Conference on Systems Engineering Research, Hoboken, NJ, March 17-19, 2010. ［http://www.anser.org/docs/asyst-doc/al-qaeda-as-adecentralized-organization.pdf］（2023 年 9 月 9 日閲覧）

ICT 総研（2022）．2022 年度 SNS 利用動向に関する調査．［https://ictr.co.jp/report/20220517-2.html/］（2023 年 10 月 15 日閲覧）

IDC Japan（2021）．国内 BPO サービス市場予測を発表．［https://www.idc.com/getdoc.jsp?containerId = prJPJ49048622］（2023 年 10 月 1 日閲覧）

Jones, C. (2006). Al-Qaeda's innovative improvisers: Learning in a diffuse transnational network. Cambridge *Review of International Affairs*, **19** (4), 555-569.

警察庁（2020）．焦点，**290**.［https://www.npa.go.jp/bureau/security/publications/index.html］（2023 年 9 月 16 日閲覧）

警察庁（2021）．令和 3 年版 警察白書．［https://www.npa.go.jp/hakusyo/r03/honbun/index.html］（2023 年 9 月 7 日閲覧）

警察庁（2022）．令和 4 年における特殊詐欺の認知・検挙状況等について．［https://www.npa.go.jp/publications/statistics/sousa/sagi.html］（2023 年 8 月 30 日閲覧）

警察庁（2023a）．犯罪実行者募集の実態――少年を「使い捨て」にする「闇バイト」の現実．［https://www.npa.go.jp/news/release/2023/20230725001.html］（2023 年 9 月 7 日閲

覧）

警察庁（2023b）．令和5年版 警察白書．［https://www.npa.go.jp/hakusyo/r05/pdf/pdfindex.html］（2023年12月7日閲覧）

経済産業省（2016）．ソーシャルメディア情報の利活用を通じたB to C市場における消費者志向経営の推進に関する調査——平成27年度商取引適正化・製品安全に係る事業．［https://www.meti.go.jp/policy/economy/consumer/consumer/pdf/sns_report.pdf］（2023年10月15日閲覧）

Klausen, J., Barbieri, E. T., Reichlin-Melnick, A., & Zelin, A. Y. (2012). The YouTube Jihadists——A social network analysis of Al-Muhajiroun's propaganda campaign. *Perspectives on Terrorism*, **6** (1), 36-53.

公安調査庁（2018）．国際テロリズム要覧．［https://www.moj.go.jp/psia/ITH/topic/topic_02.html］（2023年9月12日閲覧）

公安調査庁（2022）．国際テロリズム要覧．［https://www.moj.go.jp/psia/ITH2022.html］（2023年9月12日閲覧）

Liang, C. S. (2015). Cyber Jihad: Understanding and countering Islamic State propaganda. *GSCP Policy Paper*, **2** (4), 6. ［https://makhaterltakfir.com/File/Article/Cyber % 20Jihad % 20Understanding % 20and % 20Countering % 20Islamic % 20State.pdf］（2023年9月22日閲覧）

松本光弘（2011）．グローバル・ジハード．講談社

中川功一（2012）．グローバル分散拠点配置の競争優位．国際ビジネス研究，**4**（2），63-78.

日本経済新聞（2012）．特殊詐欺拠点，東南ア拡散，カンボジアから移送 容疑の19人を逮捕 警視庁．（4月12日朝刊），43.

日本経済新聞（2018）．特殊詐欺に移動アジト，民泊，ホテル，ワゴン車…，住民の目避け巧妙化．7年連続で増加，被害額390億円．（10月31日夕刊），13.

西日本新聞（2018）．テロ組織分散で対応困難に 米年次報告，死者減少 共同通信．（9月20日）［https://www.nishinippon.co.jp/item/o/450998/］（2023年8月30日閲覧）

NTTコムリサーチ（2014）．第6回企業におけるソーシャルメディア活用」に関する調査結果．［https://research.nttcoms.com/database/data/001902/］（2023年10月29日閲覧）

NTTコムリサーチ（2015）．第7回企業におけるソーシャルメディア活用」に関する調査結果．［https://research.nttcoms.com/database/data/001978/］（2023年10月27日閲覧）

Reutres（2023）．ツイッターで闇バイト46%．（3月24日）［https://jp.reuters.com/article/idJP2023032401001444/］（2023年9月8日閲覧）

Rudner, M. (2016). Electronic Jihad": The internet as al-Qaeda's catalyst for global terror. *Studies in Conflict & Terrorism*, **40**, 10-23.

埼玉県警察本部（2017）．特殊詐欺アジトの特徴——犯行アジトの発見にご協力ください．［https://www.police.pref.saitama.lg.jp/e0030/kurashi/documents/ajitohakken-chirashi.pdf］（2023年11月17日閲覧）

産経ニュース（2023）【衝撃事件の核心】特殊詐欺集団はなぜ海外に？ カンボジアの摘発劇で見えた甘い「実態」．［https://www.sankei.com/article/20230416-7AZJ5OGQHBNHTL26VX5VTN2KII/］（2023年8月30日閲覧）

Schmid, A. P., & Tinnes, J. (2015). Foreign (terrorist) fighters with IS: A European perspective. The International Centre for Counter-Terrorism - The Hague , **6** (8). [DOI: http://dx.doi.org/10.19165/2015.1.08]

島田達巳・原田保（1998）．実践アウトソーシング．日科技連出版社

清水将之（2021）．SNS マーケティングのやさしい教科書（改訂 3 版）．Facebook・Twitter・Instagram——つながりでビジネスを加速する最新技術．MdN

総務省（2012）．平成 24 年版　情報通信白書．[https://www.soumu.go.jp/johotsusintokei/whitepaper/ja/h24/html/nc121110.html]（2023 年 10 月 26 日閲覧）

Soufan Group (2014). TSG intel brief: The logic of foreign fighters as suicide bombers. Retrieved. [https://thesoufancenter.org/tsg-intelbrief-the-logic-of-foreign-fighters-as-suicide-bombers/]（2023 年 9 月 17 日閲覧）

高尾義明（2019）．はじめての経営組織論．有斐閣

U.S. Department of State. (2018). Country reports on terrorism 2017. [https://www.state.gov/reports/country-reports-on-terrorism-2018/]

Wilner, A. S., & Dubouloz, C. J. (2010). Homegrown terrorism and transformative learning: an interdisciplinary approach to understanding radicalization. *Global Change, Peace & Security*, **22** (1), 33-51.

読売新聞（2023a）．バイト　求人サイト悪用　7 都県警，応じた 38 人逮捕．（3 月 16 日朝刊），1.

読売新聞（2023b）．カンボジア拠点　詐欺団　日本人男 19 人　逮捕状　警視庁，容疑で．（4 月 7 日朝刊），29.

吉野次郎（2020）．サイバーアンダーグラウンド——ネットの闇に巣喰う人々．日経 BP

第 12 章 特殊詐欺被害者への スティグマ付与から考える 啓発活動の留意点 :「被害者は悪くない」

[土屋耕治]

1. 詐欺被害者が責められてしまうのはなぜか

(1) 啓発活動が必要とされる背景

特殊詐欺被害防止には，手口の周知など，啓発活動が有効だと考えられています。特に，犯人の全貌が明らかにできず，根絶が難しい現状では，被害に遭わないような予防策を講じていくことが求められています。

それでは，啓発活動を行っていく際には，どのような点に留意することが必要でしょうか。本章では，被害者に対する意識や対策を啓発する際に陥りがちな心理傾向について解説しながら，「悪いのは加害者であり，被害者は悪くない。ただ，被害者の方の経験から手口を学び予防へつなげよう」という考え方の重要性を紹介していきます。

(2) 新聞記事：「『私は罪人なのか』だまし取られた 2500 万円，容赦ない非難」

次に挙げる内容は，詐欺被害者が親族から非難にあったことを紹介する，『中国新聞』の 2023 年の記事からの抜粋です（中国新聞特殊詐欺取材班，2023）。記事中の篠原さんとは，長寿院（千葉県成田市）住職の篠原鋭一さんのことで，宗派を超えた僧侶たちでつくる NPO 法人「自殺防止ネットワーク風」の理事長を務めていらっしゃる方です。

> だましの「仮面」を次々と変え，巧妙な罠を仕掛け続ける特殊詐欺。無慈悲な犯罪が奪うのは財産だけではない。だまされたことを周囲に非

難されて自らを責め，命を落とすお年寄りもいる。静岡県内で暮らす松山妙子さん（86）＝仮名＝は「家業を再建する資金になれば」との思いから，宝くじの当せん金を受け取る「手数料」として2千万円以上を支払い，詐取された。親族から疎まれ，心を病んだという。死を思いとどまらせてくれたのは，ある住職との出会いだった。住職の元には，自殺を考える特殊詐欺の被害者からの相談が絶えない。（特殊詐欺取材班）

〈中略〉

当時，父の代から続く家業の立て直しに頭を悩ませていた。老朽化する設備の更新には億単位の金が必要だった。思いがけず舞い込んだ吉報。「安心して息子たちに引き継げる」という喜びが勝り，信じ込んでしまった。

男は当せん金を受け取るための「手数料」を求めてきた。家業の経理を担っていた松山さんは，運転資金のほか，友人からの借金を支払いに充てた。現金を広告チラシに包んでレターパックに入れ，東京の指定された場所に送った。10回ほど繰り返し，気付けば約2500万円を送金していた。迎えた振込日。入金はなかった。夢は幻だった。

失ったのは多額の現金だけではなかった。

「迷惑だ」「何てことをしてくれたんだ」。親族からの容赦ない非難が松山さんを襲った。仲の良かったきょうだいからは絶縁され，隣に住む長男夫婦とも交流が途絶えた。

「私は罪人なのか」―。来る日も来る日もそう自問し，罪悪感を背負い込むようになった。周囲の目を気にして自宅に引きこもるうち，うつの症状が現れた。当時の日記に「くやしさとなさけなさで大声で泣いていた」とつづる。八十路（やそじ）を前に訪れた絶望だった。

〈中略〉

被害の根底に「高齢者の孤立」

ある70代男性は，孫が抱えるトラブルの解決名目で400万円をだまし取られた。息子たちから「遺産をなくした」と責め立てられた末，自ら命を絶った。その半年後，残された妻も後を追った。

「被害に遭うのは優しい人たち。家族の役に立ちたい一心で行動したのに，世の中は被害者を冷たい目で見ていないか」。篠原さんは指摘する。

眼鏡の奥の視線が鋭さを増した。

　篠原さんは，高齢者の孤立がこの犯罪の根底にあると考えている。これまでに関わった事例の中には，犯人とのやりとりがうれしくて「もう一回，騙されてもいい」と話すお年寄りもいたという。

　「孤立を生む社会構造をつくったのは誰か。その答えは，私であり，あなた。つまり社会を構成する全員の責任だ。ひとごとのように考えていたら，特殊詐欺は永遠に続いていくんだよ」。数多くの慟哭（どうこく）と向き合ってきた老僧は警告する。

戻らぬ家族の絆

　松山さんが宝くじの当せん金を受け取る手数料名目で2500万円を詐取されたのも，家族のことを思って行動した結果だった。「『自分を責めちゃいかん』って励ましてくれて。だから死なずに済んだ」。松山さんは篠原さんに深く感謝する。

　気を許せる友人たち周囲の支えもあり，少しずつ前を向けるようになった。友人からの借金は年金で毎月5万円を出し，21年に返済を終えた。今は週2回のデイサービスが生きがいだ。時間の経過とともに，心の傷は癒えつつある。

　だが，一度切れた家族の絆は元に戻っていない。訪ねてくる親族はいなくなった。孫の顔も久しく見ていない。「やっぱり，さみしいよ…」。静けさが漂う部屋でつぶやいた。

　篠原さんは，松山さんをはじめ，関わった特殊詐欺の被害者の元へ定期的に足を運んでいる。まるで犯罪者のように扱われ，過去にとらわれるお年寄りたち。そんな相手と接するたび，真っすぐ見つめ，根気強く，繰り返しこう諭す。

　「悪いのは詐欺を働いたやつらだ。あなたは悪くないんだよ」

　詐欺被害者は，そのときの金銭的被害，精神的苦痛のみならず，被害後に周りからの非難にさらされてしまうこともあります。本章の前半ではまず，被害者への非難，また被害者が自責の念を持つメカニズムについて，いくつかのキーワードを挙げながら説明をしていきたいと思います。後半では，そうしたことを踏まえて，啓発の際の留意点を挙げていきます。

214　第Ⅳ部　特殊詐欺をめぐるさまざまな問題

2.　詐欺被害者への非難が引き起こされてしまう心的過程

　詐欺被害者はなぜ，このように非難にさらされてしまうのでしょうか。本節では，以下の四つの観点から紹介していきます。

(1) 被害者に原因を求めてしまう心的過程：原因帰属

　私たち人間の持つ心理傾向として，予期せぬ出来事の原因を探ろうとする強い傾向があり，その過程は「原因帰属（causal attribution）」と呼ばれます（Kelley, 1973）。日常的な社会規範に反し，不安を喚起するような異常事態が示されると，人は特に説明を求めがちになりますし，特殊詐欺被害はその一例といえるでしょう。

　社会心理学の知見では，出来事の原因を考える（原因帰属をする）際，他者が関わっている事象が引き起こされたのは，その人の性格や特性が原因だと考える傾向があることが知られています。これは，基本的帰属錯誤（fundamental attribution error）と呼ばれています（Ross, 1977）。たとえば，やむを得ない事情があり遅刻したとしても，他の人はそうしたことは知らず他の多数の人は遅刻していないことから，その人本人に原因，出来事の要因があると考えてしまいます。

　被害者が責められてしまう傾向（victim blaming）は，犯罪学においても批判がありながら，排除しきれていないという現状があります。原因帰属の傾向と合わせ，犯罪被害者個人に自らの境遇の責任を負わせ，それゆえ被害者を非難し罪悪感を負わせることは，過去数十年間減少していないこと，また，こうした傾向は家庭内暴力，レイプ，性的暴行の被害者において顕著であり，これらの文脈において被害者の原因を重視する説明は，「被害者非難」の考え方を永続させるということから多くの批判がなされてきました（Bieneck & Krahé, 2011；Suarez & Gadalla, 2010；Thapar-Björkert & Morgan, 2010）。しかし，学問領域でも社会でも，この影響を完全に排除することはできていないという現状があります。これは，詐欺の被害者の場合にも当てはまります（Button & Cross, 2017）。

（2）詐欺被害者がネガティブに見られる背景：「理想的な被害者」からの逸脱

　犯罪学の観点からみると，詐欺被害者は「理想的な被害者」の特徴から逸脱しているために，特に非難にさらされる傾向にあります（Cross, 2015；Button & Cross, 2017）。被害者の何らかの関与がなければ，オンラインであろうとなかろうと，詐欺に遭うことはなかったという点から，被害者は詐欺犯罪の成立の一部に加担しているという見方があるからです。たとえば，オンライン詐欺の被害者の場合，そもそも犯人に送金したという行為から，被害者は結果に責任を持ち，犯罪に加担していると理解されてしまいます。

　このことから，オンライン詐欺の被害者は，クリスティが概説した「理想的な被害者（The Ideal Victim）[1]」とは，正反対の存在であるとみなされます。非がなく無実であるどころか，犯罪成立への協力者であるとみなされてしまうため，被害者としての地位も同情も受ける資格がないとみなされてしまいます。

　クリスティ（Christie, 1986）は，「犯罪者と一体化した被害者は『悪い被害者』になる」と指摘しており，詐欺被害者は「悪い被害者」とみなされてしまう傾向があります。詐欺の被害者は「貪欲さに突き動かされている」という認識から，「理想的な被害者」という概念や被害者としての地位から遠いものとみなされてしまいます。

（3）詐欺被害者へのスティグマ付与：貪欲？　無知？　騙されやすい？

　詐欺被害者にネガティブな社会的意味が付与されると，中長期にも負の影響を持ちます。スティグマ（負の烙印）とは，人々の社会的価値を低下させる望ましくない属性全般のことを指し（Goffman, 1963），「この人はこういう人だ」というようなスティグマが与えられてしまうことを，心理学ではスティグマ付与と呼びます。昔，激しい非難の的となった集団の成員には，目に見える不名誉の印をつけるため，文字どおり烙印が押されました。スティ

＊1　「犯罪に見舞われたとき，最も容易に（被害者であるという）完全かつ正当な地位を与えられる」者（Christie, 1986）を指し，「弱く」「非難される場所にはおらず」「加害者とも無関係」特徴とする。

グマとは，そんな歴史上の慣習から生まれた残酷な言葉です（Hinshaw，2009）。刻まれた印は，その人が欠陥を持ち，基準から逸脱していることを示し，社会の成員全体がその人の地位の低さを知っていました。

1960年代前半，社会学者のアービン・ゴッフマンが，この概念に関する心理を『スティグマの社会学』という本に示しました。現在の考え方では，スティグマ付与とは，継続的な侮辱を生む一連の社会的プロセスのことです。心理学でいうスティグマとは，直接に烙印が押されるわけではありませんが，精神的にそのような現象が起きることを指します。

クロス（Cross, 2015）は，特殊詐欺の一つであるオンライン詐欺の被害者をめぐる支配的な言説は，先に記したような被害者非難理論に基づき，被害者は「貪欲」で「騙されやすい」という言説があることを指摘し，これは詐欺被害者に関するスティグマが存在することを示唆しているでしょう。オンライン詐欺の被害者は「貪欲」で，「無知」で，「騙されやすさ」を持っていて，それゆえに被害に関して責任があり，被害に遭って当然であるという否定的な固定観念が存在することが，クロス（Cross, 2015, 2013）の研究において示唆されています。個人の罪悪感や責任という観念が，これらの犯罪を犯した加害者よりもむしろ，被害者自身の肩にのしかかっていきます。

(4) 詐欺被害に遭うのは自業自得？

詐欺被害者非難が行われる背景のもう一つの説明は，公正世界信念（Belief in a Just World）によるものです（Nataraj-Hansen & Richards, 2023）。公正世界信念とは，「世界は突然の不運に見舞われることのない公正で安全な場所であり，人はその人にふさわしいものを手にしている」とする信念です（Lerner, 1980）。この理論では，私たちは「公正な世界」の信念，すなわち，人々は基本的に「自業自得であり，自業自得に値する」（Lipkus, 1991）という信念を堅持する傾向を持つことがあります。この考えは，一種の心理的防衛機制[*2]として機能することがあります。

この理論によれば，不公正な出来事が他人にも起こりうるのであれば，自分自身にも起こりうるということを認めることは心理的に受け入れられない

＊2　心の平安を保つ安全弁のようなもの。

第 12 章　特殊詐欺被害者へのスティグマ付与から考える啓発活動の留意点　　*217*

ために（Lerner & Miller, 1978），被害者に何らかの原因があったと考えることで，自分もさらされているリスクに直面することを避けようとします。被害者を非難することで，自分は安全で予測可能で公正な世界に生きているという信念を維持することができ，それは厳しい現実に対する心理的な緩衝材であると同時に，自分の運命を個人的にコントロールできるという幻想ももたらしてくれます（Furnham, 2003；Mancini & Pickett, 2017）。

3.　被害者が自分を責めてしまうのはなぜか

　先の記事には，周りからの非難だけではなく，被害者が自責の念を抱くことも紹介されています。次に，詐欺被害者が自分を責めてしまう心的過程についてご紹介します。

(1)　被害者の自責：犯罪被害者自身の原因帰属傾向
　被害者非難を説明する際に，周りの人は当事者の個人的なことに，原因を帰属する傾向（基本的帰属錯誤）があることを紹介しました。通常の出来事に関しては，行為者自身は出来事の原因を環境や状況に求める傾向がありますが，犯罪被害などの精神的に辛い現象については，自分に原因があったと自分を責める傾向があり（Janoff-Bulman, 1992），「自分に非があったから被害にあったのだ」と考えてしまいます。なぜなら，自分に非があったと考えることで，自らの行動を改めれば，再び被害に遭うことを避けることができると考えたいためです。
　辛い出来事に直面した際，それが自分の身に再びふりかかるかもしれない現実がありますが，そこに対して自分が何もできないと考えるのは，心理的に辛いために，こういう傾向が見られます。

(2)　セルフスティグマ：スティグマを自分にも適用する
　先に，被害者に関するネガティブな言説（スティグマ）が存在することを紹介しましたが，被害者自身も自分について同じ考えを適用して考える傾向があります。社会全体から取り込んだ基準によって，他の人たちが欠点とみなしている自分の特質に敏感になってしまいます。

そのなかでも，抱く可能性が最も高いものが，恥の意識だと言われています。スティグマに触れていることで否定的な原因帰属を内在化してしまい，恥の意識を感じ，自らを責めてしまいます。恥は，誤ったこと，不名誉なこと，不適切なことを自分がしたという意識から生じる，苦痛に満ちた心的感情と定義されます（Hinshaw, 2009）。社会的基準，または倫理的基準を満たせないと感じると，恥の意識によって自らを侮辱していってしまいます。詐欺被害者は，自らの被害経験を考える際に被害者を非難する言説を内面に抱き，被害に遭った理由を被害者スティグマに帰属する傾向にあることも，示唆されています（Button et al., 2009；Cross, 2013）。

4. 本人も他者も被害者を非難する傾向が維持されるのはなぜか

それでは，どうして被害者のネガティブなスティグマが維持されるのでしょうか。これは被害者以外の人が，「自分たちも詐欺に対する脆弱性を持ち，被害に遭う可能性がある」と考えることは，強い恐怖を喚起する脅威であるため，「被害者は自分とは違う特徴を持っていた人だ」という「合理的な」理由をつけて，詐欺被害の現象を理解しようとする動機が存在するためです。つまり，非被害者は，「被害者と自分は違う」と思うことで，直面している現実の危険性から目を背けることができます。被害に遭ったのは，被害者のせい，ということにしてしまえば，自分がさらされている危険性に目を向けなくて済んでしまうのです。また，被害者ご自身も，自分に非があったと考えてしまう傾向にあるため，「被害者本人もそう考えている」と，被害者のスティグマが維持されてしまいます。

クロス（Cross, 2015）は，高齢者が詐欺について揶揄するようなユーモアをもって日常でどのように扱っているかを紹介しながら，そのことが被害者のスティグマを維持することにつながるという，ネガティブな影響を持つことを紹介しています。たとえば，「1億円の宝くじが当たったとメールが来たよ，何に使おうか（笑），こんなことに騙される人がいるのかね」というようなやり取りです。

ユーモアを使った揶揄は，対象についてのコントロール感を持つことにな

りますが，クロス（Cross, 2015）は，こうした行動も被害者のスティグマを維持することにつながっていることを指摘しています。こうした揶揄は，第一に，高齢者が自らの脆弱性を認識することから距離を置く手段として，第二に，詐欺メールに対応する人々と自分たちを差別化する手段として，第三に，詐欺被害者に対する否定的な認識を集団的に強化する手段として存在することを示唆しています。

5. 詐欺被害者のスティグマが持つ悪影響

ここまで，被害者を非難してしまう傾向の存在，また，その傾向が維持されてしまうことを紹介してきましたが，詐欺被害者のスティグマが持つ悪影響についてご紹介します。

第一は，被害者へのネガティブな影響です。先の記事にあるように，周りからの非難と強い自責は，精神を蝕んでいくことになります。詐欺が被害者に与える影響は相当なものであり，詐欺の被害者は，「深刻な暴力犯罪に遭った被害者と同じような，壊滅的な結末をたどることが多い」（Marsh, 2004, p. 127；Deem, 2000）といわれます。先の記事のように，周りから非難，強い自責の念，恥の感情は，場合によって詐欺被害者の自死につながることさえあります。

第二は，被害者に対する疎外がもたらす悪影響です。被害者のスティグマが存在することは，すなわち，被害事実を公表した場合，家族や友人から強い否定的な反応を受けることが予測されることになります。そのことにより，家族や友人に被害を打ち明けたり，支援を求めたりすることができないだけでなく，被害者が支援ネットワークから孤立することを通じて，ネガティブな影響を持ちます。

たとえば，岩田・大工（2020）は，詐欺被害者に関する社会的スティグマと，セルフスティグマを持っていることが，詐欺的勧誘時の相談行動を抑制することを実証的に示しています。被害額が少ない状態からさらに加害が進み，膨大な被害額になっていく場合もあり，初期の被害時に周りの人に相談できないことは，被害者にとって大きな損失につながります。

220　第Ⅳ部　特殊詐欺をめぐるさまざまな問題

6.　加害の巧みさ

　続いて，啓発活動における留意点を考えるにあたり，今一度，加害の巧み
さについてご紹介しておきます。

　本書で特殊詐欺をめぐる状況が詳細に紹介されており，あらためて述べる
必要もないかもしれませんが，加害者は被害者を非常に巧みに操ります。オ
ンライン詐欺の被害者は，周りの人や法執行機関から被害者非難を受けるこ
とが多く，罪悪感を内面化する可能性が示唆されています（Cross, 2015）。
しかし，これでは，いかに多くの被害者が狙われているかという複雑性と，
高度な社会工学的技術によって被害者を操り，搾取する高度に熟練した犯罪
者を認識することができないという指摘があります（Drew & Cross, 2013）。

　多くの加害者は，潜在的な被害者の弱点や脆弱性を見抜き，その弱点や脆
弱性に訴えかけるような状況を作り出し，被害者からの肯定的な反応を引き
出し，詐欺被害に遭う可能性を高めています（Drew & Cross, 2013）。被害
者は提示された状況の正当性を信じ，手遅れになるまでコミュニケーション
の詐欺的性質を見分けることができません。特殊詐欺の犯行プロセスは，実
際は非常に複雑で巧みです。

7.　啓発活動における留意点

　それでは，ここまでのことを踏まえて，どのような点に留意しながら啓発
活動をしていくことが大事になるでしょうか。

（1）スティグマの低減と再枠組み化：被害者 vs. 非被害者ではなく，被害者・潜在被害者 vs. 加害者へ

　第一は，私たちが被害者を非難してしまう心的傾向を持っているというこ
とを自覚し，スティグマの低減を目指すことです。啓発活動の際には，「誰
でも被害者になりうる」と伝えることがあります。ただし，このことだけを
強調しすぎることは，何をやっても無駄なではないかと，受け手にとって脅
威になってしまう可能性があります。「自分は大丈夫」と考えることは，自

分の生活にコントロール感を持つという意味で大事な信念であり，重要な役割を果たしています。自分の持つ脆弱性に直面化したくない方からすれば，一方的に，「いや，あなたも危険だ」というメッセージは，脅威を与えるメッセージであり，対処できるという自信を下げてしまう要因にもなりえます。

脅威にさらされた人は，自分が所属する内集団とそうではない外集団との差異を強調して理解しようとしてしまいます（Greenberg & Kosloff, 2008）。これは，自らの存在が脅威にさらされたときに生起する心的反応を説明する，存在脅威管理理論（Terror Management Theory：Solomon et al., 1991）に基づくものです。この場合に当てはめて考えれば，強い脅威メッセージは，被害者 vs. 非被害者の対立構造，つまり，「被害者と自分は違う。自分は何をしなくても大丈夫」という意識を強めたうえ，むしろ被害者非難に加担してしまう可能性を高めるでしょう。ここでは，被害者 vs. 非被害者という枠組みになりやすいことを理解し，被害者・潜在被害者 vs. 加害者という枠組みを意識的に作っていくことが大事になるでしょう。

本書でも扱っている内容として，被害者の特徴分析から脆弱性について論じた章（第Ⅱ部）や，被害者と自己看破者との比較を通した，被害の遭いやすさを明らかにした分析（第Ⅲ部）がありますが，こうした知見が，被害者 vs. 非被害者という構造を作ってしまわないように気をつける必要があります。非被害者と比較して被害者にはこのような特徴があったということは，確かに被害予防の一助となる知見ですが，それが被害者非難（「被害者がこのような特徴を持っていたから被害に遭ったのだ」と，被害者の特性として解釈され，非難されること）につながるようなことは，避けなければいけません。

社会心理学の研究では，相対する二つのグループが対立構造を持っていた際，両者に共通の目標が生まれ，それに対処することによって新たなアイデンティティが形成され，協力が生まれてくることが示唆されています（Sherif, 1958）。つまり，被害者 vs. 非被害者という構図でその特徴を理解するのではなく，被害者・潜在被害者 vs. 加害者という構図で，被害者とられた方の経験を捉えていくことが大事になるでしょう。被害者を自分とは違う存在とせず，対策の有効さも同時に考えていき，自立感も維持しながら生きるということです。「被害者が悪い」，または，「どうしようもない」などと，

どれか一つを軸に考えてしまうと，被害者を責めたり，また，無力感に苛まれたりということになってしまうでしょう。こうした複合的な要因があることを加味しながら，事態を理解していくことが大事です。

　被害者に対するスティグマは相談行為を抑制する方向に働くことからも，スティグマをなくしていくことも根気強く求められるでしょう。先に挙げたように，被害者を責めてしまう心理傾向を理解し，そうならないように意識することが求められます。少なくとも，本書を手に取られた方は，被害者を責めないことにご協力いただきますようお願いします。

(2) 潜在的な不安と脅威への理解，自立のイメージの変化へ
：「自立とは依存先を増やすこと」

　第二は，被害とスティグマがもたらす不安と脅威について理解し，自立のイメージの再枠組み化を持つことです。

　先ほど，自分が持つ脆弱さに直面化することは脅威であることを紹介しました。また，被害者に多い高齢者において，ご自身が被害に遭ったということを知らせることは，周りの人に自らの脆弱性を知らしめることとして不安にお感じになるかもしれません。ここでは，自立についての考え方を変えることの有効性についてご紹介したいと思います。

　車椅子で生活されている小児科医であり，当事者研究の研究者でもある熊谷晋一郎さんは，「自立とは依存先を複数持つことである」と紹介しています（熊谷，2013）。東日本大震災のときにエレベーターが停まってしまい，ビルの上階から地上まで逃げなければいけない際，車椅子でない人は階段を使えたが，ご自身はそれができなかったという経験があったそうです。この経験から，「健常者は，階段にも依存していて，それを利用できたが，自分はできなかった，つまり，自立とは，依存先が複数あることだ」と理解したことを紹介しています。

　「自立」と「依存」という言葉は，ともすると対立する意味の言葉のように見えます。しかし，このように自立の本質は，依存先がたくさんあることなのだろうと思います。非常に巧みな特殊詐欺の加害方略の被害に遭うこと，遭ったことを他の方に伝えたり，相談したりすることは，自分が自立していないことを知らせることではなく，むしろ，依存先を複数持ちながら自立的

に生きていくことにほかなりません。こうした考えを持っていただければと思います。

8. おわりに

　詐欺被害者は悪くなく，騙されることも恥ずかしいことではありません。自立とは，依存先がたくさんあること，気軽に相談していくことです。

　詐欺被害者の方の経験からともに学び，加害に相対していくことを，本書の読者と周りの方々には理解していただき，スティグマを超えていくことの重要性を思い出していただければと思います。また，被害に遭ったかもしれず，今，まだ誰にも打ち明けられていない方に向けても，最後に，先の記事にあった言葉を再度紹介し，終えたいと思います。

　「悪いのは詐欺を働いたやつらだ。あなたは悪くないんだよ」

【文　献】

Bieneck, S., & Krahé, B. (2011). Blaming the victim and exonerating the perpetrator in cases of rape and robbery: Is there a double standard? *Journal of Interpersonal Violence*, **26** (9), 1785-1797. [https://doi.org/10.1177/0886260510372945]

Button, M., & Cross, C. (2017). *Cyber frauds, scams and their victims*. Routledge. [https://doi.org/10.4324/9781315679877]

Button, M., Lewis, C., & Tapley, J. (2009). A better deal for fraud victims: Research into victims' needs experiences. Working paper. National Fraud Authority.

Christie, N. (1986). The ideal victim. E. A. Fattah (Ed.), *From crime policy to victim policy*. Palgrave Macmillan. [https://doi.org/10.1007/978-1-349-08305-3_2]

中国新聞特殊詐欺取材班 (2023).「私は罪人なのか」だまし取られた2500万円，容赦ない非難　仮面の罠　断て特殊詐欺.（2月21日）[https://news.yahoo.co.jp/articles/753e225231457d6407648cc5122209d5350edcd4]

Cross. C. (2013). 'Nobody's holding a gun to your head … ': Examining current discourses surrounding victims of online fraud. K. Richards & J. Tauri (Eds.), *Crime, justice, and social democracy: Proceedings of the 2nd International Conference*. Queensland University of Technology, pp.25-32.

Cross, C. (2015). No laughing matter: Blaming the victim of online fraud. *International Review of Victimology*, **21** (2), 187-204. [https://doi.org/10.1177/0269758015571471]

Deem, D. (2000). Notes from the field: Observations in working with the forgotten victims of personal financial crimes. *Journal of Elder Abuse and Neglect*, **12** (2), 33-

48. [https://doi.org/10.1300/J084v12n02_05]

Drew, J., & Cross. C. (2013). Fraud and its PREY: Conceptualising social engineering tactics and its impact on financial literacy outcomes. *Journal of Financial Services Marketing*, **18**, 188-198. [https://doi.org/10.1057/fsm.2013.14]

Furnham, A. (2003). Belief in a just world: Research progress over the past decade. *Personality and Individual Differences*, **34** (5), 795-817. [https://doi.org/10.1016/S0191-8869（02）00072-7]

Goffman, E. (1963). *Stigma: Notes on the management of spoiled identity*. Prentice Hall. [石黒毅（訳）(1970). スティグマの社会学——烙印を押されたアイデンティティ. せりか書房]

Greenberg, J., & Kosloff, S. (2008). Terror management theory: Implications for understanding prejudice, stereotyping, intergroup conflict, and political attitudes. *Social and Personality Psychology Compass*, **2**, 1881-1894. [https://doi.org/10.1111/J.1751-9004.2008.00144.X.]

Hinshaw, S. P. (2009). *The mark of shame: Stigma of mental illness and an agenda for change*. Oxford University Press. [石垣琢麿（監訳），柳沢圭子（訳）(2017). 恥の烙印——精神的疾病へのスティグマと変化への道標. 金剛出版]

岩田美奈子・大工泰裕 (2020). スティグマが詐欺的勧誘時の高齢者の相談行動に及ぼす影響. 日本心理学会第84回大会，セッション ID: PD-032

Janoff-Bulman, R. (1992). *Shattered assumptions: Towards a new psychology of trauma*. Free Press.

Kelley, H. H. (1973). The processes of causal attribution. *American Psychologist*, **28** (2), 107-128. [https://doi.org/10.1037/h0034225]

熊谷晋一郎 (2013). 依存先の分散としての自立. 村田純一（編）技術　身体を取り囲む人工環境　知の生態学的転回2. 東京大学出版会，pp.109-136.

Lerner, M. J. (1980). *The belief in a just world: A fundamental delusion*. Plenum Press.

Lerner, M. J., & Miller, D. T. (1978). Just world research and the attribution process: Looking back and ahead. *Psychological Bulletin*, **85** (5), 1030-1051. [https://doi.org/10.1037/0033-2909.85.5.1030]

Lipkus, I. (1991). The construction and preliminary validation of a global belief in a just world scale and the exploratory analysis of the multidimensional belief in a just world scale. *Personality and Individual Differences*, **12** (11), 1171-1178. [https://doi.org/10.1016/0191-8869（91）90081-L]

Mancini, C., & Pickett, J. T. (2017). Reaping what they sow? Victim-offender overlap perceptions and victimblaming attitudes. *Victims and Offenders*, **12** (3), 434-466. [https://doi.org/10.1080/15564886.2015.1093051]

Marsh, I. (2004). *Criminal justice: An introduction to philosophies, theories, and practice*. Routledge.

Nataraj-Hansen, S., & Richards, K. (2023). Why do fraud victims get blamed? Lerner's belief in a just world and its application to victims of online fraud. *Journal of*

Financial Crime, **30** (3), 828-839. [https://doi.org/10.1108/JFC-02-2022-0037]

Ross, L. (1977). The intuitive psychologist and his shortcomings: Distortions in the attribution process. *Advances in Experimental Social Psychology*, **10**, 173-220. [https://doi.org/10.1016/S0065-2601 (08) 60357-3]

Sherif, M. (1958). Superordinate goals in the reduction of intergroup conflict. *American Journal of Sociology*, **63** (4), 349-356. [https://www.jstor.org/stable/2774135]

Solomon, S., Greenberg, J., & Pyszczynski, T. (1991). A terror management theory of social behavior: The psychological functions of self-esteem and cultural worldviews. *Advances in Experimental Social Psychology*, **24**, 93-159. [https://doi.org/10.1016/S0065-2601 (08) 60328-7]

Suarez, E., & Gadalla, T. (2010). Stop blaming the victim: A meta-analysis on rape myths. *Journal of Interpersonal Violence*, **25** (11), 2010-2035. [https://doi.org/10.1177/0886260509354503]

Thapar-Björkert, S., & Morgan, K. (2010). But sometimes I think … they put themselves in the situation: Exploring blame and responsibility in interpersonal violence. *Violence Against Women*, **16** (1), 32-59. [https://doi.org/10.1177/1077801209354374]

特殊詐欺犯人は実刑になるのか，何年くらいの懲役になるのか

[越智啓太]

　特殊詐欺に引っかかってしまう人は確かに多いのですが，その手口は広く知られているため，うまく見破ることができるケースも少なくありません。特に，最終的に犯人は，詐取した現金を受け取ったり，銀行から下ろしたりする必要があるので，この時点で犯人を検挙することができます。

　最近では，いわゆる「騙されたふり作戦[*1]」によって，現れた犯人を検挙するという試みも成果を上げており，犯人側にとって検挙されるリスクは高まっています。そのため，犯人側は現金を回収する受け子・出し子メンバーを，インターネット経由（SNSなどを利用する）で，割の良いアルバイトとして募集するという方法を使用するようになりました。しかも，彼らとは直接会わず，インターネット経由で連絡をとります。この方法により，たとえ，受け子が捕まっても，かけ子や指示役には到達することは困難で，主要メンバーは検挙されにくくなります。実際，特殊詐欺事件で検挙されるものも多く，半数以上が受け子，出し子です（かけ子やその他の役割を兼ねている場合もあります。ただし，検挙されるきっかけは受け子・出し子を行った場合が多いです）。

　特殊詐欺は現在，日本の治安上の大きな問題になっているため，有罪になった場合の量刑は比較的重くなります。また，少年の場合，保護観察でなく，少年院送致の可能性が大きくなります[*2]。特殊詐欺犯の実刑率は67.3％で，これは一般の詐欺事件の倍近くになっています。もちろん，これは特殊詐欺の実行時の役割によって異なり，検挙された者が主犯・指示役の場合，実刑率は

＊1　騙されたことに気づいた被害者が警察と協力のうえで，引き続き犯人の要求どおりに行動して，現金を受け取ろうとした犯人を検挙するもの。検挙された犯人は，詐欺未遂罪の承継的共同正犯となる。

＊2　少年司法制度では，保護観察ではなく少年院送致となる場合は，必ずしも「罪が重い」わけではない。「要保護性」が大きく，社会内処遇よりも収容処遇が必要であることを意味する。

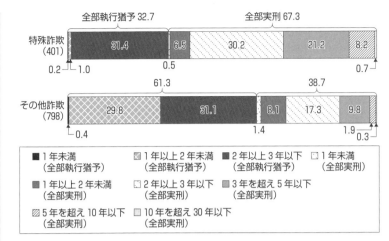

図　全対象者有期刑（懲役）科刑状況別構成比（犯行手口別）
（法務総合研究所「研究部報告64」特殊詐欺事犯者に関する研究）

84.2％，かけ子は83.6％，準備役で64.5％，受け子・出し子で54.6％になっています。また，主犯・指示役の場合，42.2％のものが4年以上の実刑になっています。受け子・出し子でも半数近くは2年以上の実刑になります。

　受け子・出し子については，「アルバイトだと思っていた。オレオレ詐欺だとは知らなかった」と言い訳することが多く，そのように言い訳するように指示されることもありますが，現在では，特殊詐欺の手口が広く知られていること，現金を受け取るだけで高収入のアルバイトが不法なものであるということは容易に推定できるということから，このような言い訳は通用しなくなっています。

おわりに

　本書は，「特殊詐欺の心理学」「特殊詐欺の理解と予防に向けて」というタイトルで，それぞれ日本犯罪心理学会第59回大会（2021年10月）と，60回大会（2022年9月）で開催された大会企画シンポジウムが，出版の契機となっている。

　当時，被害が甚大な特殊詐欺被害をどうにかして食い止めようと，各都道府県の警察の方々が，心理学者と協働して調査や分析に当たるケースが増えはじめていた。筆者の住む愛知県も特殊詐欺被害件数が非常に多く（2024年3月現在も，愛知県は被害件数上位の厳重注意地域であり，東京・大阪・神奈川に次ぐ第4位となっている），筆者自身もさまざまなご縁で愛知県警より共同取り組みの依頼を受けて，特殊詐欺研究に携わらせてもらえる機会を得た。社会心理学研究室出身で自己制御（目標の達成に向けて自分を律する力）をテーマに研究していた筆者は，大学院生時代に反社会的行動を扱う研究をしていたくらいで，特殊詐欺の最新の動向には腰を上げて追いついていかなければいけない状態からのスタートだった。

　2019年からスタートした愛知県警との共同取り組み当初は，国内の特殊詐欺研究も少なく，特殊詐欺研究をまとめた本があったらいいのに，と，強く思ったものだ。そんなことをシンポジウム打ち上げの席でボヤいたら，「特殊詐欺の本，作りましょう！」と越智先生，桐生先生にお声がけいただき，島田先生と共に編者に加えていただける運びとなったのである。

　これまで，特殊詐欺のルポルタージュや詐欺対策に関わる一般書は刊行されてはいたものの，特殊詐欺にまつわる心理学研究を，複数の研究者が一般読者・実践家・研究者向けにまとめた本はなかった。本書は，幅広い読者層を対象に，特殊詐欺の心理学研究をまとめた国内初の書籍といえる。これは，国内でも，少しずつ特殊詐欺研究が増えてきた証左でもあるだろう。長年，特殊詐欺の研究に携わり，社会実装に結びつけたベテランの先生方から，現在進行形の研究や心理学的知見をわかりやすく解説し，その後の研究展開や

見解をまとめてくださった中堅，若手の先生までと，執筆陣は幅広い。いずれの先生方も，今現在の見解を率直にまとめていただいた。

警察，金融機関，自治体等で特殊詐欺対策に携わっている方々は，本書を読んで，現在の特殊詐欺研究の中身を知り，現場に活かせるヒントを見つけていただくことができただろうか。「付録：講演依頼先一覧」も，ぜひ講演依頼に役立てていただきたい。

特殊詐欺被害に遭われたことのない読者の方々には，ぜひ本書の内容を知識として持ち，防犯に活用していただきたいと思う。また，家族，あるいは，ご自身が詐欺被害に遭ったという方々も，本書を手に取ってくださったかもしれない。家族を，そしてご自身を決して責めることのないよう，第12章（「被害者は悪くない」）の内容を常に頭に入れておいてほしい。

実は，特殊詐欺研究を遂行中，筆者の母親の元にはカニカニ詐欺（蟹などの海産物の押し売り電話）と人助けを求める詐欺メールが，また，夫の父親の元には還付金詐欺電話があり，特殊詐欺の魔の手が伸びていた。義父は，まさに第7章の知見のとおりで，その場にいた義母に話したことで未然に食い止めることができた。

一方，筆者の父は他界しており，一人暮らしをしていた母親のケースでは，カニカニ詐欺は娘の私に相談があったために引っかからずに済んだものの，人助け詐欺は誰にも相談しないまま事が進み，まんまとお金をむしり取られてしまった（娘が特殊詐欺研究を遂行しているにもかかわらず・・・。詳細は講演で求められれば話すこととしたい）。ちなみに，筆者の母親は，詐欺脆弱性（第4・5章）が高く，説得されやすく（第6章），町内に地域行事や会合に一緒に行く人がいない（第8章）ため，自宅の固定電話は外したほうがよいと判断した（第3章）。今後は，本書の第Ⅰ部と第Ⅳ部もしっかり読んでもらい，AIトレーナーで訓練し（第9章），社会的な関わりも増やしていく（第10章）ようサポートしたい。

そして，大学生，大学院生，研究者の方々には，増加の一途をたどる特殊詐欺に関する研究に共に取り組んでもらえれば，嬉しい限りである。最近は，闇バイトとして，大学生をはじめ若い子が，特殊詐欺の加害者側に巻き込まれてしまうケースも増えてきた。筆者のゼミにも，闇バイトを卒業研究のテーマにしたいという学生が入ってきてくれたが，少数事例研究や大学生を対

象とした研究であれば，研究遂行の可能性も高くなる。加害者側のデータは公的機関が扱っているが，今後は公的機関と心理学者との協働も増えていくことを切に期待したい。まだ，完全抑止には程遠く感じられる特殊詐欺の問題に，多くの研究者が取り組み，少しずつでも被害抑止につながっていけばと願っている。

　最後に，常日頃，2児の子育てを言い訳にしてしまって研究の論文・書籍化が遅々として進まない筆者が，研究遂行から論文・書籍化まで非常に精力的に進める編者の先生方に囲まれて，また，第一線で特殊詐欺研究に取り組む先生方に各章・コラムをご執筆いただくなかで，本書を執筆・編集できたことは，とてもありがたい経験だった。特殊詐欺のような社会問題化している事象に関しては，研究成果をいち早く公開，周知することが，研究者の責務ともいえる。そのことを深く考えさせられるとともに，まだ公開できていない研究知見を早く世に出さなければと改めて決意した次第である。

　編者の先生方，執筆者の先生方，誠信書房編集部の中澤美穂様，そして，筆者に特殊詐欺研究に携わるきっかけをくださった愛知県警察本部の皆様に，記して感謝を申し上げたい。

原田知佳

付録：講演依頼先一覧

担当章	氏名	所属	講演内容	連絡先	講演可能地域等	その他備考
1	島田貴仁	科学警察研究所犯罪予防研究室	特殊詐欺の被害過程。公的機関による予防対策の普及方策（ナッジの活用事例）など	所属機関の了承が得られた場合は可能所属機関への依頼状発出等の手続が必要となります。事前に、takajin@nrips.go.jp 宛にご相談ください。	公的機関からのご依頼について、業務に支障のない範囲でお受けしています。	過去の講演事例は以下をご覧ください。http://researchamap.jp/takajin/
2	越智啓太	法政大学文学部心理学科	特殊詐欺の現状、手口。なぜ人は騙されるのか。特殊詐欺の防ぎ方についてのアイディアなどについての講義（高齢者向け、自治会向け。自治体職員、防犯委員向け、警察官向け、学生向け）	法政大学文学部事務 (03-3264-9324) あてに電話でご相談ください。	日本全国どこにでも出張します（交通費要）・海外学会等も可（英語の会話等応相談）・交通費等応相談）	公的機関の企画については、できるだけ、ご協力いたしたいと思っております。気軽にご相談ください。謝礼等は自治体・組織規定のもので問題ありません。
3	木村敦	日本大学危機管理学部	被害者の心理や対策に関する講義・助言・取材・協働等	「日本大学危機管理学部 お問い合わせ一覧」(https://www.nihon-u.ac.jp/risk_management/contact/list/) をご参照ください。	内容により応相談	教員個人への依頼のほか、ゼミ生参画型の協働依頼も受け付けています。お気軽にご相談ください。

	氏名	所属・役職	内容	連絡先	対応地域	備考
4	渡部 諭	一般社団法人コラップ（QoLup）・代表理事		一般社団法人コラップ（QoLup） 〒010-8572 秋田県秋田市山王 3-1-1 秋田県庁舎第二庁舎 3 階 A-4 tel：070-2370-2242 e-mail：qolup314@gmail.com URL：https://qolup.wraptas.site/		公的機関の企画には可能な限り協力したいと思いますのでご連絡ください。
5	澁谷泰秀	青森大学・学長	詐欺に遭いやすい人の心理学的特徴、行動特性等、アプリを用いた詐欺脆弱性の判定及びその方法。	メールか電話でご連絡お願いたします（sibutani@aomori-u.ac.jp）、電話は 017-738-2001	日本全国どこにでも出張します（交通費要）	
7	讃井 知	上智大学基盤教育センター	個人・集団・地域単位の特殊詐欺対策のアイディアについて、情報戦略・メディアの活用について（高齢者向け、自治会向け、自治体職員、防犯委員向け、警察官向け、学生向け）	以下のアドレスに直接ご連絡ください。 sanai@sophia.ac.jp	日本全国可能です（交通費要）	多様な皆さんと連携し、協力し合って特殊詐欺対策を考えてまいります。 講演に限らず、共同の検討会や研究の機会等もいただけましたら幸甚に存じます。

	氏名	所属	講演内容	連絡先	講演可能地域	備考
8	原田知佳	名城大学	8、12章あたりの内容を中心にした講話。特殊詐欺の現状と対策、被害予防に向けたお話など（必要に応じて、実習やペアワーク・グループワークを含めることも可能）	以下のアドレスに直接ご連絡ください。haradac@meijo-u.ac.jp	愛知県、三重県、岐阜県。他は応相談	ご協力できることがあれば、前向きに検討いたしますので、お気軽にご相談ください。（学校や自治体の場合は、大学の出前講義システムを利用して頂くことも可能です。https://www.meijo-u.ac.jp/social/contribution/）HP：https://chikaharada.wordpress.com/
9	桐生正幸	東洋大学社会学部	特殊詐欺の実態、騙す・騙される心の心理、防犯	以下のメールアドレスにご連絡下さい。kiriu@toyo.jp	日本全国	特殊詐欺被害予防を一緒に考えていければと思っています。
10	齊藤知範	科学警察研究所犯罪予防研究室	特殊詐欺の被害や予防対策についての講義（高齢者向け）	所属機関（科学警察研究所）が了承した場合のみ、講演可能です。以下にメールでご連絡ください。saitoht@nrips.go.jp	都道府県警察本部が主催する全国地域安全運動県民大会については、他の用務等の日程によっては、対応させて頂くことが可能な場合があります。	現在、基本的に、あまり講演をお引き受けしておりません。全国地域安全運動県民大会以外では、原則として、他の執筆者へのご依頼をご検討頂ければ幸いです。

11	大上　渉	福岡大学人文学部文化学科	ニセ電話詐欺犯の犯行手口、被害者の心理状態、被害防止策などについての講演を行います。	以下のメールアドレスもしくは電話にご連絡下さい。oue@fukuoka-u.ac.jp 092-871-6631（大学代表）	九州・西日本を中心に全国のご依頼をお引き受けします（遠方の場合は交通費・宿泊費等をご負担下さい）。謝礼金等については依頼先の支払基準に従います。	これまで警察本部・警察署、県庁・市役所、自治会・町内会などからのご依頼をお引き受けしています。
12	土屋耕治	南山大学人文学部	特殊詐欺の巧みさ、手口、留意点についての小講義と、予防について、コミュニケーション実習（断る練習）も取り入れたワークショップを展開できればと考えています。	tsuchiya@nanzan-u.ac.jp までご連絡ください。個人HP上（https://kojitsuchiya.wordpress.com/）にも挙げてあります。	内容、対象により謝礼は応相談	実習やグループワークをもとに、コミュニケーションについて考える体験学習や、組織であらりかえりながら学ぶ場（組織開発）のファシリテーションも専門にしています。お気軽にお問い合わせください。
COLUMN II	西田公昭	立正大学心理学部	特殊詐欺の手口。なぜ人は騙されるのか。詐欺対策の心理学的提案やゲームによる訓練	contact@ris.ac.jp（学長室広報課）あるいは、03-5487-3360に連絡ください。	日本全国どこにでも出張します（交通費要）	公的機関やマスメディアの企画・出演などに数多くの実績があります。

■編者・著者紹介■

[編集代表]

越智啓太（おち　けいた）……はじめに，第2章，COLUMN Ⅰ，COLUMN Ⅳ

1992 年　学習院大学大学院人文科学研究科心理学専攻博士前期課程修了

1992～2001 年　警視庁科学捜査研究所研究員

2001～2005 年　東京家政大学文学部助教授

2006～2008 年　法政大学文学部心理学科助教授

2008 年 4 月～　法政大学文学部心理学科教授

主著書　『つくられる偽りの記憶』化学同人社 2024 年，『買い物の科学』実務教育出版 2024 年，『すばらしきアカデミックワールド』北大路書房 2021 年，『テロリズムの心理学』（編著）誠信書房 2019 年，『高齢者の犯罪心理学』（編著）2018 年，『テキスト司法・犯罪心理学』（共編著）北大路書房 2017 年，『犯罪捜査の心理学』新曜社 2015 年ほか多数

[編　者]

桐生正幸（きりう　まさゆき）……第9章

1984 年　文教大学人間科学部人間科学科中退，学位授与機構（文学士）

現　在　東洋大学社会学部長・社会心理学科教授，博士（学術）

原田知佳（はらだ　ちか）……第8章，おわりに

2010 年　名古屋大学大学院教育発達科学研究科博士後期課程修了

現　在　名城大学人間学部准教授

島田貴仁（しまだ　たかひと）……第1章

1996 年　大阪大学大学院人間科学研究科博士前期課程修了

現　在　科学警察研究所犯罪行動科学部犯罪予防研究室長，博士（人間科学）

[著　者]（執筆順，所属は初版刊行時）

木村　敦（きむら　あつし）……第3章
2007年　日本大学大学院文学研究科心理学専攻博士後期課程修了，博士（心理学）
現　在　日本大学危機管理学部教授

渡部　諭（わたなべ　さとし）……第4章
1981年　東北大学大学院教育学研究科教育心理学専攻博士課程後期単位取得退学
現　在　一般社団法人コラップ代表理事

澁谷泰秀（しぶや　やすひで）……第5章
1994年　University of South Florida, Ph. D.
現　在　青森大学学長・社会学部教授，青森山田学園理事長

萩野谷俊平（はぎのや　しゅんぺい）……第6章
2015年　法政大学大学院人文科学研究科心理学専攻博士後期課程修了
現　在　明治学院大学専任講師

西田公昭（にしだ　きみあき）……COLUMN Ⅱ
1988年　関西大学大学院社会学研究科博士後期課程単位取得退学
現　在　立正大学心理学部教授

讃井　知（さない　さと）……第7章
2021年　筑波大学大学院システム情報工学研究科社会工学専攻博士後期課程修了
現　在　上智大学基盤教育センターデータサイエンス領域特任助教，博士（社会工学）

齊藤知範（さいとう　とものり）……第10章
2004年　東京大学大学院教育学研究科博士課程中退
現　在　科学警察研究所犯罪行動科学部犯罪予防研究室主任研究官，博士（教育学）

大庭　輝（おおば　ひかる）……COLUMN Ⅲ
2016年　大阪大学大学院人間科学研究科博士後期課程修了
現　在　弘前大学大学院保健学研究科教授

大上　渉（おおうえ　わたる）……第11章
1999年　九州大学大学院文学研究科心理学専攻修士課程修了
現　在　福岡大学人文学部文化学科教授

土屋耕治（つちや　こうじ）……第12章
2011年　名古屋大学大学院教育発達科学研究科博士後期課程単位取得退学
現　在　南山大学人文学部心理人間学科准教授

特殊詐欺の心理学

2024 年 9 月 10 日　第 1 刷発行

編　集 (代表)	越	智	啓	太
	桐	生	正	幸
	原	田	知	佳
	島	田	貴	仁
発 行 者	柴	田	敏	樹
印 刷 者	田	中	雅	博

発行所　株式会社　誠 信 書 房

〒112-0012 東京都文京区大塚 3-20-6
電話　03-3946-5666
https://www.seishinshobo.co.jp/

©Keita Ochi et al. 2024 印刷／製本　創栄図書印刷㈱
検印省略　　落丁・乱丁本はお取り替えいたします
ISBN978-4-414-41710-4 C3011　　Printed in Japan

JCOPY ＜出版者著作権管理機構 委託出版物＞
本書の無断複製は著作権法上での例外を除き禁じられています。複製される場合は、そのつど
事前に、出版者著作権管理機構（電話 03-5244-5088, FAX 03-5244-5089, e-mail: info@jcopy.
or.jp）の許諾を得てください。

テロリズムの心理学

越智啓太 編著

テロのメカニズム、テロリストの検出、事前阻止等を心理学の知見でどのように行政に貢献できるかを示す、テロリズム心理学の決定版が刊行。

目　次
第1章　テロリズムへの心理学的アプローチ
第2章　テロリズム発生における社会心理学的メカニズム
第3章　実験社会心理学から見た集団間葛藤
第4章　集団の光と影
第5章　テロリストの行動パタンとプロファイリング
第6章　テロリストの検出とテロ計画の情報収集
第7章　国家が主導するテロリズム
第8章　日本におけるハイジャックとその分析
第9章　テロリズムと人質事件
第10章　テロリズムのPTSD

A5判並製　定価(本体2800円+税)

高齢者の犯罪心理学

越智啓太 編著

高齢加害者の心理、認知等を各種データより読み解く。超高齢社会日本に突きつけられた課題にどう対処していくか、その糸口が見える。

目　次
第Ⅰ部　高齢者犯罪概論
第1章　高齢者犯罪の概要
第Ⅱ部　高齢者が関わる各種加害・被害
第2章　高齢者の暴力犯罪
第3章　高齢者の殺人
第4章　高齢者によるストーキング
第5章　高齢者による社会的迷惑行為
第6章　高齢者による性犯罪
第7章　高齢者による窃盗
第8章　高齢者による交通事故
第9章　高齢者のなりすまし電話詐欺の被害心理
第Ⅲ部　高齢者の心身機能と犯罪
第10章　高齢者の衝動性・攻撃性
第11章　高齢者の脳機能、認知機能
第Ⅳ部　高齢者が関わる司法・矯正
第12章　高齢目撃者と証言能力
第13章　高齢受刑者と釈放時の保護調整

A5判並製　定価(本体2800円+税)